项目编号：PXY-BSQD-2023036
项目名称：道德型领导对中小企业员工创新行为影响研究

工商企业经营管理的理论与实务

满曙瑜　张小雪 ◎ 著

吉林人民出版社

图书在版编目(CIP)数据

工商企业经营管理的理论与实务 / 满曙瑜, 张小雪著. -- 长春: 吉林人民出版社, 2024.6. -- ISBN 978-7-206-21179-9

Ⅰ.F276.4

中国国家版本馆CIP数据核字第20240SZ626号

工商企业经营管理的理论与实务
GONGSHANG QIYE JINGYING GUANLI DE LILUN YU SHIWU

著　　者：满曙瑜　张小雪
责任编辑：王　丹　　　　　　　　　封面设计：寒　露
出版发行：吉林人民出版社（长春市人民大街7548号）　邮政编码：130022
印　　刷：河北万卷印刷有限公司
开　　本：710mm×1000mm　　　　　1/16
印　　张：14　　　　　　　　　　　字　　数：240千字
标准书号：ISBN 978-7-206-21179-9
版　　次：2024年6月第1版　　　　印　　次：2025年1月第1次印刷
定　　价：88.00元

如发现印装质量问题，影响阅读，请与出版社联系调换。

前　言

在经济全球化和数字化技术快速发展的时代背景下，工商企业经营管理面临着前所未有的挑战和机遇。本书旨在深入探索和解析工商企业经营管理的理论与实务，为读者提供一个全面的视角，以理解并应对当前快速变化的商业环境。

本书的重要性在于对工商企业经营管理的理论有全面的概述。随着经济全球化的加速，企业既需要应对国内市场的竞争，又需要面对国际市场的挑战。在这种背景下，对企业及其经营管理的深入了解变得尤为重要。

本书第一章旨在为读者奠定坚实的理论基础，涵盖了企业的内涵、类型、使命以及管理的基本原理和经营理论等内容。第二章详细讨论了企业应如何分析宏观环境、行业结构和经营风险以及如何从中发掘经营机会。这些内容不仅对企业战略规划至关重要，也对企业的日常运作具有深远影响。第三章详细探讨了市场调研的基本内容和常用方法，这对理解消费者行为、竞争对手的动态及市场趋势十分重要。第四章着重探讨了市场营销管理与运作的各个方面，包括市场营销的管理过程、运作以及新发展。本章既涵盖了市场营销的传统理论和实践，也包括了市场营销的最新发展和创新，可为读者在快速变化的商业环境中提供实用的指导和灵感。第五章深入探讨了生产过程、生产组织、作业计划和精益生产等生产中的关键方面，旨在帮助读者理解与掌握现代生产管理的最佳实践和策略。第六章深入探讨了人力资源和企业文化在推动企业长期发展中的关键作用，着重探讨了如何通过高效的人力资源管理策略和有力的企业文化建设来塑造积极的企业形象。这一章不仅强调了吸引和保留优秀人才、提高员工满意度和参与度以及培养具有战略眼光的领导团队的重要性，还探讨了如何通过建立强大的企业文化来增强内部凝聚力和对外品牌形象，进而推动企业的创新和可持续发展。第七章和第八章则分别探讨了工商企业的商业流通和跨国化经营。这些内容对在经济全球化发展的商业环境中寻求发展的企业而言具有很高的实用价值。

本书通过理论研究与实践探索相结合的方式，为工商企业经营管理提供了理论参考和实践指南，希望本书的研究能为工商企业发展提供有益的启示。由于笔者时间、水平有限，书中难免存在疏漏之处，恳请广大读者批评指正。

目 录

第一章　企业及其经营管理概述 / 1

　　第一节　企业概述 / 1
　　第二节　企业管理的内涵与基本原理 / 7
　　第三节　企业经营的基本理论 / 15

第二章　企业经营环境分析 / 25

　　第一节　经营环境概述 / 25
　　第二节　宏观环境分析 / 27
　　第三节　经营机会分析 / 34
　　第四节　行业结构分析 / 40
　　第五节　经营风险分析 / 46

第三章　工商企业的市场调研与预测 / 54

　　第一节　市场调研的基本内容 / 54
　　第二节　市场调研的常用方法 / 60
　　第三节　市场预测的基本内容 / 66
　　第四节　市场预测的常用方法 / 69

第四章　工商企业的市场营销管理与运作 / 74

　　第一节　市场营销管理过程 / 74
　　第二节　市场营销运作 / 84
　　第三节　市场营销的新发展 / 89

第五章　工商企业的生产管理与物流管理　/　99

第一节　生产过程与类型　/　99

第二节　流水线生产组织　/　105

第三节　生产计划与生产控制　/　109

第四节　精益生产　/　121

第五节　物流管理　/　126

第六章　工商企业的人力与文化管理　/　138

第一节　企业人力资源管理　/　138

第二节　企业文化管理　/　147

第三节　企业形象的塑造　/　157

第七章　工商企业的商业流通　/　167

第一节　商品流通概述　/　167

第二节　农产品的流通　/　175

第三节　日用工业品的流通　/　179

第四节　生产资料商品的流通　/　184

第八章　工商企业的跨国化经营　/　187

第一节　企业经营的国际化趋势　/　187

第二节　国际经营决策的制度程序　/　196

第三节　国际经营决策的内容　/　203

参考文献　/　213

第一章 企业及其经营管理概述

第一节 企业概述

一、企业的形成

作为一个历史概念,企业的起源和发展与生产力的演进以及商品经济的形成密切相关。在原始社会,人们的生产和生活方式极其简单,以自给自足为主,社会的经济活动主要依赖较为简单的工具和男女劳动分工,氏族或部落是社会经济活动的核心单位。随着时间的推移,特别是在金属工具被发明和使用之后,生产力得到了显著提升,手工业开始从农业生产中独立出来,家庭和手工作坊成为新的生产与生活的基本单位[①],从原始社会到封建社会,这种以家庭和手工作坊为核心的生产组织形式一直存在,但这并不是企业。

企业是在商品经济背景下,伴随着资本的积累和劳动力的商品化而形成的。在这一时期,许多小型手工业者面临着分化或破产的选择,这催化了手工业工场这一新型生产组织形式的形成。这种形式的生产组织是资本主义萌芽和早期发展的体现。16世纪中叶至18世纪末,在西欧,特别是英国,手工业工场成为主流的生产形式。手工业工场的特点源于它基于分工和协作的劳动方式,具备独立核算和自负盈亏的特性,其管理活动也从直接的生产劳动中分离出来,成为工场所有者的主要职责。因此,历史学家通常将手工业工场视为传统工业企业的典型代表。这一变迁标志着企业作为一种新型经济组织形式的诞生,它不仅是生产力发展的产物,还是商品经济发展到一定阶段的必然结果。

18世纪末至19世纪中期,西方资本主义国家发生的产业革命标志着现代化的飞跃,这个时期见证了企业形态的根本转变,传统的手工业工场逐步向基于机械化技术的工厂体系过渡。这些新兴工厂根据机械设备和生产工艺的需要进行生产组织,包括车间、工段和生产小组等更细化的单元。工厂的管理结构变

---

① 宋克勤.现代工商企业管理[M].上海:上海财经大学出版社,2000:3.

得更加复杂,涌现出生产、人事、供应链、销售等不同领域的管理分工,进而推动了管理职能的专业化发展。为适应机械化和大规模生产的需求,工厂强调严格的工作纪律和规章制度,建立了一个高效率的分工协作体系。这个时期的工厂不仅代表了资本主义产业革命时期工业企业的主要组织形式,还预示着一种新的工业组织和生产制度的诞生,为现代企业制度奠定了基础。

二、企业的性质

在本质上,企业既是生产活动的技术组织形式,也是一种复杂的社会组织形态。[①] 在技术层面上,企业代表了在社会化大生产条件下,基于工序和操作的专业化而形成的劳动组织模式,它按照生产的物质技术基础的要求,将劳动力与生产资料紧密结合,以促进生产力的发展。从这个意义上看,企业可以被视为发展生产力的微观结构,是技术进步和效率提升的重要推动者。

在经济关系上,企业是生产资料与劳动力相结合的社会组织结构,映射出人们在生产过程中形成的经济关系网。企业不仅是技术层面上的生产单元,还是一个按特定社会规则运作的制度实体。在企业的生产活动中,一方面发生着劳动力的转换、分工与协作;另一方面出现了一系列关于生产资料所有权、劳动过程的管理、产品分配以及劳动交换等社会经济问题。在解决这些问题过程中,形成了关于生产资料和社会产品所有权以及劳动力支配权的社会规则,这就是一种生产关系,其既定义了企业的经济结构,也决定了企业在社会中的角色和功能。

三、企业的特征

企业的特征如图 1-1 所示。

---

① 陈国生,曹令秋,阳萍.现代工商企业经营与管理[M].武汉:武汉理工大学出版社,2010:2.

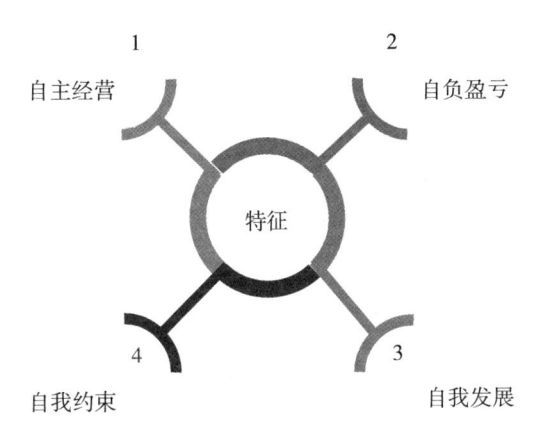

```
        1              2
    自主经营          自负盈亏
           ╲    ╱
            特征
           ╱    ╲
        4              3
    自我约束          自我发展
```

图 1-1 企业的特征

（一）自主经营

自主经营是指企业在市场经济体系中享有独立运营和决策的自由。作为市场上的独立实体，企业拥有在法律允许的范围内自主制定其经营策略和目标的权利，这种经营自主性体现为企业可以自行决定其经营方针、运营模式以及业务领域，并根据效益最大化的原则自由配置和利用资源。虽然企业在其经营活动中可能受到不同程度的政府调控和干预，特别是在市场经济中政府对某些关键行业的监管，但这种干预通常不会直接介入企业的内部管理和合法经营决策。企业的这种经营自主性不仅是市场经济高效运作的基础，也是推动企业创新和竞争力提升的关键因素，为企业灵活应对市场变化、探索新的业务机会提供了必要空间。

（二）自负盈亏

在市场经济中，自负盈亏是企业经营的基石。这意味着企业必须独立承担经营结果。这一原则不仅确保了企业在盈利后可以独立享有净收益，也要求企业自行承担可能出现的亏损。这种经营机制激励企业追求效率和创新，同时承担相应的风险和责任。在一些市场经济体中，虽然政府可能对某些特定行业或企业提供暂时性的支持或补贴，以帮助它们渡过难关或鼓励特定行业或企业的发展，但这些援助通常是有限的，不能改变企业在市场中自负盈亏的基本原则。

（三）自我发展

自我发展是指企业可以依据自身能力和市场机遇自主进行规模扩张与业务

拓展，包括但不限于业务范围的增加、市场领域的拓宽，并且可能涉及跨行业甚至国际化经营的发展。企业的这种发展通常基于对市场条件和利润潜力的评估，并依赖自身积累的资本，或通过市场渠道获得的融资，如直接或间接融资。在这一过程中，企业需遵循严格的预算约束，确保扩张过程中的财务健康与可持续性。自我发展使企业能够在竞争激烈的市场环境中保持活力和竞争力，同时要求企业具备高度的市场洞察力和风险管理能力，以适应不断变化的市场需求和经济环境。

（四）自我约束

自我约束是指企业应主动限制和规范自己的行为。作为市场的独立参与者，企业不仅需要遵守外部的法律法规、市场交易准则、政府政策及行业道德标准，还需要从自身利益出发，主动建立内部的行为规范和风险控制机制。这种自我约束体现为企业在权衡成本与收益、风险与机遇时，形成一套有效的内部控制方法和风险管理策略的自觉性。[1] 只有通过这种自我调节，企业才能在复杂多变的市场环境中稳健运营，并在长期发展中树立良好的企业形象和市场信誉。自我约束要求企业在追求利润最大化的同时，充分考虑社会责任和伦理道德，实现企业发展与社会责任的和谐共生。

四、企业的使命

企业的使命主要包括企业目标和企业责任两部分。

（一）企业目标

企业目标是指企业在特定时间内追求的成就和期望达到的要求，它们通常以简洁的语言或具体的数据指标形式出现。这些目标涵盖了企业在多个方面的发展愿景，如扩张生产规模、拓展市场份额、进行技术创新、增加盈利、提升员工福利，以及组织员工进行技能培训等。企业将长远愿景和追求转换为具体的短期目标，并通过这些短期目标来逐步实现长期的经营目标。这种目标的制定是企业战略规划和决策过程的核心部分，为企业提供了清晰的方向和可量化的进展标准。

目标的存在对企业及其员工的行为具有关键的引导和激励作用。它们除了

---

[1] 陈国生，魏勇，赵立平，等.工商企业经营与管理概论[M].北京：对外经济贸易大学出版社，2018：3.

能为企业的各项活动提供明确的方向和目的外，还能激发员工的积极性，为评估员工和团队的工作成效提供客观标准。如果没有清晰的目标，企业的运营和管理就可能变得混乱，最终影响企业的整体效益和市场地位。由此可见，明确和具体的目标设定对企业的成功至关重要，它是推动企业持续发展和保持市场竞争力的关键因素。

企业目标通常通过一系列具体的项目和标准来体现。这些目标既可以是定性的，也可以是定量的，反映了企业在不同方面的具体追求。其中，定性描述的目标关注目标的本质和范围，而定量描述的目标则侧重具体的数值标准。企业目标是一个多元化的体系，它们按照不同的结构形式而存在，包括主要目标与次要目标、长期目标与短期目标、定性目标与定量目标等。在特定时期内，企业设定的目标一般包括对社会的贡献目标、市场份额目标、利润与发展目标、成本控制目标和员工培训目标等。

1. 对社会的贡献目标

企业是否能够持续生存和发展不仅取决于经济效益状况，还取决于其对社会的实质性贡献。企业的社会价值体现在其生产的产品或服务满足社会需求的程度，这种贡献包括物质和财富的创造，以及对社会整体福祉的增进。企业的存在和发展的合理性根植它为社会所做的贡献。因此，企业在制定其战略目标时，必须充分考虑自身在社会经济结构中的位置，并据此设定对社会的贡献。这种贡献可以通过企业创造的产品和服务的种类、质量、产量以及对社会的税收贡献等多个维度来衡量。

2. 市场份额目标

对企业而言，市场不仅是进行经营活动的舞台，还是生存和发展的关键领域。企业的成长与市场的关联性极强，明确市场目标是其战略规划中的重要组成部分。市场的广度和市场份额的高低直接影响着企业的运营效益与稳定发展，在这一前提下，企业需不断探索和拓宽销售领域，力求提高自身在市场中的占有率。市场目标通常用销售总额来衡量，并辅以具体产品在特定地区市场份额的目标设定，以确保整体销售目标的实现。企业的市场表现既体现在占领市场的广度和深度上，又反映在市场覆盖范围和市场份额的增长上。这些目标包括开拓新市场、深入挖掘传统市场的潜力，以及扩大市场份额。对条件成熟的企业而言，将目光投向国际市场，提升产品在全球竞争中的地位也是其重要的市场战略之一。

3. 利益与发展目标

利益目标是企业开展经营活动的根本驱动力，主要体现为追求利润总额的增长、提高利润率，以及增加相应的公益捐款。利润作为企业经营的核心指标，是从销售收入中扣除成本和税费后的剩余收益。无论是传统产品还是新产品，企业的竞争力和市场定位都与价格策略密切相关。企业为了自身发展，以及增加股东收益和提升员工福利，需要明确设定未来不同阶段的利润目标，实现这些利润目标的途径主要有两条：一是开发新产品，利用先进技术和打造知名品牌来获得高于行业平均水平的利润；二是改善经营管理，采取薄利多销的策略，将成本控制在行业平均水平以下。

4. 成本控制目标

成本控制目标是企业在特定时间段内规划的产品成本，是为确保目标利润的实现而制定的。这一目标的设定基于产品的种类、数量、质量和预期价格，以及预定的利润等关键因素。为有效设定和管理成本目标，企业需深入分析市场需求、产品售价、原材料和能源价格的波动、包装成本，以及新材料、新技术和新设备的发展趋势。此外，企业还需考虑未来一段时间内产品种类、产量、利润的目标，以及在生产技术和经营管理方面可能采取的关键技术与组织措施。通过分析这些因素，企业可以搜集和整理与成本相关的历史和当前数据，并根据这些数据和降低成本的具体措施，制定出近期和远期的成本目标。

5. 员工培训目标

员工培训目标旨在提升员工的专业技能、技术知识水平和整体素质。为了适应企业的经营策略和实现既定目标，员工必须具备相应的专业能力和技术开发能力，这需要企业在员工培训方面投入相应的资源和精力。员工培训不仅关乎个人技能的提升，还是实现企业各项新技术被妥善应用和经营目标顺利达成的基础。在制定员工培训目标时，企业需要综合考虑自身的实际状况和外部环境，并有效协调内外部关系。

（二）企业责任

企业责任作为企业在追求自身发展的同时承担的社会义务，涵盖了一系列面向国家、社会、环境和消费者的重要职责。作为商品和服务的提供者,企业的主要责任之一是支持社会经济的发展,通过提供必需的产品和服务来满足社会需求。这一方面体现在企业的经济活动中;另一方面体现为其在国民经济体系中承担的社会角色和责任。

第一,企业应对员工负责。包括保障员工的人身安全、促进其文化和技术水平的提升以及维护员工的合法权益。这些措施不仅有助于提升员工的工作效率和满意度,还是企业社会责任的重要组成部分。

第二,企业应对社区负责。企业应积极维护所在社区的正常运转,参与社区教育、文化发展和环境卫生等方面的工作,支持社区公益事业,以促进社区的整体福祉。

第三,企业应对生态环境负责。企业作为自然资源的主要使用者,应当积极承担起保护自然资源的责任,包括节约资源的使用、合理开发和维护生态平衡。这不仅对企业所在社区和国家至关重要,也关乎全人类的长远利益和地球的可持续发展。

第四,企业应对国家负责。具体体现在遵守国家的政策法规、财务管理规定,接受监管部门的监督,以及负责地管理和使用国有资产,确保其保值增值等方面。

第五,企业应对消费者和社会负责。包括提供高质量的产品和服务、关注消费者的长期福祉、提高社会效益、提供准确的产品信息、确保消费品安全、承担广告责任并维护社会公德等。

第二节 企业管理的内涵与基本原理

一、管理与企业管理

(一)管理的概念

管理作为一门学科和理论,虽历经多年,但仍未形成一个统一且公认的定义,各领域专家对其有着多种解读。简而言之,管理本质上涉及对人和事的有效组织与协调。它通常被认为是一个通过计划、组织、领导、激励和控制等关键职能来有效整合人力、物力与财力资源的过程,旨在有效开展企业经营活动以实现既定的组织目标。① 关于管理的定义，可从以下几个维度做进一步认识：

（1）管理是所有社会组织的共同特征，是组织维持和实现特定目标与功能的基础。缺乏有效的管理或管理失当将阻碍组织发挥其正常功能，甚至可能导致组织的价值丧失和解体。

（2）管理活动是有目的的人类活动过程。这一过程以计划的制订为开端，以组织、领导和激励执行为中间环节，以控制和评估为最终环节，形成一个持续的循环。管理的这些环节相互依赖，缺一不可，共同构成了管理的整体功能和作用。

（3）管理有其明确的目的性，它服务组织的预定目标。不存在没有目的和目标的管理。无论是哪种组织，其管理活动都围绕着明确目的而展开。这意味着组织的目标直接决定了管理的方向和内容。

（4）管理工作需要有效地利用和整合组织拥有的多种资源，以实现组织设定的目标。这表明在管理过程中，关键在于如何高效地配置各类资源，包括人力、物力和财力等，以最低成本实现最大的产出效益。这种资源整合和效率最大化是任何社会组织都追求的基本目标之一。

（5）管理活动本质上是一个主体和客体相结合的动态过程，在这一过程中，管理的主体即管理者，其活动总是在特定的组织环境中进行；管理的客体则主要是以人为核心的输入产出系统。从现代管理的视角来看，以人为中心的客观系统才是管理活动的真正焦点，在这种主体和客体相结合的活动过程中，管理的成功依赖管理者与被管理者之间的有效互动和协调。

（二）企业管理的概念

了解了"管理"的基本内涵之后，对"企业管理"的理解便会更加清晰。实际上，管理科学的起源和初期发展都依托企业管理的实际操作，其概念也是从企业管理的具体实践中抽象化而来。随着时间的推移和管理科学的不断发展，人们开始认识到管理这一概念同样适用于各种不同性质的社会组织，如文化、教育、卫生和体育等非营利性事业单位。尽管这些组织的功能和目标各不相同，但它们的管理本质和核心职能是相通的。另外，企业作为一种特殊类型的社会组织，与其他社会组织最显著的区别在于其营利性质，即企业的主要运营目标

---

① 彭艳，马娅，李丽.现代企业管理[M].南昌：江西高校出版社，2019：10.

是实现利润最大化,这一点区别于非营利性的社会组织,后者的目标更多地集中在提供服务、实现社会价值等非经济性目标上。

二、现代管理理论

自20世纪60年代以来,现代管理理论迅速发展,形成了一个错综复杂的理论体系。这一时期,不同的管理理论和学派纷纷涌现,相互交织,构成了一个庞大而多元的知识领域。美国著名管理学家哈罗德·孔茨（Harold Koontz）在其发表的《管理理论的丛林》及其续篇《再论管理理论的丛林》中对这一时期的管理学派做了详细的梳理和分类。他将现代管理理论分为11个学派,包括管理过程学派、经验学派、人际关系学派、群体行为学派、社会协作学派、决策理论学派、社会技术系统学派、系统管理学派、权变理论学派、经理角色学派和管理科学学派等。[①] 本节主要介绍其中4个学派。

（一）管理过程学派

管理过程学派作为当代极具影响力的管理理论学派之一,主要代表人物有亨利·法约尔（Henri Fayol）、哈罗德·孔茨等著名学者。该学派将管理视为一种连续的过程,并通过两个关键步骤来进行其研究:第一,他们关注揭示管理者在管理活动中的主要职责,即"管理者在管理中做了哪些事";第二,研究"管理者如何进行管理"。因此,他们提出了一系列实用的管理原则和技巧。

（二）系统管理学派

系统管理学派是一种将系统理论和控制理论融入管理领域的先进思想,代表学者有格里·约翰逊（Gerry Johnson）、詹姆斯·罗森茨韦克（James Rosenzweig）等。该学派认为,企业是一个复杂的系统,由多个相互关联的组件构成,目的是实现特定目标。企业与其外部环境之间存在动态的交互关系,并通过内外部的信息反馈网络进行自我调节,以适应环境变化和自身需求。

在系统管理学派的视角中,组织被视为一个社会技术系统,包含了多个互相联系的子系统,如组织目标与价值系统、技术系统、社会心理系统和组织结构系统等。管理本身不仅是连接整个组织的关键分系统,也是组织与外部环境互动的桥梁,在组织内部,这些子系统不可或缺,它们相互作用、相互影响,

---

① 张燕,史歌.管理学基础[M].西安:西北大学出版社,2017:37.

共同推动组织的整体发展和运作。系统管理学派的核心观点为理解和优化这些子系统的相互作用与协调可以有效提高组织的管理效率和适应性，使其在不断变化的环境中保持竞争力和持续发展的能力。

（三）权变理论学派

在管理领域中，权变理论学派提出了一种重要观点，即管理者的决策和行为受其所处环境条件的显著影响。该学派认为，环境因素与管理策略之间存在密切关联，不存在一种普适的"最佳管理方法"适用于所有情况。权变理论的研究方法旨在将众多条件和情形归纳为几种基本类型，并为每种类型设计特定的问题解决模型，以便不同的管理方法能够在其适用环境中取得成功。基于这一理论，权变理论学派提出了"稳定—机械式组织结构"与"适应—有机式组织结构"的概念，强调应根据组织所处环境的稳定性与变化性来对管理结构和方法做相应调整。

（四）管理科学学派

管理科学学派，也称为管理中的"数理学派"或"运筹学派"，将管理活动视为一个可以通过计量工具和数学方法来辅助决策的领域。这个学派的核心观点是，不论是管理、组织、规划还是决策，都可以被视为逻辑过程，所以可以用数学符号和公式进行表达与分析。管理科学学派利用模型来表现问题的核心关系和目标选择，以此指导管理决策的制定。

管理科学解决问题的步骤通常包括对问题进行系统化考虑、建立数学模型、利用模型进行求解、检验模型的有效性，以及将模型应用于实际管理过程中。这种方法的特点是可以提高管理决策者的效率，通常结合经济学的假设来制定特定的决策方案。该学派广泛应用数学模型和计算机技术，使复杂的管理问题可以通过精确计算和模型分析得以解决。

三、现代企业管理的职能

（一）现代企业管理的一般职能

现代企业管理的一般职能见表1-1。

表 1-1 现代企业管理的一般职能

管理职能	描述	关键点
计划职能	涉及确定企业目标和实现这些目标的途径	确定企业的核心使命和任务； 考虑国家政策、企业资源、经营性质、未来趋势； 制订全面计划，并定期检查、调整以适应变化； 其特征具有统一性、持续性、灵活性、准确性和群众性
组织职能	涉及不同资源和人员在生产经营活动中的有效组合与配置	组织结构设计，明确必要的岗位职务、建立部门及其职责和权限； 组织行为与人员配备，包括科学的人员选择和配置； 启动并维持组织运行，包括动态管理和结构调整
领导职能	管理者利用权力影响和指导员工以实现目标	激励和调动员工积极性； 理解个人和团队行为、沟通方式； 领导风格和管理模式的运用； 平衡团队和个人利益，维护团队凝聚力
控制职能	涉及检查和纠正活动，以确保实现既定目标	持续监督和评估执行情况； 及时发现偏差及其原因，并进行纠正； 确保计划执行与目标一致； 与计划职能、组织职能和领导职能紧密相连，形成循环系统

1. 计划职能

计划职能涉及确定企业目标和实现这些目标的途径。计划本质上是对未来的一种预估，它代表着企业为应对未来挑战所做的准备，是企业行动的事先规划和基础。制定企业目标可确定企业的核心使命和任务，即企业活动期望达成的最终结果。企业在确定目标时主要考虑的因素包括国家的方针、政策和法令，企业自身的资源如厂房、设备、原材料、能源、资金和生产能力，企业的经营性质、产品方向、产品结构及其在社会经济发展中的重要性，以及对未来趋势的预测，包括市场需求、产品销售、价格走势、技术进步、资金筹集和政治社会环境等方面。企业在制定目标时，通常在国家计划的指导下，将国家计划、社会需求、企业能力和企业利益相结合，提出多个方案，经过优缺点的权衡和比较，选出最佳方案，以实现资源的合理利用和企业内部活动的有效协调，从而达到最大的经济效益。当企业目标确定后，接下来的步骤是制定并实施可帮助企业达成这些目标的政策、原则和方法，这一阶段涉及全面的计划制订，该计划具体规定了技术经济指标和实施计划的技术组织措施，并定期对计划的执行情况进行检查，根据实际情况的变化，适时调整和修订计划，以确保企业目标的实现。

企业的计划具有几个关键特征，即统一性、持续性、灵活性、准确性和群众性。其中，统一性确保计划与企业的整体目标和策略相协调，持续性是指计划的长期性和持久性，灵活性强调计划需要适应环境变化，准确性关注计划的具体性和实用性，而群众性意味着计划的制订与执行需要全体员工的参与和支持。企业的计划制订和实施是一个连续且互相衔接的过程，涵盖了长期、中期到短期的各种规划，这些计划需要相互配合，形成一个统一的、连续不断的指导体系。为了保持计划的一致性和连续性，长期和中期计划应与年度计划紧密相连，相互支持，短期计划需要根据每年的实际情况进行适当调整，确保各年度计划的无缝衔接。通过这种方式，企业可以始终有一份明确的计划以指导其生产和经营活动，确保企业沿着既定路径稳步前进。

计划应具备灵活性和精确性，应能根据环境变化和实际需要进行适时调整，但即使有调整空间，计划仍然需要被严格执行。精确性意味着在计划制订过程中应尽可能考虑所有相关情况，减少未知因素的影响。计划中的不确定性过大会使其失去对实际工作的指导意义。此外，计划的群众性不可忽视。企业计划应在员工的积极参与下制订和实施，确保计划真正反映了全体员工的利益和需求，集中了他们的经验和智慧，这样的计划才能成为员工的行动指南，并依靠他们的力量来实现，单凭少数人的主观判断而制订的计划或仅仅依靠行政命令而执行的计划往往会脱离实际，无法有效激发员工的积极性，从而影响计划的实现和企业的整体运营效果。

在社会主义经济体系中，企业计划是国民经济计划的关键组成部分，体现了有计划的商品经济的特征，当各个企业严格遵循自身的计划时，整个国家的经济计划便能得到有效实施和保障。在现代社会化大生产的背景下，工业企业尤其需要实行集中统一的指挥和规划，这类似一支乐队的演出，成功的表演需要指挥的统一协调和统一的乐谱，同样，企业的生产和经营活动需要依靠统一的计划来保证生产和经营活动有序、高效地进行。

具有统一计划的企业能够明确知道需要做什么、如何去做以及由谁来做，这样不仅能节约人力、物力和财力，还能更有效地生产出满足社会需求的物质产品。此外，企业计划还有助于防止出现在早期不易察觉但后期可能导致企业偏离正确方向的偏差，能在意外事件发生后避免不适当地改变既定目标。

2.组织职能

组织职能是指在生产经营活动中将不同的资源和人员进行有效的组合与配置，以形成一个协调一致的整体，不仅是将企业计划具体化的关键环节，也是实现计划目标的主要手段，从而为领导和控制职能的执行奠定基础。企业管理中的组织职能包括以下几个方面的工作：

（1）组织结构设计。组织结构设计是根据企业的总体生产经营目标确定必要的岗位职务、建立部门，并明确各个部门的职责、权限以及它们在管理活动中的相互关系。这一过程要求对组织的结构进行科学规划，确保各部门和岗位能够高效协作，共同推动企业目标的实现。

（2）组织行为与人员配备。组织行为与人员配备指的是合理组织生产经营活动，科学挑选和配置各类人员，包括将合适的人员安置在适当岗位上，确保每个岗位都由合适的人才来担任，使每个员工都能发挥最大潜能。建立科学的考核和奖惩制度是激励员工、最大限度发挥其潜能的关键。

（3）启动并维持组织运行。组织职能不仅涉及组织设计与人员配备这样的静态管理工作，还包括动态的管理活动，如向各岗位人员发布工作指令，提供必要的信息支持，以启动并维持企业的正常运行。此外，组织职能能让人们根据企业运营及其环境变化的特点，对组织结构进行适时的调整和变革，以确保组织能够灵活应对各种挑战，保持长期的生存和发展能力。

3.领导职能

领导工作涉及管理者如何运用其权力去影响、指导员工以达成组织的既定目标，这不仅是一个关于权力运用的过程，更是一个涉及人性理解、沟通艺术和行为激励的复杂活动。要成为一名优秀的领导者，管理者需要具备激发和调动员工积极性的能力，这要求他们深入理解团队和个人的行为动机、沟通模式，以及领导理论与实践。

（1）领导者需要掌握激励团队和员工的技巧。包括了解和识别不同员工的激励因素，以及如何在工作中有效应用这些因素以提高员工的工作热情和效率。同时，领导者还需要具备优秀的沟通能力，应能够清晰地传达目标和期望，能够理解与回应员工的反馈和需求。在日常管理中，领导者还需要运用适宜的领导风格和管理模式，并且应根据团队的具体状况与组织文化进行调整。

（2）领导工作的挑战性在于它要求领导者具备高度的自我意识和自我提升能力。现代领导者需要不断学习和更新知识、技能与理念，以适应不断变化的管理环境和员工需求。领导者应学习新的领导理论和技巧，提升对团队动态的敏感度，提高对组织变革的引领能力。

（3）领导者在推动实现组织目标的过程中，还需要有效平衡团队和个人的利益，建立和维护团队的凝聚力与合作精神。优秀的领导者能够创造一个正面的工作环境，其中包括公正的奖惩制度、开放的沟通渠道和积极的团队文化。

4. 控制职能

控制主要用以确保组织在动态环境中能实现其设定目标。控制过程包括对组织活动的监督、检查和必要的调整，以纠正偏离计划的行为。管理的本质是动态的，计划的执行过程经常受到各种内部因素和外部因素的干扰，导致实际情况与预定计划出现偏差。控制职能的重点在于及时发现这些偏差及其原因，并采取适当措施进行纠正，确保计划的执行与预设目标保持一致。

控制工作的基础是对实际执行情况的持续监督和评估，包括了解执行过程中的各种变化、偏差的发生以及可能的原因。一旦发现偏离计划的情况，需要及时采取纠正措施，这些措施既可能是一些简单的调整，使实际情况重新符合计划的要求，也可能涉及更复杂的决策，如设定新的目标或计划。控制不仅是一种被动的纠错过程，还是一个积极的管理活动，人们通过它可以不断优化和改进管理实践。

控制职能与计划职能、组织职能和领导职能这四个管理职能紧密相连，共同构成了管理工作的循环系统，每个环节都是管理过程中不可或缺的部分。管理计划为控制职能提供了标准和依据，控制职能是计划实施的保障，而组织职能和领导职能则为控制职能的有效实施提供了必要的前提条件。在这个循环系统中，每次循环的完成都有助于提升管理工作的水平，推动组织向更高的目标迈进。通过这种持续的循环过程，组织能够不断适应环境变化，提高自身整体的效率和效果。

（二）现代企业管理的特殊职能

管理的社会属性主要体现在管理过程对生产关系的维护和反映中。在企业管理的实践中，管理权的行使不可避免地受到生产资料所有权的影响。生产资料的所有者，即社会的统治者，通过管理权的行使来维护和巩固其阶级利益及上层建筑，即便管理权和所有权在某种程度上可以分离，管理的实践和企业的宏观调控依然需要反映生产资料所有者的意愿、利益与要求。因此，企业管理的职能不仅局限于经济效益的最大化，还涉及维护一定的社会秩序和阶级结构。这种管理职能的特殊性揭示了企业管理在阶级社会中的根本性质,它既是一种经济活动,也是一种社会和政治活动,核心目的是维护特定社会结构和利益格局。

第三节　企业经营的基本理论

一、企业经营概述

(一)企业经营的内涵

在市场经济条件下,现代企业作为独立的经济单位,拥有自主经营和承担盈亏的权利与责任。这意味着企业要通过有效整合和利用手头的资源,包括人力、物资、财务、时间以及信息等,来满足市场需求。它们通过生产和提供各种产品与服务,既追求经济利益的最大化,也致力于实现社会效益,也就是说,现代企业经营活动往往具有双重目标。

(二)企业经营管理的内涵

在市场经济的框架内,企业经营管理涉及拥有决策权的个体或团队,他们基于市场需求和客户的具体要求,综合考虑企业内外部的各种因素,主动运用价值规律进行策划和执行一系列策略与操作,旨在实现企业既定的目标。这是一个持续的循环过程,涵盖了规划、执行与评估等多个阶段,管理者既要具备前瞻性的规划能力,还要具备调整和优化经营策略的灵活性。

(三)企业经营的目标

1. 利润最大化

利润最大化是驱动企业追求更高经济收益的核心动力,它基于一个简单的经济事实:当企业的收入超过其成本时,即有了利润;反之,则面临亏损的风险。这不仅是投资者和经营者共同追求的目标,也是衡量企业在生产和经营活动中创造额外价值能力的关键指标。在商品经济体系中,利润的大小是评价剩余产品多寡的直接量度,并有效反映了企业对社会财富增长的贡献。追求利润最大化不仅能够推动企业自身的发展,也是促进整个社会财富增长、带动经济进步与社会发展的重要力量。

然而,在社会主义市场经济体制下,企业追求利润最大化的出发点和最终目的应当与社会主义核心价值观相契合，即在满足人民群众日益增长的物质和文化需求的基础上进行，这表明，企业在追求经济效益的同时，不仅不应牺牲客户和消费者的利益，更不应忽视对社会和环境的责任。企业必须在经济效益和社会效益之间找到平衡点，实现二者的有机统一。

2. 所有者（股东）权益最大化

所有者或股东权益代表投资者在企业中的财务权力和利益，具体体现为企业净资产的所有权，涵盖了实收资本、资本公积、盈余公积及未分配利润等各项指标。随着企业经营活动的成功，其利润逐渐增加，相应地，从税后利润中分配给投资者的利润及提取的盈余公积也会增加，盈余公积不仅能用于补偿企业的亏损，还能用于资本的转增，进而增加投资者在企业中的资本份额。通过比较期初和期末的所有者权益总额，人们可以评估在该时期内企业自有资本的保值和增值情况，直观地反映出企业为股东创造的财富价值。

但企业追求利润最大化与所有者权益最大化并不总是一致的，通常情况下，虽然利润的增加会直接促进所有者权益的增长，但在某些情况下，如出现企业管理层的"内部人控制"等现象，可能损害股东利益。在这种情况下，企业管理层可能做出不利于股东权益的决策，使利润最大化的决策与所有者权益最大化的决策出现偏差。对此，为了保障投资者的权益和企业的长远发展，应当建立有效的内部控制和治理机制，确保企业决策既能促进利润增长，又能保护和增加所有者权益。

3. 企业价值最大化

在现代市场经济中，企业本身被视为一种可以交易的资产，其产权可以通过出售或合资等形式进行转移。在这种情况下，有必要对企业的整体价值进行评估，因为这直接关系企业出售或合资时的定价问题。因此，企业经营策略的核心目标之一便是实现企业价值最大化，这一方面需要关注企业当前的盈利状况；另一方面则需要着眼提高企业的长期获利能力，确保未来企业能够持续增长，以便在整体上提升企业的价值。

企业价值的核心在于其盈利能力，这不仅取决于企业当前的盈利情况，还侧重企业未来的获利潜力。在评估企业的盈利能力时，需综合考虑企业的生产规模、资产组成以及其他相关因素。相同资产构成的不同企业，由于经营策略、管理水平、技术实力、员工素质及企业信誉等方面的差异，其盈利能力可能存在显著差别。这说明企业获利能力的提升不仅需要通过扩大生产规模，还需要通过优化经营管理、强化技术创新、提升服务质量等多方面努力才能实现。

对上市公司而言，企业的市场价值可以通过其股票的市场价格来反映，在规范的股票市场中，股价的高低主要由公司的盈利能力决定，企业价值可以通过计算发行的股票总数与每股市价的乘积确定。由此可见，企业价值的提升是一个长期过程，需要企业管理层超越短期利益的考虑，制定和实施长远的发展战略，包括优化投资决策、降低融资成本、平衡资本结构、注重技术革新和产品开发，以及积极拓展市场。

二、企业经营管理职能

企业经营管理职能主要包括六个，如图 1-2 所示。

图 1-2　企业经营管理职能

（一）战略职能

在企业经营管理中，战略职能占据着至关重要的地位，尤其在当今这个经营环境日益复杂和多变的背景下，为了确保自身能够在激烈的市场竞争中保持长期稳定发展，企业必须具备前瞻性和战略性的思维能力，能够准确把握时机，灵活应对各种外部变化。战略经营的核心在于在不完全的信息条件下做出最佳决策，通过如下这种有序的流程，逐步提高企业对环境的适应性和反应能力，使其能够在变化莫测的市场环境中寻求和确保自身的发展空间与竞争优势：①深入了解并分析经营环境，评估环境中的机会和风险；②制订相应的行动计划和战略对策；③实施和反馈；④不断循环迭代。

具体而言，战略职能的实施涉及企业经营者的几个关键步骤：一是对经营环境进行全面而深入的分析，以确保对市场和竞争环境有准确的理解与把握；

二是制定清晰的战略目标，这些目标应能够指引企业向正确方向前进；三是识别并选择战略重点，集中资源和努力解决最关键的问题或把握最重要的机会；四是制定具体的战略方针和对策，这些对策应能够有效应对内部需求和外部挑战；五是制定详细的战略实施规划，确保战略的成功执行。

（二）决策职能

在管理活动中，决策起着基石作用，它涉及在面对特定目标时从众多潜在选项中挑选出最佳方案的过程。实质上，管理的本质可被视为一个连续不断的问题解决过程，而每个问题的解决通常伴随着多条可能的解决路径的发现。因此，决策不仅是选择最佳路径的行为，还是管理过程中不可或缺的一个环节，尤其在制订计划时的决策，它对企业的未来发展方向和目标设定具有决定性影响，决定了实现这些目标的具体策略。但是，这并不意味着决策仅限于计划制订阶段，实际上，在管理的各个层面和职能中，决策都扮演着至关重要的角色，无论是高层管理还是日常运营，决策都是管理人员日常工作的一部分，它贯穿企业管理的每个环节。

随着企业管理实践的发展和深化，单纯依赖管理者个人经验的决策模式已经逐渐被科学化的决策方法取代，现代企业决策强调科学理论的指导、严密的程序遵循和合理的方法应用，将决策提升到了一个新的层面。这种转变体现了决策从经验到科学的进化过程，同时，决策具有艺术性质[1]，在现代企业管理中，决策者经常需要在充满不确定性的环境中做出选择，面对信息不完整的挑战提出解决方案，决策者既要具备科学的决策能力，还要具备艺术性的直觉和创造力，以较强的洞察力来弥补信息的不足，提出创新和有效的对策。因此，决策既是科学，也是艺术，它要求管理者在理论指导和直观洞察之间找到平衡，从而在复杂多变的管理环境中做出恰当选择。

（三）开发职能

有效经营并不单纯依靠传统意义上的资源利用，如财务、物质和人力资源，更重要的是对产品、市场、技术以及企业内部能力的深度开发，这些要素是企业战略职能得以实现的关键。在现代企业管理中，开发职能的核心在于通过创新和持续改进来塑造企业的核心竞争力，企业需要不断研发新产品，探索新市

---

[1] 田望.新编企业管理手册[M].北京：企业管理出版社，2003：30.

场，利用最新技术，并培养和提升员工的能力与技能。这种全面而综合的资源开发策略能够为企业创造独特价值，并为之建立起难以模仿的竞争优势。

成功的企业之所以能够在激烈的市场竞争中脱颖而出，关键在于拥有一流的人才、前沿的技术、创新的产品，以及强大的市场影响力，这些要素相互作用，共同构成了企业强大的综合实力。在这个基础上，企业能够有效对抗市场的不确定性，把握市场的变化趋势，开拓新的市场领域。可以说，企业的人才开发、技术创新、产品研发和市场拓展是相辅相成的，共同定义了企业的发展方向和成长潜力，是企业持续取得成功的关键所在。

（四）财务职能

企业的运营始终围绕着财务活动而展开，包括资金的筹集、投入、增值及分配。财务管理的职责主要体现在四个方面：资金的筹集、有效投资、盈利的再分配以及对企业经营成效的深度分析。资金筹集作为企业活动的出发点，确保了企业有足够的资金进行日常运作和扩张。资金的有效使用和预算分配直接影响企业的运营效率与投资回报。在企业创造出增值之后，如何公平合理地分配这些增值价值是处理好企业内部各利益相关者关系的关键。经营分析作为闭环的最后环节，对企业的财务状况进行全面审视，为未来的战略调整提供决策依据。由此可见，财务管理是贯穿企业战略制定、决策过程及资源开发等各个环节的基石，对企业的成功运营起着决定性和制约性的作用。

（五）公关职能

公关职能既是企业形象塑造和品牌传播的工具，也是企业与外界沟通的桥梁，包括客户、投资者、合作伙伴，以及公众等所有利益相关方。公关活动通过有效的沟通策略和手段，能够建立和维护企业的正面形象，提高企业的社会知名度和品牌价值。此外，公关也涉及危机管理，帮助企业在面对负面事件或公众危机时，及时做出反应，修复可能受损的企业形象，保护企业的长期利益。公关职能的核心在于理解和管理企业与公众之间的关系，通过策划和执行各种公关活动，如新闻发布会、社会责任项目、品牌活动等，企业可以有效传递正面信息，塑造良好的企业形象，这既有助于吸引和保留客户，也有助于企业在激烈的市场竞争中获得优势。此外，公关职能还包括监测和分析公众对企业的态度与反馈，为企业的战略决策提供数据支持。

（六）指挥职能

指挥职能直接关系企业战略目标的实现与日常运营的效率，通过明确的指挥与领导，管理层确保组织资源得到合理配置，员工行为与企业目标保持一致。这一职能要求管理者具备强烈的目标导向性、较高的决策能力与人员协调能力。有效的指挥不仅包括对企业内部的管理和协调，还涉及对外部环境变化的快速响应和适应，确保企业能够在变化多端的市场环境中保持竞争力。在实施指挥职能时，管理者需要清晰传达企业的愿景和目标，制订具体可行的行动计划，并通过动员会议、工作报告等形式激励员工，提高其工作效率和团队协作能力。此外，指挥职能还要求管理者具备灵活性，能根据市场变化和组织内部情况及时调整管理策略与工作重点，有效处理各种突发事件，确保企业运营的顺畅与高效。

三、企业经营的观念

在当代商业环境中，企业作为一个独立的法人实体，其发展轨迹和成败在很大程度上由其核心经营理念决定，这些理念作为企业行动的指南针，指引着企业按照既定目标稳步前进，另外，经营理念也体现在对企业内外部各种关系的处理和态度上。企业的经营理念是构建在一系列基本观念之上的思想体系，它涵盖了企业在经营过程中的价值观、目标、策略等方面。企业经营的核心在于通过识别自身的强项和弱点，有效利用优势，提供高质量的产品和服务以满足市场需求，进而实现经济效益最大化。具体而言，主要包括以下六大经营观念：

（一）市场观念

对企业而言，市场既是其生计所依，也是其展示实力和创新成果的平台。随着时间的演进，企业的市场观念经历了从生产导向到消费导向，再到动态均衡的发展过程。初期，企业侧重生产能力的扩张，认为只要生产出产品，市场自然就会接受，这一阶段，企业承担了较低的市场风险。随后，随着市场竞争的加剧和消费者需求的多样化，企业开始转向消费中心型市场观念，强调以市场需求为导向进行生产，此时市场风险主要由企业承担。最终，企业会逐渐认识到真正的市场优势来源于动态地满足并创造顾客需求的能力，从而形成一种双向互动的市场运作模式。要适应这一变化，企业必须摒弃旧有的生产中心论，拥抱以顾客需求为核心，通过创新和创造性经营不断探索与满足市场新需求的市场观念。

（二）用户观念

用户观念突出了用户在市场中的核心地位。用户不仅是市场和消费者的直接体现，也是企业经营活动的中心，用户的需求和满意度直接影响企业的业绩与市场地位。为了深入理解和满足用户需求，企业必须将自身置于用户的角度，以用户的视角审视和解决问题，这要求企业将"用户至上"的理念融入每个决策和操作中，始终将用户的需求和利益放在首要位置。这种用户中心的思维方式要求企业在追求利润的同时，更加重视赢得用户的信任和忠诚，认识到持续满足用户需求是获得长期利润的关键。在实际操作中，这种用户观念体现为提供高质量、适应用户需求的产品和服务，确保用户在使用产品和接受服务过程中能够获得明显的经济与情感价值，进而建立起长久而稳固的客户关系。

（三）竞争观念

在市场经济环境下，竞争成为企业不可避免的挑战。对企业而言，培养健康的竞争观念至关重要，企业不仅要勇于面对竞争，更要学会如何在竞争中占据优势地位。这种竞争观念涵盖了强化产品质量和服务水平，以此在激烈的市场竞争中脱颖而出。有效的竞争策略是发挥自身长处，规避短板，并通过提供独特且优质的产品和服务来创建差异化优势，以吸引更多顾客，扩大市场份额，进而开拓新的市场领域。简而言之，正确的竞争观念不仅体现在勇敢地参与竞争中，还在于精准、高效地在竞争中寻找与利用自身的特色和优势。

（四）创新观念

创新观念远远超越了单一的产品或技术创新，包括从服务创新到经营理念和模式的全面革新。企业创新的核心是探索未知，突破传统的思维模式，拥抱科学的思维方法和技术革新。这需要企业在管理思路和方法上持续进行革新，并积极采纳和应用新科技，探索新的生产和经营范畴，不断开拓新市场，同时不断推陈出新，创造出符合市场需求的新产品。

（五）开发观念

开发观念强调企业管理者必须具备高效利用和整合各种资源的能力，这些资源不仅包括传统的资金和物质资源，还涵盖人力、市场、时间、技术、信息以及管理等多方面资源，关键在于如何高效地结合和协调这些资源，以实现资源利用的最大化和最优化。企业通过精准地识别和整合这些多样化资源，能够创造出更大价值,从而提升企业的竞争力和市场地位。在这个过程中,企业应努力寻找新的机会和创新点,以适应市场的变化和企业的长期发展需求。

（六）效益观念

在当代经济社会中,效益观念已经超越了传统的盈利模式,转而强调企业在追求经济效益的同时,应兼顾社会效益的提升。这一理念认为,企业的根本目的除实现财务上的盈利外,还应通过其产品和服务为社会与消费者创造实质性价值。因此,评估一个企业的成功不仅取决于其财务报表的数字,更重要的是要衡量该企业是否对社会综合效益做出了积极贡献。现代企业在运营过程中,应当以满足社会需求和提高消费者福祉为首要任务,可以通过采用高效技术,生产符合消费者需求的优质产品,并提供卓越的服务来实现这一目标。在此基础上,企业自然能够创造出更多经济利润。

四、企业经营能力分析

（一）生存能力

企业生存能力的核心是确保其运营的持续性和稳定性,这种能力体现在企业将原材料有效转化为产品的过程中,以及资金的快速流转和循环中。具体而言,生存能力关乎企业将输入（如原材料）高效加工成输出（成品）的效率,以及资金流的健康管理,应确保资金快速且顺畅周转。这两个方面的顺利运作是企业在竞争激烈的市场中维持运营和发展的基础。如果没有稳定的原料转换过程和流畅的资金周转,企业将难以持续其业务,并进一步影响自身的长期生存与发展。由此可见,保持和提高企业的生存能力是确保企业长期健康发展的关键。

（二）反馈能力

企业的反馈能力,即信息处理和响应能力,是衡量其信息系统效能和敏捷性的关键指标,这一能力体现在企业对市场动态、消费者需求、竞争格局以及自身生产适应性等关键信息及时、准确地捕捉与传递。在快速变化的商业环境中,拥有高效的信息反馈系统意味着企业能迅速获悉并适应外部变化,识别和响应内部挑战。这既关系企业决策的时效性和准确性,也直接影响企业的战略调整和市场竞争力。一个灵敏有效的反馈机制使企业能够在第一时间掌握关键信息,并快速做出反应,确保企业在激烈的市场竞争中占据优势。

（三）应变能力

企业的应变能力是指在面对外部环境的各种挑战和变化时，企业迅速而有效地做出调整，以确保其核心任务得以完成，并且其产品和服务能够最大限度适应市场与消费者需求的能力。这种能力涉及快速识别外部变化，如市场趋势、消费者行为、竞争环境等，并以此为依据，调整企业的经营策略、生产计划和服务模式。优秀的应变能力不仅能够在危机中保持企业的稳定运行，而且能够从这些变化中寻找到新的机遇，为企业带来更大的市场竞争力。

（四）创新能力

企业提高创新能力的关键在于整合和利用各种资源，投入人力、财务和物料来优化生产经营过程的能力。这种能力要求企业不断引入和应用新技术、新工艺、新材料与新设备，以生产出符合市场需求、质量优良的新产品。此外，企业的创新能力还包括根据市场和环境变化，持续改进管理方法和寻求新的经营策略的能力，这表明企业不仅在产品和技术层面上进行创新，还要在管理和战略层面上不断创新与适应。

（五）竞争能力

企业的竞争能力体现为企业在国内和国际市场上的表现力与影响力。这种能力是企业能够提供高品质、多样化且价格合理的产品和服务，并且通过其独特性和差异化策略来稳固并拓展市场份额的能力。竞争能力不是一个单一的概念，而是企业应变能力和创新能力的综合体现。在竞争激烈和不断变化的市场环境中，企业需要灵活应对各种挑战和机遇，并不断推陈出新，创造独特的市场价值。

（六）营利能力

企业的营利能力反映了其通过有效利用各种资源和实施成本控制策略来实现经济收益的能力。具备较强营利能力的企业可以使生产和销售满足市场需求的高质量产品与服务，并在确保产品质量的基础上，采取各种措施降低成本，实现高于竞争对手的利润率。营利能力的关键在于优化资源配置和成本管理，同时保持产品和服务的竞争力，确保在市场中的吸引力，对此，企业不仅要注重外部市场的机会，还要在内部持续改进运营效率，确保在激烈的市场竞争中保持盈利和良好发展。

（七）发展能力

企业的发展能力涉及多方面的资源动员和利用，以实现持续的增长和进步。这种能力体现为企业能够有效地集聚并管理资金、人力和物质资源，以满足社会需求并运用最新技术进行扩张和创新。企业提高发展能力的关键在于要专注扩大生产规模和提升经济效益，着重改善员工的物质和精神生活条件。这要求企业在追求规模扩大和利润增长的同时，还应注重员工福利和工作环境的优化，以此激发员工的潜力和创造力。发展能力的核心在于平衡生产扩张与员工福利之间的关系，确保企业的可持续发展和长期竞争力。

第二章　企业经营环境分析

第一节　经营环境概述

一、经营环境的内涵

企业在经营过程中不可避免地会受到外部环境的影响，这些环境因素构成了企业实现产品价值和盈利的外部基础。作为一个开放系统，企业在其内部以及与外界的互动中经历着不断的物质和信息交换，这些交换活动受内外部环境的多方面影响，包括市场趋势、政治法律变化、技术进步和社会文化变迁等，管理者必须具备敏锐的洞察力，以识别和分析这些环境因素，判断它们可能给企业带来的机遇和挑战。

此外，对内部环境的洞悉也同样重要，如企业的资源配置、组织结构和文化等。正确理解和评估这些内外环境因素是企业制定战略、规避风险、把握机遇、发挥自身优势，并在竞争中保持优势的关键。

二、经营环境分析的常见方法

经营环境分析最常见的方法就是SWOT分析法，此方法分为两部分：一部分主要针对内部环境，需要人们找出企业经营的优势（Strengths）和劣势（Weaknesses）；另一部分主要针对外部环境，需要人们找出经营的机会（Opportunities）和威胁（Threats），见表2-1。

表2-1　SWOT分析法

	优势	劣势
内部环境	设计良好的战略，强大的产品线，宽广的市场覆盖面，良好的营销技巧，品牌知名度，较强的研发能力与领导水平，等等	不良战略，过时、过窄的产品线，不良营销计划，信誉度降低，研发创新下降，部门之间争斗内耗，等等

续表

	机会	威胁
外部环境	核心业务拓展，开发新的细分市场，扩大产品系列，将研发导入新领域，打破进入堡垒，等等	公司核心业务受到攻击，国内外市场竞争加剧，为进入设置避雷，被兼并的可能，新产品或替代品的出现，等等

三、经营环境分析的内容

（一）外部经营环境分析

外部经营环境分析主要包括宏观环境分析以及作业环境分析，见表2-2。

表2-2 外部经营环境分析

类型	具体内容
宏观环境分析	企业的宏观环境作为其外部经营的广泛背景，包括社会经济状况、主流技术发展趋势、政治法律框架以及整体社会心理等因素。这些因素构成了企业所在国家或地区的一般性环境，对所有企业的运营产生普遍而深远的影响
作业环境分析	作业环境是企业在具体经营活动中直接面临的环境，更具有针对性和直接性，包括产品市场的动态、消费者需求、竞争对手的策略、供应商关系、金融市场和融资途径、相关的法律法规以及政府部门的政策等。这些因素构成了企业在特定行业和市场中的具体经营环境，对企业的日常运作和长期战略规划有着直接影响

（二）内部经营环境分析

1. 营运因素分析

营运因素分析是企业内部经营环境分析的核心部分，它专注评估和理解企业日常经营活动的各个方面，以及这些活动影响企业整体绩效的方式。此分析涉及对企业生产流程、供应链管理、库存控制、成本控制能力和质量管理等关键营运领域的深入审视。通过分析生产流程，企业可以发现生产效率和生产质量的潜在问题，并寻找改进措施。在供应链管理方面，有效的供应链不仅能降低成本，还能提高对市场变化的响应速度。库存控制是维持企业运营效率的关键，适当的库存水平可以在保证满足市场需求的同时，避免过度积压或资金流动性问题。成本控制能力是企业盈利能力的一个重要组成部分，通过优化运营流程和减少浪费，企业可以提高其成本效率。质量管理是保证产品符合市场标准和客户期望的重要环节。

2. 企业组织结构分析

企业组织结构分析是内部经营环境分析的关键组成部分，重点在于评估企业的组织架构及其对运营效率和决策流程的影响。这一分析涉及探究组织的层级设置、部门划分、权力和责任分配，以及内部沟通和协作机制。有效的组织结构应能促进信息流通，加快决策过程，同时提高工作效率。企业需要考虑其组织结构是否灵活、是否能够快速适应市场变化，以及是否支持跨部门的合作和创新。组织结构过于僵化或层级过多可能导致沟通障碍和决策迟缓，而过于扁平化的结构可能在资源分配和监督方面存在挑战。

3. 企业组织文化分析

企业组织文化分析是审视企业内部经营环境的重要组成部分，它涉及对企业核心价值观、行为准则、工作风格、员工态度以及企业精神等方面的综合考量。积极健康的组织文化不仅能提高员工的工作满意度，增强团队合作精神，还能促进企业目标与个人目标的高度一致。在分析时，人们应重点关注企业文化是否与其战略目标相符、员工是否对企业文化有深刻理解并在日常工作中体现出来，以及文化是否能够为企业带来积极影响。组织文化的强弱直接影响企业的适应能力和内部管理效率，企业需要通过培育和弘扬符合自身特点的组织文化，提升企业的核心竞争力和市场适应性。

第二节　宏观环境分析

一、政治因素

企业所处的政治环境包括地区政局的安定情况和执政党的政策导向，这些因素对企业的安全性、发展机会以及运营策略产生着深远影响。企业要对政治因素进行分析，应从以下几个方面着手：

（一）企业所在地区的政局稳定状况

政局稳定性的等级可以细分为七个层次：长期稳定、稳定但依赖特定领导人、稳定性依赖邻国政策、存在内部纠纷但政府能控制局势、受国内外压力影响的政策变动、政变或根本性变化的可能性，以及政局不稳定、政变可能性高。企业需根据这些层次来判断所在区域的政治环境，并据此做出相应的战略调整。

（二）国家所要推行的基本政策

国家的基本政策，如产业政策、税收政策、政府订单和补贴政策等，对企业的发展具有指导性作用。国家重点支持的产业将获得更多的发展机会和优惠条件，而非重点产业的企业则面临较大的发展挑战。政府的税收政策直接影响企业的财务状况和投资选择，企业倾向投资需求旺盛且税收优惠的产业领域。

1. 政府对企业行为的影响

政府的政策和行为对企业的运营与战略决策产生着深远影响。一是政府作为资源的管理者和分配者，其对自然资源和国家储备的政策直接影响企业的资源获取与战略规划。例如，政府对特定资源的管理和分配政策可能导致资源成本的变化，进而影响企业在这些资源依赖性行业的竞争力和营利能力。二是政府在某些情况下会作为一个重要的消费者出现，特别是在军事工业、航空航天等领域，政府的订单对这些行业的发展至关重要，政府的采购决策不仅直接影响相关行业的需求和收入，而且间接影响整个产业链的运作和其他行业的发展趋势。三是政府通过贷款和补贴等方式，能够对特定行业或企业提供资金支持，促进这些行业或企业的发展和创新，这种经济刺激措施可以帮助企业降低成本，提高竞争力和市场地位。

2. 法律对企业的影响

作为政府管理企业行为的关键工具，法律规定为企业经营活动设定了框架和边界。政府通过落实各种经济相关的法律，如经济合同法、企业破产法、商标法、质量法、专利法以及中外合资企业法等，为企业提供了一个明确的法律环境，这些法律不仅促进了企业的健康发展，也为企业间的交易提供了法律依据和保障。例如，专利法保护了企业的创新成果，商标法保障了企业品牌的合法权益，而质量法则确保了产品质量的标准化和规范化。

政府通过法律和规章制度对企业的经营活动进行监管，确保其不违反社会和公共利益。例如，环保法律规定的工业污染标准、产品安全法律对产品质量的要求以及价格法对某些关键产品定价的规定，这些都在一定程度上限制了企业的运作，迫使企业在追求利润的同时，考虑环境保护、产品安全和社会责任。

法律制度的不同要求对企业的管理行为产生了显著影响，这些法律政策旨在平衡和保护各方利益，包括反对不正当商业竞争行为，保护消费者免受不正当商业活动的侵害，同时保护社会整体利益，并促进社会经济的全面发展。企业在制订策略和运营计划时，必须充分考虑这些法律和法规，确保其业务模式和运作方式符合法律要求，以便在保障自身利益的同时，维护社会的公共利益和正义。

政治环境因素对企业的影响具有几个特点：首先，这种影响具有直接性，国家的政治环境变化直接影响企业的经营状态和高层领导的战略决策；其次，政治环境的变化通常难以预测，这为企业带来了额外的不确定性和风险；最后，政治环境的影响往往是不可逆的，一旦发生，企业必须迅速适应这种变化，制定应对策略，以减少可能的负面影响。

二、经济因素

经济环境对企业的运营和战略规划至关重要，它涵盖了国家或地区的经济体制、经济结构、资源状况、经济发展水平、消费模式和预期的发展趋势等多个方面。当宏观经济繁荣时，市场需求增长，为企业带来更多的发展机遇。例如，在经济高速增长阶段，建筑业、汽车和机械制造业等领域会迎来快速发展，进而推动相关行业如钢铁业的增长；相反，在经济低迷时期，市场需求增长放缓，企业发展机遇相应减少。衡量宏观经济总体状况的核心指标之一是国内生产总值（GDP）增长率，其健康稳定的增长通常预示着国民经济的良好运行状态。

企业在制定经营策略时还需要考虑利率水平、劳动力供应（如失业率）、消费者收入水平以及价格指数的变化（如通货膨胀率）。这些因素会直接影响企业的投资决策、定价策略和人力资源管理。

产业集群的存在与否也是影响地区竞争力的关键因素。产业集群是指在特定领域内，有着竞争和合作关系的企业、专业化供应商、服务提供商、相关产业的厂商以及相关机构（如大学、标准制定机构、行业协会等）在地理上的集中现象。这种经济集聚提升了区域内企业的竞争力，促进了知识共享、技术创新和资源高效配置，为企业带来了增值机会。

总的来看，产业集群为一个区域带来的竞争性主要表现在以下三个方面：

（一）外部经济效应

在产业集群中，虽然各个参与企业可能规模不大，但它们之间高度专业化的分工与紧密合作带来了显著的外部经济效应，这些企业联合起来，形成了强大的生产和供应链，极大提高了整体的生产效率和产品质量，这种协同作用使集群内的产品能够迅速进入国内外市场，满足不同区域的需求，实现规模经济效益。这使产业集群区域成为一个重要的经济增长点，不仅推动了本地区的经济发展，而且对国家和全球市场产生了积极影响。这种外部规模经济的效应一方面体现在生产和销售的扩张上；另一方面反映在技术创新和资源配置的优化上，为集群内的企业提供了一个充满活力和竞争力的商业环境。

（二）空间交易成本的节约

产业集群区域的地理邻近性为企业带来了显著的空间交易成本的减少，这些成本包括运输成本、信息成本、寻找成本以及合约谈判和执行成本。在这样的集群环境中，企业间建立了稳固的信用体系和相互信任关系，有效降低了由机会主义行为导致的风险和损失。此外，集群区的存在还促进了专业化人才会集，提供了一个集中的人才库，使企业在招聘专业人才时能够节约大量的时间和费用。同时，由于企业间的紧密联系，专业信息流动迅速，信息获取的成本大大降低。由于企业地理位置接近，原材料和关键投入品的采购更便捷，运输和库存成本得以降低，并且企业能从邻近供应商处获得及时的辅助服务。在这种产业集群中，企业之间维持着一种充满活力和灵活性的非正式关系，在面临快速变化和动态环境时，比起垂直一体化的安排或远程的企业联盟，这种关系更具效率和适应性。

（三）学习与创新效应

产业集群环境有效促进了企业间的学习和创新过程。企业在这样的环境中彼此靠近，既面临激烈的市场竞争，又受对技术进步和管理革新追求的内在驱动，这种竞争和自我提升的需求激发企业不断进行技术与管理方面的创新。集群区内企业之间的紧密互动，如定期的会面和交流，促进了知识和技术的迅速扩散，一个企业的创新很快就能被其他企业学习和模仿，并实现整个集群的技术进步和管理优化。这种集群内的知识外溢效应是产业集群获得竞争优势的关键因素之一。此外，产业集群还为企业家精神的发展和新企业的成长提供了肥沃土壤，在这种环境中，企业家能够汲取前沿知识，快速应用新技术，并通过不断的尝试和创新，推动新企业的诞生和成长。

跨国经营的企业在考虑经济因素时，必须重视包括关税政策、国际贸易的各种支持方式、东道国政府对利润的控制以及税收制度等因素，这些因素直接影响着企业在国际市场上的竞争能力和营利能力。例如，外国政府可能对外资企业的利润提取和股份持有比例设置限制，这直接影响企业的资金流动和投资决策。跨国企业还必须关注国际经济政治联盟的动向，如石油输出国组织（OPEC）和欧洲联盟（EU），OPEC作为一个主要的石油和天然气生产国的组织，其对油价和产量的控制会对全球经济与能源消费产业产生显著影响。而EU自1957年成立以来，已经成为一个强大的经济政治力量，它最初的目标是建立一个无关税贸易区，促进成员国之间的合作，如今已经发展成为一个允许商品、服务、资金和人员自由流动的共同市场。类似的经济组织还有北美自由贸易区（NAFTA）和东盟自由贸易区（AFTA），这些组织的存在和政策决定对企业的国际战略管理有着不可忽视的影响。

对于跨国企业而言，有效识别和应对这些关键经济力量是实现国际市场成功的重要因素，企业必须对这些经济组织的政策和动态保持敏感与响应，以便在国际舞台上制定恰当的战略。例如，关税政策的变化可能需要企业调整国际供应链和生产布局，而国际贸易支持措施的存在可能为企业提供新的市场机会或资金渠道，东道国政府对利润的控制和税收制度的变化也可能影响企业的财务决策与营利模式。

三、技术因素

技术因素涵盖了远远超过仅是颠覆性创新的范畴，包括与企业生产直接相关的新技术、工艺和材料的发展及其应用前景，这些技术因素不仅可能为企业带来机遇，也可能对其构成挑战，因此它们在影响企业战略决策时表现出双重性。

一方面，技术创新为企业带来了前所未有的机遇。一是新技术的涌现能够激发社会和新兴行业对特定产品的需求，为企业提供新市场和经营领域的开拓机会。二是技术的进步使企业能够采用新的生产方式和工艺，生产出质量更高、性能更强的产品,并且有可能大幅降低成本,例如,连铸技术的引入简化了钢铁的加工过程,提高了效率并节约了能源,减少了产品成本。三是互联网技术的广泛应用,使企业能够在全球范围内优化成本,实现全球采购和物流配送,这一技术革新还使企业能够在不同地区进行产品研发、设计、生产、销售及售后服务,促进产品价值的持续增长。

另一方面,技术创新给企业带来了挑战,技术的快速进步和变革意味着企业产品与服务需求的不断演变。当一个行业由于技术进步而获得发展机遇时,这种进步往往会对其他行业造成威胁,例如,塑料制品业的兴起在某种程度上对传统的钢铁业构成了冲击,因为许多塑料产品成了钢铁制品的替代品。此外,竞争对手的技术升级可能使企业的产品或服务显得过时,或导致产品定价失去市场竞争力。在国际贸易中,一个国家的先进技术应用可能使另一个国家的类似产品在价格上处于劣势。对此,企业需要仔细分析技术创新对其业务的影响,明确自身及竞争对手在技术方面的优劣势,以做出适当的战略调整。

四、社会文化环境因素

社会文化环境的影响也是企业不可忽视的重要因素,这一环境包括一个国家或地区的社会特性、价值观、文化传统、生活方式、人口特征、教育水平、习俗习惯等多个层面。这些因素是人们在长期社会生活中形成并逐渐接受的规范和标准,例如,不同地区的消费者可能因文化差异而对产品有不同的偏好,企业在进行市场策略规划时需要考虑到这些文化特征。此外,社会文化环境中的变化,如人口结构的变动、教育水平的提高、消费者价值观的转变,都会对企业的产品开发、市场定位和广告策略产生深远影响。企业必须敏锐地察觉到这些变化,并据此调整其产品和服务,以更好地满足市场需求和消费者期望。

(一)文化传统

文化传统作为一个国家或地区历史沉淀下来的社会习俗,对人们的行为模式和思维方式产生着深远影响。它是间接且潜在地影响着企业的经营活动,而且这种影响是长期和持续的。文化传统的核心元素涵盖了哲学、宗教、语言和文学艺术等,这些元素共同构成了一个完整的文化体系,对企业文化产生着显著作用。其中,哲学作为文化体系的核心,对整个文化及其发展方向起着引领作用。宗教与文化传统紧密相连,深刻影响着人们的思想和行为。语言和文学艺术则是文化的具体体现,它们不仅反映了社会的实际生活,还对企业员工的心理状态、人生观、价值观、性格特征、道德观和审美观念产生着深远影响。

(二) 价值观

在不同国家和地区中，价值观呈现出独有的特征与差异。例如，在许多西方国家，社会价值观强调的是个人能力和职业成就，体现了一种以个人主义为核心的文化取向；相反，东方国家则更多地强调集体的利益和整体的和谐。在这些国家的企业文化中，重视内部关系的和谐、团队协作和共同努力，这种文化背景下的企业往往会形成以团队效率和集体合作为特点的运营模式。因此，不同国家和地区的价值观既反映了各自的文化特性，也深刻影响了当地企业的管理方式和组织行为，理解并尊重这些差异是国际商业活动中成功的关键。

(三) 社会发展趋向

在过去的几十年里，社会的进步和发展引起了人们生活方式与观念的重大转变，这种转变打破了传统的生活习惯，使人们重新审视自己的价值观和生活选择。这些变化直接影响了人们对于时尚、消费倾向、娱乐偏好以及产品和服务的需求，为企业带来了新的挑战和机遇。当代社会的一个显著趋势是随着物质生活水平的提升，人们越发注重物质享受和实用价值，不少人甚至变得极端功利主义。产品更新换代的速度不断加快，这种无尽的物质需求为企业的增长和创新提供了广阔空间。同时，人们对高层次需求的追求在增长，如社交互动、自我实现、知识探求、审美追求和成就感等，这些趋势反映了人们不仅追求物质富足，还渴望在工作和生活中实现个人价值与潜能，企业在面对这样的社会趋势时，需要更加关注产品和服务的创新，以满足日益多元化和高层次的消费需求。

(四) 社会各阶层对企业的期望

在社会结构中，不同群体对企业的期望和评价标准存在显著差异。股东或投资者通常关注的是企业的财务表现，如投资回报率和股东权益的增长，因为这些因素直接关系他们的经济利益。企业员工更加关心薪资水平、福利待遇和工作环境的质量，因为这些因素直接影响他们的工作满意度和生活质量。消费者重视产品的性价比、质量和企业提供的服务水平，这些因素决定了他们对产品的购买决策和品牌忠诚度。政府和监管机构评价企业的标准则侧重企业是否遵守国家政策、法律法规以及相关行政规章，因为这些因素影响着企业的合法经营和社会责任。企业在制定战略和执行决策时，需要综合考虑并平衡这些不同群体的期望和要求，以实现持续发展和社会责任的双重目标。

五、人口因素

人口特征对企业的战略规划起着决定性作用，总体人口数量为企业提供了市场规模的基本框架，而人口的分布特征，如城乡分布和地区分布，也能对企业的市场定位和产品分布策略产生影响。性别和年龄的比例则决定了市场的需求特征，如年轻人口的增多可能使企业更多地生产时尚、科技产品，而老年人口的增多则可能使人们对健康和休闲产品的需求增加。人口的教育水平直接关系企业所需技能劳动力的可用性，影响企业的人力资源战略。家庭结构的变化，如小家庭的增多，可能导致人们对个性化和高端产品的需求增长。此外，人口的死亡率、结婚率和离婚率等社会动态也对特定产品与服务的需求产生着影响。企业需要深入分析这些人口因素，以便更好地适应市场变化，制定有效的产品开发和市场营销策略。

第三节　经营机会分析

一、识别当前的企业战略

企业在制定多元化战略时，应考虑到其多元化程度、经营地域、业务剥离、关键业务增长策略以及通过战略协同实现竞争优势的方式等因素。

（1）企业不仅需要评估其多元化的深度和广度，这可以通过分析各业务线在总销售额和利润中的占比来实现，还需要考虑多元化的基础是广泛还是专一。

（2）企业需要决定其业务主要集中在国内，还是向国际化方向发展，这涉及在新市场中的定位和扩张策略。

（3）企业需要对不再具有吸引力的业务进行剥离，以精简和优化其业务组合。

（4）企业需要关注如何增强关键业务的表现或提升现有业务在市场中的地位。

（5）管理层需要探索如何通过战略协同，在不同业务之间创造价值，以建立独特的竞争优势。

清晰了解当前企业战略的合理性，识别业务组合中的强项和弱项，将帮助企业决定是进行微调还是根本性的战略调整。

二、检验行业吸引力

在评估多元化经营公司的业务结构和战略时，首先要考虑的是涉及行业的长期吸引力，这些行业的吸引力越高，公司的长期盈利潜力越大。下面是评估行业吸引力时需要考虑的关键因素：

（1）市场规模与增长速度。大规模且增长迅速的行业比小规模且增长缓慢的行业更具吸引力。这种市场通常意味着较多的商机和较大的盈利空间。

（2）竞争程度。竞争较少的行业比竞争激烈的行业更有优势。在竞争较少的市场，公司可能享有较高的定价权和较强的市场影响力。

（3）机遇与威胁。具有明确机遇且威胁较小的行业优于那些机会不明确且威胁较大的行业。确定性较高的市场环境有利于企业制定长期战略。

（4）季节性和周期性。需求相对稳定的行业比需求波动大的行业更具吸引力。这些行业可以提供更稳定的收入和利润预测。

（5）资本和资源需求。资本需求较低的行业比对财务资源有较高需求的行业更具吸引力。同样，不需要特殊技术或独特生产能力的行业比资源需求超出公司现有能力的行业更有优势。

（6）战略与资源匹配度。若一个行业的价值链和资源需求与公司现有业务的价值链和资源能力高度匹配，那么该行业更具吸引力。这种匹配关系有利于公司充分利用现有资源，降低新业务进入的难度和风险。

（7）行业盈利能力。高利润和高投资回报率的行业通常比低利润、高风险的行业更具吸引力。这样的行业可以为公司带来更稳定、更可观的财务收益。

（8）社会、政治和法规因素。在消费者健康、安全或环境保护等方面表现良好的行业相比于面临这些方面有重大问题的行业更有吸引力。社会责任感强和法规遵守良好的行业能更好地维持公众形象与避免法律风险。

（9）风险和不确定性。风险小和不确定性低的行业相比于未来不确定和常见经营失败的行业更具有吸引力。这些行业的稳定性有助于公司进行长期规划和稳健投资。

三、检验竞争力

评估公司各个经营单位的竞争实力,关键在于理解它们在各自市场中的位置以及是否能有效竞争。以下几个核心指标对此评估的顺利开展至关重要:

(一)市场份额相对比率

市场份额相对比率反映了一个经营单位相对于行业领先竞争者的市场份额。例如,公司 A 在其行业中占有 15% 的市场份额,而其最大的竞争对手 B 占有 30%,那么 A 的相对市场份额为 0.5。若 A 占有 40% 的份额,而 B 仍占有 30%,则 A 的相对市场份额上升为 1.33。这表明,当相对市场份额大于 1.0 时,企业在行业中处于领先地位;而小于 1.0 时,则意味着竞争力较弱。[①] 从更广泛的角度来看,相对市场份额也是衡量生产成本相对优势和规模经济效益的一个重要指标。

(二)成本竞争力

成本竞争力衡量的是企业在成本控制方面的竞争力。拥有较低成本的经营单位在市场上具有更强的竞争优势,因为它们能够以更有吸引力的价格提供产品或服务,以吸引更多消费者。成本竞争力的高低直接影响企业的盈利能力和市场地位。企业需要不断优化自身的成本结构,以保持在激烈市场竞争中的领先地位。

(三)产品和服务质量

产品的性能和可靠性直接影响消费者的购买决策,而卓越的售后服务能够提高消费者的忠诚度和满意度。高质量的产品既需要符合行业标准,还应具备创新性和独特性,以区别于竞争对手并吸引目标市场。可靠性包括产品的耐用性和维修方便性,这对建立品牌声誉和消费者信任至关重要。企业在设计、生产和市场推广过程中,应始终将产品与服务质量作为核心竞争力的一部分,以确保自身在激烈的市场竞争中保持优势。

---

① 陈国生,魏勇,赵立平,等.工商企业经营与管理概论[M].北京:对外经济贸易大学出版社,2018:57.

（四）谈判能力

在与供应商或客户谈判过程中展现出的谈判能力直接影响企业是否能获得更优惠的价格、更灵活的支付条款或更有利的合作协议。强有力的谈判技巧不仅能提高企业在商业交易中的优势地位，还能增强其在行业内的影响力和议价能力。企业能够在谈判中争取到的条件往往反映了其市场地位和行业内的竞争力。

（五）技术创新

拥有领先的技术和不断的创新能力能够使企业开发出独特、高效的产品与服务，并在市场上获得竞争优势。技术创新不仅能提高产品性能，增加产品种类，还能有效降低生产成本，提高生产效率。随着市场需求的多样化和技术迭代的加速，企业的技术创新能力变得越来越重要。

（六）行业关键成功因素的契合度

关键成功因素是指在特定行业中取得成功所必需的核心要素，如技术创新、客户服务质量、成本控制等。当企业的资源如人力、技术、资本与这些因素高度匹配时，它就能更有效地应对市场的竞争和挑战，从而在行业中占据优势地位。例如，在技术驱动的行业中，拥有尖端技术和创新能力的企业更可能成功；而在服务行业中，高质量的客户服务和运营效率则是成功的关键。

（七）品牌和声誉

对企业来说，强大的品牌和良好的市场声誉是一笔宝贵的无形资产，一个知名品牌能够为消费者提供即刻的信任感和安全保障，从而在竞争激烈的市场中为企业赢得优势。良好的声誉提升了消费者对企业产品和服务的信任，增强了客户忠诚度和品牌忠诚度。这一点在决定购买行为时尤为重要，因为消费者倾向选择那些他们熟悉和信任的品牌。

（八）利润率

利润率作为衡量企业竞争力的关键指标之一，反映了企业在行业中的财务表现和市场地位。如果一家企业能够持续获得高于行业平均水平的利润率和投资回报率，通常表明该企业在市场上具有较强的定价能力、成本控制能力和市场占有率。稳定的高利润率能赢得投资者和股东的信任与支持，为企业的长期发展提供资金保障。

四、检验战略匹配

企业在多元化经营中检验战略匹配可以有效评估和优化各经营业务之间的协同效应。战略匹配关系主要体现在两个方面：第一，各业务单位之间是否具有共同的技术基础、类似的价值链活动、交叉的分销渠道或共同的客户基础，这种内部联系和互补性可以实现资源共享，降低成本，增强整体竞争力；第二，每个业务单元是否与公司的长期战略目标相一致，确保各业务单元的战略方向与企业总体发展战略同步。具备这些匹配关系的多元化公司能够更好地实现规模经济，提高特定业务的竞争能力，并增强产品和服务的市场竞争力。

五、检验资源匹配

（一）财务资源的匹配关系

在评估多元化经营公司的财务资源匹配关系时，要考虑各个业务单位的现金流量特征及其对资本的需求。具体来看，迅速增长的行业中的经营业务通常是"明星"型业务，它们的现金流量可能不足以满足日益增长的资本需求，为了保证这些业务的持续增长并成为行业领先者，公司需要向这些业务投入必要的财务资源，确保它们的成长性和竞争力。

另外，处于成熟行业中且具有市场领先地位的"现金牛"型业务，其特点是现金流量充裕，对资本需求相对较小，这些业务不仅能产生足够的现金流量覆盖自身的资本再投资需求，还能为其他业务提供财务支持。从增长潜力来看，虽然这些业务可能不具备太大吸引力，但它们在整个公司财务结构中扮演着关键角色，是稳定现金流的重要来源。公司在资源配置时应重视这些业务的长期现金生成能力，以确保整体资源配置的平衡和效率。

除了考虑现金流量和资本需求外，公司还应评估各业务对公司整体业绩目标的贡献及其对股东价值的提升能力。如果某业务能够显著提升公司的整体绩效，并增加股东价值，即便其现金流量和资本需求与其他业务不同，也应将其视为与公司财务资源具有良好的匹配关系。这种评估涉及财务指标，以及对市场机会、技术优势、品牌价值等非财务因素的综合考量。

（二）管理资源的匹配关系

在实施多元化战略时，企业需要确保资源与业务之间达到高效匹配，以提升自身竞争力和管理效率。成功的多元化战略应能增强股东价值，这要求新业务与企业现有资源之间存在良好的协同关系。若新业务未能实现与现有资源的有效结合，则企业可能需要考虑对其进行调整或剥离。

多元化经营的核心在于资源和能力的合理分配，集中资源做新兴业务是提升竞争优势的关键，但这需要充足的资源储备以及对资源配置的精准控制。资源分散可能导致失去竞争优势。需要注意的是，资源能力的转移并非易事，常伴随着以下挑战：

1. 学习与适应过程

资源能力从旧业务向新业务的转移涉及学习过程，员工需要掌握新业务知识，构建合适的团队，以确保资源能力的有效转移。

2. 过度乐观

成功的过往经验可能导致企业对相似新业务的过度乐观，忽视其中的风险和挑战，最终导致失败。

3. 竞争估计误差

进入新业务时，企业可能错误估计自身与竞争对手在资源和能力上的差异，未能克服竞争对手形成的市场进入障碍。

多元化经营不仅是资源配置的艺术，也是对市场机遇和内部能力的深入理解。企业应不断评估资源与业务之间的匹配度，保持战略灵活性，以应对市场变化和竞争挑战。只有在确保资源与业务的有效结合下，多元化战略才能成为企业成长和发展的助推器。

六、根据历史业绩与未来业绩排序

在进行多元化经营的策略评估后，企业需要对各业务单元的业绩前景进行排名，以确定哪些业务具有最佳发展潜力、哪些则相对较弱。这一排名依据的关键指标包括销售和利润的增长率、投资回报率以及现金流的增长状况。除此以外，企业也可以考虑使用经济附加值这一指标，它综合反映了业务单元对公司整体价值的贡献程度。通过评估，企业能够更清晰地识别出各业务单元的强弱点，有针对性地调整资源配置和战略重点，确保企业资源得到最有效的利用，推动企业持续发展。

七、确定资源配置顺序与战略方向

在综合考虑了业务的行业吸引力、竞争地位、战略和资源匹配程度，以及潜在业绩后，企业可据此决定各业务单元的资源分配优先级和战略发展方向。业务单元按照其对公司整体战略价值的贡献程度进行排序，以确定各业务单元的具体战略路径，如是否需要进一步投资扩张、采取积极的防御策略，或进行全面调整和市场重新定位等。在决策是否剥离某一业务时，公司需基于一系列评估指标，如行业吸引力、竞争力、战略匹配度、资源配合程度，以及潜在业绩（包括利润、资本回报率、经济附加值和对现金流的贡献），判断该业务是否与公司的长远战略和使命相符。如果某个业务单元与公司的战略目标不一致，企业领导则应考虑及时进行调整或剥离，以确保公司资源的有效配置和整体战略目标的实现。

八、制定全新的公司战略

在前期深入的业务评估与资源配置决策之后，企业应着手制定全新的公司战略。这个过程并非靠一套固定的公式即可完成，而是需要依赖对未来趋势的深入研究、创新实验、广泛信息搜集和多元选择的探索。新战略的制定要求企业识别新机遇、预防潜在风险，并深刻理解相关战略要素及其对企业发展的影响。

需要指出的是，进行战略规划不是一蹴而就的过程。实际上，大型多元化公司的重要战略决策通常是逐步形成的。初期，管理层可能仅有一个模糊而直观的战略构想，随着时间的推移，通过持续的信息搜集和细致分析，这些初步想法会被逐渐证实或调整。在这个过程中，对于未来战略行动的信心和共识会逐步建立起来，进而使最初的战略构想得到进一步精练、调整和完善。可以说，制定公司战略是一个动态且持续演进的过程，需要管理层的不断探索与改进。

第四节　行业结构分析

一、行业结构的含义

行业结构，也被称作"市场结构"，涉及特定市场内的企业数量、市场份额和规模等因素，以及这些因素决定的竞争模式。人们可以基于以下几个核心因素来定义行业结构：参与市场的企业数量、市场上交易的产品是否具有同质性、市场的进入门槛高低，以及市场参与者获取信息的完整程度。

行业结构的核心构成包括市场集中度、产品差异化和市场进入障碍。其中，市场集中度分为绝对集中度和相对集中度两类。绝对集中度是指市场中几个主导企业在生产、销售、人力和资本等方面的总投入与总产出占据整个市场这些指标总和的比例。而在大多数情况下，尽管行业内的产品具有可替代性，但产品间通常存在差异，这种产品差异化正是企业在争夺市场份额时的关键策略。市场进入障碍则是指那些限制或影响新企业进入特定行业的因素，如日本的大店法就构成了国际零售巨头进入日本市场的障碍。

二、主要的行业结构类型

西方经济学将行业结构划分为四大类别：完全竞争市场、纯粹垄断市场、垄断竞争市场、寡头垄断市场，如图 2-1 所示。这些分类基于几个关键因素：市场中的企业数量、产品的异质性、单个企业对市场价格的影响力，以及进入或退出市场的难易程度。微观经济学指出，不同的市场结构导致不同的经济效率，这主要取决于市场的竞争程度。竞争程度越高，经济效率通常越高；反之，竞争程度越低，经济效率也相对越低。因此，从理论上看，完全竞争市场的经济效率最高，其次是垄断竞争市场，然后是寡头垄断市场，而纯粹垄断市场的经济效率最低。这四种行业结构的主要特点概括如下：

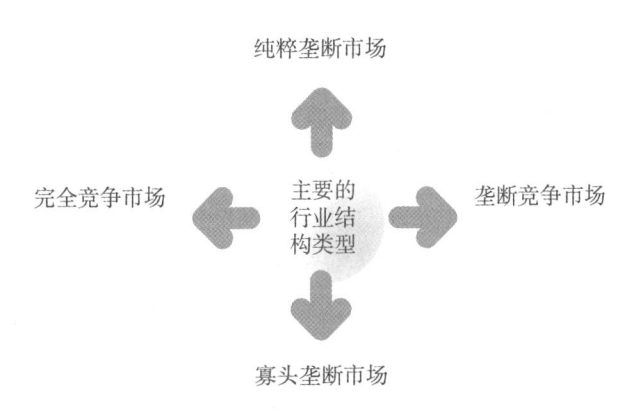

图 2-1 主要的行业结构类型

（一）完全竞争市场

完全竞争市场是一种理想化的市场结构，其中包含几个关键特征：一是市场上买卖双方众多，单个买家或卖家对市场价格没有影响力，他们只能接受市场决定的价格。二是任何厂商可以轻易地进入或退出市场，不存在任何障碍。三是市场上销售的产品或服务完全同质化，消费者无法区分不同卖家的产品。四是所有资源在生产和经营过程中可以自由流动，没有限制。虽然现实中很难找到符合完全竞争市场所有特征的例子，但像农产品零售市场等近似这种模型。值得注意的是，尽管许多市场可能不完全符合完全竞争的严格定义，但它们仍然面临激烈的价格竞争，这促使价格接近边际成本，从而反映出完全竞争市场的一些基本特性。

（二）纯粹垄断市场

纯粹垄断市场是指市场上只有一个厂商提供特定的产品或服务，且没有任何可替代的产品存在。在这种市场结构下，垄断企业独自控制着整个市场的供给，其拥有决定产品价格和产量的绝对权力。在这类市场中，垄断者通常能够制定市场价格，而消费者则只能选择接受或不接受。由于市场上缺乏竞争，垄断企业往往能够实现较高的利润水平。纯粹垄断市场的一个典型例子是一些公共事业，如铁路运输。在这些领域中，由于特殊的市场条件或政策规定，仅有一个企业提供特定的产品或服务。在这种市场结构中，垄断者既是唯一的供应商，也代表了整个行业，它们的市场行为将直接影响整个市场的运作和消费者的福利。

（三）垄断竞争市场

垄断竞争市场，也称为"不完全竞争市场"，是一种介于完全竞争市场和纯粹垄断市场之间的市场结构。这种市场的主要特征是既存在竞争因素，又包含垄断元素。在垄断竞争市场中，市场上拥有众多的卖家和买家，每个卖家的市场份额相对较小，因此他们往往无法对市场价格产生显著影响，而更多地成为价格的接受者。

在垄断竞争市场中，虽然多个卖家提供的是同类产品，且这些产品之间存在相互替代的关系，但每个卖家的产品有其独特之处，这种产品的差异化是垄断竞争市场的显著特点，这些差异可能表现在质量、设计、品牌、服务等方面。所以，虽然这些产品满足相同的基本需求，但由于差异化的存在，每个厂商都能在一定程度上对其产品进行定价，形成一定的市场垄断地位。此外，垄断竞争市场中的卖家通常可以相对容易地进入或退出市场，这与纯粹垄断市场形成了鲜明对比，由于产品的差异化和市场的开放性，这种市场结构下的厂商在营销策略、品牌建设和产品创新方面展现出极大活力。在这种市场结构中，消费者的选择范围较广，可以根据自己的偏好选择最合适的产品，而厂商则通过不断创新来吸引消费者，以保持其市场竞争力。

（四）寡头垄断市场

寡头垄断市场是一种特殊的市场结构[①]，其中市场主导权被少数几家大型企业所控制。在这种市场中，这些主导企业的决策对整个市场的定价、供给和产品创新产生重大影响。由于参与竞争的企业数量有限，每家企业在市场中所占的份额相对较大，这使它们在市场定价上拥有较大的自主性。

寡头垄断市场的一个显著特征是企业之间的相互依赖性。由于市场中的竞争者数量有限，每个企业的行为都会对其他企业造成直接影响，这些企业往往非常关注对方的市场策略和行为，这种相互依赖关系可能导致市场上出现价格领导或价格随从的现象，甚至有时会形成某种程度的价格协议。寡头垄断市场通常具有较高的进入壁垒，包括技术壁垒、资本壁垒和市场接入壁垒等，这使新企业难以进入市场，这种市场结构常见于技术密集型或资本密集型行业，如汽车、航空、高科技电子产品等领域。在这些行业中，几家大型企业通过不断的技术创新和规模经济优势，维持其市场的主导地位。

三、行业结构分析的内容

决定行业竞争的力量主要有四个，如图 2-2 所示。

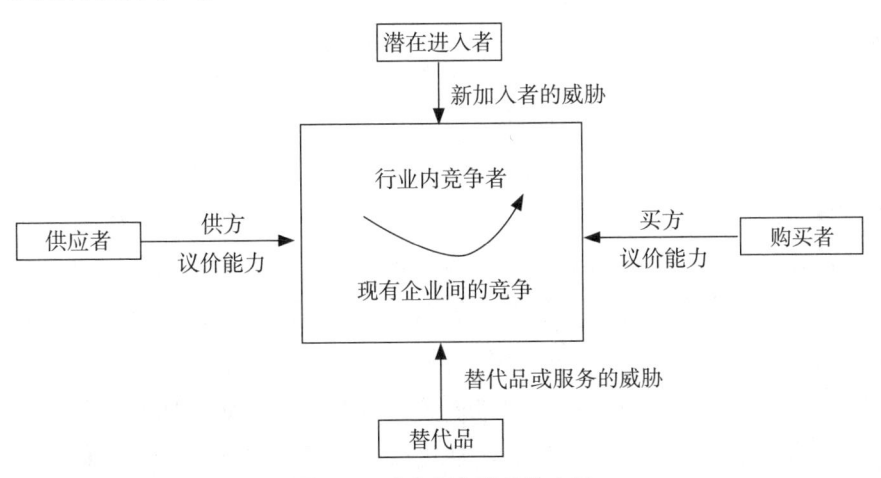

图 2-2 决定行业竞争的力量

[①] 陈国生，曹令秋，阳萍.现代工商企业经营与管理[M].武汉：武汉理工大学出版社，2010：41.

（一）供应者分析

供应者分析是评估供应商对行业的影响和议价能力的过程，它直接影响着企业的成本结构和利润潜力。供应商的议价能力取决于其对关键资源或原材料的控制程度，如果某个行业依赖少数供应商提供关键的原材料或组件，那么这些供应商的议价能力就会非常强。例如，对汽车制造商来说，如果只有少数几家公司能提供高品质的电子元件，这些供应商就能对价格和供货条件施加较大影响。此外，如果替代产品稀缺或成本过高，供应商的议价能力也会提高，如特定药品的原材料只能由特定几家公司供应，那么这些公司在价格设定上就有很大的自由度。

供应商议价能力的另一个重要因素是其产品的差异化程度。当供应商提供独特或高度定制化的产品时，他们在议价中就占据优势，因为客户转向其他供应商的成本较高。例如，在高端电子市场中，可能只有极少数供应商能生产特定类型的半导体芯片，这使这些供应商在与客户的谈判中拥有更多权力。此外，供应商的议价能力还受其客户的多样性和数量的影响，如果供应商拥有广泛的客户群且不过度依赖单一客户，那么他们在议价中的立场会更加稳固。

（二）潜在进入者分析

潜在进入者分析涉及评估新竞争者进入市场的可能性以及其对现有市场的潜在影响。对现有企业而言，这一分析至关重要，因为新进入者可能改变市场竞争格局，影响市场份额和利润率。

第一，需要考虑行业的进入壁垒。进入壁垒包括经济规模、资本需求、客户忠诚度、品牌认知度、专利和技术门槛、法规限制等。高进入壁垒意味着新进入者需要巨大的初始投资和长期的市场培育，这对潜在进入者构成了显著障碍。例如，由于高资本需求、复杂的供应链和严格的安全标准，汽车行业的进入壁垒相对较高。

第二，需要评估现有企业对新进入者的可能反应。如果现有企业可能采取激烈的价格竞争、市场营销战略或者通过政治途径增加新进入者的难度，那么这将显著提高新企业进入市场的风险。例如，在一些成熟市场，现有企业可能通过降价、增加产品特性或提高服务水平来保持市场份额。

第三，需要考虑新进入者的潜力和动机。一些具有强大财力和技术背景的企业,如大型多国公司,可能通过多元化战略进入新市场。他们的进入可能迅速改变市场结构,给现有企业带来巨大挑战。

(三)购买者分析

购买者分析是评估消费者或客户对行业的影响力和议价能力的过程,关键在于理解购买者的需求、偏好和选择。购买者议价能力的一个主要因素是他们的购买量,当单个买方或少数几个买方购买的产品数量占企业销售额的大部分时,这些买方的议价能力便会显著提高。例如,在商用飞机制造行业,大型航空公司作为主要买方,因为订单量大,因此有更大的议价空间和议价能力。此外,购买者的议价能力还受到市场信息透明度的影响,当消费者能够轻松获取关于产品质量、价格和供应商替代方案的信息时,他们在价格谈判中便处于有利地位,例如,通过在线平台,消费者可以轻松比较不同品牌的电子产品,从而在购买决策中获得更大的议价权。

买方议价能力还受产品标准化和替代品可用性的影响。如果市场上提供的产品高度标准化,且存在多个供应商,消费者就可以轻松地从一个供应商转移到另一个供应商,这增加了供应商之间的竞争压力,提高了买方的议价能力。基本的办公用品市场就是一个典型例子,消费者在众多供应商之间拥有广泛的选择。另外,当市场上存在有效的替代品时,买方也能够提升自己的议价位置,如在汽车行业,传统燃油车与电动汽车之间的竞争为购买者提供了多样化的选择,强化了他们的议价地位。

(四)替代品分析

替代品分析是指对那些能替代现有产品或服务的替代产品或服务对行业的潜在影响的评估,这些替代品可能来自外部行业,但它们满足了与现有产品相同或相似的消费者需求,因而会对行业构成威胁。

第一,替代品的存在会限制行业价格和利润空间。当替代品的价格降低或性能提升时,它们更有可能吸引消费者转向使用,从而对原有产品的市场份额造成冲击。例如,在能源行业,太阳能和风能作为可再生能源,是对传统化石燃料的有效替代。随着这些替代能源技术的发展和成本的降低,它们对传统能源市场构成了显著的竞争压力。

第二,替代品的威胁程度取决于消费者转换成本的高低。如果消费者从现有产品转换到替代品的成本较低，那么替代品对行业的威胁就较大。例如，在办公软件市场，许多免费或低成本的在线办公软件开始受到企业和个人用户的青睐，这对传统的付费办公软件形成了竞争压力。

第三，替代品分析包括评估消费者对替代品的接受程度和偏好。这通常与替代品的性能、价格、便利性以及品牌形象等因素有关。例如，在汽车行业，随着技术的进步和环保意识的增强，电动汽车作为替代传统燃油汽车的产品，逐渐获得了更多消费者的青睐。

第四，替代品的发展趋势和创新对原有行业构成长期影响。技术革新可能使某些替代品在性能上大幅超越现有产品，或在成本上更具优势。行业必须关注这些趋势，以便及时调整策略来应对潜在威胁。

第五节　经营风险分析

一、企业经营风险的主要内容

（一）信息风险

信息风险是指企业在获取、处理、存储和传递信息过程中可能遇到的风险，这种风险可能导致信息被篡改、丢失或泄露，进而对企业的正常运营和声誉造成损害。在当今的信息化时代，数据和信息是企业运营的重要资产之一，信息安全已成为企业面临的一大挑战。

（1）信息风险可能来源于外部的网络攻击，如黑客攻击、病毒侵害、钓鱼欺诈等，这些攻击不仅威胁到企业的商业秘密和客户信息的安全，还可能导致企业信息系统瘫痪，严重时甚至会导致企业运营中断。

（2）企业可能面临内部信息风险，如员工的误操作、内部人员的恶意泄露等，这些都可能导致信息资产的损失或泄露。

（3）信息风险还表现在对信息技术依赖度日益增加的背景下，任何系统的故障或技术缺陷都可能导致重要信息的不可访问或丢失，从而影响企业决策的准确性和时效性。随着大数据、云计算等新技术的应用，企业的信息系统变得更加复杂，管理和保护这些信息系统的难度也相应增加。

为了应对信息风险，企业不仅需要建立和完善信息安全管理体系，包括制定信息安全政策、加强信息系统的技术防护、进行定期的安全审计和风险评估等,还需要对员工进行信息安全意识培训,增强全体员工的安全防护意识,确保在日常工作中能够采取有效措施预防信息风险。

(二)产品风险

产品风险是指企业在设计、生产、销售产品过程中可能遭遇的各种不利因素导致的风险,这些风险可能导致企业利润下降,甚至影响企业的长期生存和发展。产品风险主要包括产品设计缺陷、生产质量问题、市场需求预测失误以及产品合规性风险等方面。

1. 产品设计缺陷

产品设计缺陷是产品风险最直接的表现。一个设计不当的产品可能无法满足消费者的需求或者使用安全性不足,这不仅直接影响产品的销售,还可能因为引起消费者的不满而损害企业的品牌形象。例如,某些设计缺陷可能导致产品在使用过程中发生安全事故,给消费者造成损失,从而使企业面临巨大的赔偿压力和声誉风险。

2. 生产质量问题

生产质量问题也是企业在产品经营过程中需要高度关注的风险点。即便产品设计完美,如果生产过程中的质量控制不严格,也可能导致最终产品无法达到设计要求,影响消费者体验。生产质量问题除了涉及产品的物理性能外,还包括产品的外观、手感等,这些都直接关系着产品的市场竞争力。

3. 市场需求预测失误

企业在产品研发和生产前期需要对市场需求进行准确预测,避免生产出的产品无法满足市场需求或者超出市场需求,导致资源浪费或者库存积压。需求预测的准确性直接影响企业的生产计划、销售策略以及盈利能力。

4. 产品合规性风险

随着全球化贸易的发展和消费者权益保护意识的增强,各国和地区对于产品的安全、环保、卫生等方面的法规要求越来越严格。若企业的产品不符合相关标准和法规要求,一方面无法进入目标市场销售;另一方面可能因此面临罚款、需要召回等,严重影响企业的经营效益。

(三)商誉风险

商誉风险涉及企业声誉的损害,该风险可能由于多种原因而发生,包括产品质量问题、服务失误、不道德行为等。商誉的损害不仅会影响客户对企业的信任度，还可能导致市场份额的下降，长期下去甚至会影响企业的盈利能力和生存能力。为了有效管理商誉风险，企业需要建立健全的风险预防和控制机制，具体如下：实施严格的质量控制程序，确保产品和服务的高标准；加强员工道德和合规培训，促使其在日常工作中遵循法律法规和企业道德准则；建立有效的危机管理和沟通策略，以便在发生潜在损害商誉的事件时，能够迅速做出反应，减少对企业声誉的影响。

（四）价格风险

价格风险是企业在经营过程中面临的一个重要风险，主要是指市场上产品或服务的价格波动可能对企业造成的财务损失。这种风险既可以来源于企业所需原材料的购买成本，也可以是企业最终产品或服务的销售价格，例如，原油价格的波动直接影响能源、运输和制造等行业的成本结构，而产品销售价格的波动则可能由市场需求变化、竞争环境变动或经济政策调整等因素引起。为了有效管理价格风险，企业需要采取多种策略，具体如下：通过多样化采购策略和长期采购合同，减少原材料成本的波动影响；利用金融衍生工具如期货和期权等对冲风险，锁定成本和销售价格，保护企业免受价格剧烈波动的影响；关注市场动态，灵活调整产品定价和销售策略，以适应市场变化。

（五）财务风险

财务风险主要涉及企业在财务管理过程中可能遭遇的各种不确定性，这些不确定性可能导致企业财务状况恶化，甚至影响企业的生存和发展。财务风险的表现形式多种多样，包括但不限于债务风险、利率风险、汇率风险和流动性风险。其中，债务风险涉及借款成本的变化以及企业偿还债务能力的下降，利率风险关系着利率变动对企业财务成本及投资回报的影响，汇率风险影响跨国企业的收入和成本，而流动性风险则涉及企业短期内无法满足其财务义务的能力。要想实现财务风险的有效管理，企业需要采取一系列风险管理措施，具体如下：加强财务规划和预算管理，确保资金的有效配置和使用；利用金融衍生品进行风险对冲，如利用利率互换和外汇远期合约来管理利率与汇率风险；建立健全的财务预警系统，及时监测和识别潜在的财务风险，并加强流动性管理，保证有足够的流动资金应对突发事件。

（六）资产风险

企业在经营过程中面临的涉及其资产价值波动和可能损失的风险就是资产风险，其主要源于市场波动、资产贬值、技术进步导致的设备老化，以及资产管理不善等因素。例如，房地产市场的波动可能导致企业持有的房产价值大幅下降。此外，企业在管理其资产时的失误，如对风险投资的过度依赖、资产配置不当等，也可能造成资产价值的减少。对此，企业需要进行资产多元化投资、定期对资产进行重新评估和调整、采用先进技术提高资产的使用效率，以及制订有效的资产维护和更新计划，其中，多元化投资可以分散单一市场或单一资产类别的风险；定期评估和调整资产配置有助于及时应对市场变化，保护资产价值；通过技术创新和升级，企业可以延长资产的使用寿命，提升其价值；制订有效的资产管理计划，包括对资产进行适时的保养和维修，以减少意外损坏的风险，保证资产价值的稳定。

（七）人才风险

人力资源的一系列风险均可视为人才风险，如人才流失、招聘难题、员工技能不匹配，以及员工激励和保留策略的失败等。人才流失尤其在关键岗位上的人才流失会直接影响企业的运营效率和创新能力，导致企业在激烈的市场竞争中处于不利地位。而招聘过程中难以吸引合适的人才或存在的招聘误差则会增加企业的人力资源成本，影响企业的长期发展。对此，企业需建立健全的人才管理体系，包括完善的招聘、培训、评估和激励机制，通过构建良好的企业文化和工作环境，提高员工的满意度和忠诚度，可以有效减少人才流失的风险；持续关注员工的成长和职业发展，提供定期的培训和学习机会，帮助员工提升个人能力和职业竞争力；建立有效的激励机制，通过物质和精神两个方面的激励，提高员工的积极性，降低人才风险。

二、企业经营风险的特点

（一）实发性

企业经营风险的实发性特点是指经营中的风险具有实际发生的可能性，这种风险不是理论上的预测或假设，而是在企业的日常运营、投资决策、市场竞争等方面真实存在的不确定性。实发性风险可能来源于市场需求的波动、原材料价格的变化、政策法规的调整、技术革新、自然灾害等因素。这种风险的存在使企业必须在策略制定和决策过程中考虑各种潜在的不确定因素，并采取相应的风险管理措施来应对。

（二）威胁性

企业经营风险对企业的正常运营和长期发展具有潜在危害，风险的威胁性可以影响企业的盈利能力、市场竞争力、品牌声誉乃至生存能力，进而对企业的股东价值产生负面影响。威胁性风险来源于企业内部的管理缺陷、技术落后和人力资源流失等因素，以及外部的市场竞争加剧、客户需求变化、法律法规调整以及经济环境波动等。这要求企业必须具备高度的风险意识和有效的风险管理机制，通过预测和识别潜在的风险点，制定应对策略，转化或缓解风险的威胁。

（三）紧迫性

企业经营风险的紧迫性体现在风险可能随时发生并迅速影响企业的经营活动。这种特点要求企业必须具备快速响应机制，以应对可能突然出现的风险事件。有紧迫性的风险往往会给企业带来即时的决策压力，尤其在高度竞争和快速变化的市场环境中，稍有不慎就可能导致严重的财务损失甚至品牌信誉的下滑。对此，企业需要建立有效的风险监控和预警系统，通过持续的市场分析、内部控制和风险评估来加强对潜在风险的监督与管理。

（四）公开性

企业经营风险一旦发生，其信息和影响很难被限制在一定范围内或隐藏，往往会迅速对外公开，从而影响企业的声誉、客户信任及市场地位。这种公开性要求企业在管理和应对风险时必须考虑其对外部利益相关者的影响，包括投资者、客户、合作伙伴和公众等。因此，企业既需要在内部建立有效的风险管理和应对机制，还需要在外部沟通和公关策略上做充分准备。当风险事件发生时，企业应迅速并负责任地对外公布信息，并采取相应措施减轻对各方利益的影响，通过有效的危机管理维护企业形象，减少负面影响，确保企业能够在风险公开化的环境下稳健前行。

三、企业经营风险管理的对策

(一) 风险来临前的预测防范管理

1. 分析预测可能发生的风险情境

企业应建立一个全面的风险识别体系,通过搜集和分析内外部信息,识别潜在的风险因素。企业利用数据分析、专家咨询、历史经验复盘等方法可以对风险进行分类,评估其可能性和影响程度,并预测风险发生的情境。这一过程既涉及财务风险、市场风险、法律风险等传统领域,也包括技术风险、竞争风险、声誉风险等新兴领域。通过对不同风险情境的预测和模拟,企业可以提前制定应对策略,在风险真正来临前采取有效的预防措施,降低风险带来的负面影响。

2. 策划一项全面的风险防范计划

风险防范计划应该基于对潜在风险的全面分析和预测,涵盖所有可能影响企业运营的风险因素,包括市场变化、财务波动、法律法规调整、技术创新、竞争态势等方面。计划中应明确风险的优先级,制定针对高风险领域的具体应对措施,并确定风险管理的责任人。此外,风险防范计划还应该包括设计定期的风险评估机制,确保企业能够及时发现新的风险点并迅速调整策略。

3. 采取灵活多样的避险经营策略

(1) 实施多样化战略。企业可以通过拓展业务范围和增加产品线来分散经营风险,不再依赖单一产品或市场。这种战略有助于企业在面对市场波动时稳定收益,减少对某一特定市场的依赖。

(2) 推进合作经营模式。企业可以通过与其他生产和销售单位进行合作,如建立农工商一体化合作体系、产供销合作链、跨行业合作等,共同承担市场风险。这种策略有助于资源共享、风险分摊,增强市场适应性和竞争力。

(3) 执行市场多元化战略。企业可以通过拓展新的市场领域和区域,减少对单一市场的依赖。这种策略能够在某一区域市场需求减弱时,通过其他市场的支持保持企业的稳定发展。

(4) 采纳多渠道销售策略。企业可以通过建立和维护多条销售渠道,确保在某一渠道出现问题时,其他渠道可以顺畅运作,保障产品的流通和销售。

(5) 持续进行产品研发和市场拓展。企业可以通过利用最新技术和材料不断进行产品创新与升级，以适应市场需求变化，预防产品被市场淘汰的风险。通过创新驱动，开辟新的市场空间。

（二）风险来临后的应急善后管理

1. 经营风险中止策略

经营风险中止策略要求企业具备敏锐的市场洞察力和高度的风险意识。实施中止策略时，企业需要根据风险的发展趋势和潜在影响，做出迅速而果断的决策，例如，关闭长期亏损的工厂或部门、停止生产市场需求低迷的产品等。这种策略可能伴随短期的经济损失和社会责任压力，但从长远来看，它有助于企业避免更大损失，优化资源配置，为企业的可持续发展留出空间和资源。

2. 风险隔离策略

风险隔离策略旨在最大限度减少单一风险事件对整体经营活动的负面影响。在实际操作中，一旦某个风险事件发生，企业就必须迅速行动，通过制订有效的应急计划和执行力强的管理决策，将该风险与企业的其他业务或部门有效隔离。这可能包括对受影响部门的临时关闭、资金和资源的重新分配，或采取法律和技术手段限制风险蔓延，目的是防止一处漏洞导致整个系统崩溃，确保企业的稳健运营和长远发展。风险隔离策略强调的是预见性和预防性，要求企业在风险管理上具备前瞻性思维和灵活应对的能力，通过对潜在危机的及时隔离，保护企业免受更广泛的负面影响所伤害。

3. 风险利用策略

风险利用策略是企业将潜在威胁转变为发展机遇的一种高明手段。在市场不利的情况下，聪明的企业会转变思路，将外部压力转化为内部动力，进而促进自身的创新和成长。这种策略要求企业具有高度的灵活性和适应性，以及对市场动态的敏锐洞察力。通过激发员工的创造潜能，鼓励其提出改进意见，进行技术革新，不仅能有效降低成本，还能促进新产品的研发，增强企业的竞争力。

4. 风险排除策略

风险排除策略是企业主动面对并彻底消除潜在危机的方法，这种策略依靠两种主要手段：工程物理法和员工行为法。其中，工程物理法关注通过实际物理措施（如投资新工厂、采购先进设备）来根本改变生产经营的方向或提升生产效率，进而直接消除生产过程中的风险。而员工行为法则强调利用企业文化和行为规范的力量，通过提高员工士气和激发他们的创新意识来间接排除风险。此方法增强了企业内部的凝聚力，提高了员工的主动性和创造性，为企业提供了更健康和持久的发展动力。通过这两种方法的有机结合，企业可以在风险面前展现出更大的韧性和适应能力，有效地防范和排除各种潜在的经营风险。

5. 风险分担策略

风险分担策略是一种将潜在的商业风险由单一企业转移至多个主体共同承担的方法，有效降低了单个企业面临的风险程度。通过采用合资经营、合作经营或发行股票等方式，企业可以引入合作伙伴或股东，使风险承担方式更加多元化。该策略减轻了企业的风险负担，并且通过合作带来新的资源、技术和市场机会，进一步增强企业的竞争力。

6. 避强就弱策略

避强就弱策略是企业在面对不可立即根除的风险时采取的一种灵活应对方式。该策略强调在风险管理过程中，应优先选择那些损害程度较小的应对措施，以避免或减轻更大的风险损失。避强就弱策略的核心思想是在无法彻底消除某些风险的情况下，通过有意识地规避风险高发区域或高损害风险，转而面对风险影响相对较小的领域，从而在整体上降低企业受到的风险冲击。这要求企业风险管理人员具备高度的判断力和风险评估能力，能够准确识别不同风险的潜在危害程度，并根据实际情况选择最合适的风险应对策略。

第三章 工商企业的市场调研与预测

第一节 市场调研的基本内容

关于市场调研的内容，主要包括五个方面，见表3-1。

表3-1 市场调研的内容

内容	内涵	关键点
市场环境调研	工商企业进行市场环境调研是其制定有效市场战略的基础，主要包括对市场规模、宏观经济状况、消费者行为、竞争对手等关键因素的研究	市场规模调研、宏观经济状况调研、消费者行为调研、竞争对手调研
市场需求调研	市场商品需求总量的调研关键在于评估整个社会的购买能力，包括消费者个体的经济实力，以及社会团体和企业对生产资料的投资能力	市场商品需求总量的调研、商品需求构成的调研、产品要求调查研究
市场商品资源调研	市场的商品资源反映了市场在特定时间内可供消费和交易的商品总量，包括商品来源、商品供应构成和商品供应总量三个重要维度	商品来源、商品供应构成、商品供应总量
商品流通渠道调研	商品流通渠道调研涉及流通渠道的组成和层级、成本与效益分析、渠道参与者行为分析以及竞争对手渠道策略分析	渠道结构分析、渠道成本与效益分析、渠道参与者行为分析、竞争对手渠道策略分析
市场营销活动调研	市场营销活动调研包括营销策略的有效性评估、品牌形象调查以及价格调查，旨在优化营销策略，提高营销效率，增强企业的市场竞争力	营销策略的有效性评估、品牌形象调查、价格调查

一、市场环境调研

工商企业进行市场环境调研是其制定有效市场战略的基础,通过深入分析市场的各个方面,企业能够获得关键的信息和洞察,帮助自身做出更加明智的决策。市场环境调研主要包括对市场规模、宏观经济状况、消费者行为、竞争对手等关键因素的研究。

(一)市场规模调研

市场规模调研是工商企业开展市场调研与预测中的一个重要环节,它涉及对现有市场的容量、潜在市场的规模以及市场的成长性进行全面的分析和评估。通过对市场规模的深入了解,企业能够明确其产品或服务的目标市场,合理预测市场需求量,为产品开发、市场策略制定以及资源配置提供科学依据。此外,它还能够帮助企业辨识市场的细分机会,为企业的长期发展和市场竞争力的提升奠定基础。在进行市场规模调研时,企业常用的方法包括市场调查问卷、行业报告分析以及客户访谈等,这些方法的综合运用能够帮助企业获得更准确、更全面的市场数据,为企业的战略决策提供坚实的数据支持。

(二)宏观经济状况调研

宏观经济状况调研的目的在于评估和理解经济环境对企业运营与市场表现的影响。这一过程涉及对经济增长率、通货膨胀率、失业率、货币政策、财政政策、国际贸易和投资流动等宏观经济指标的分析。通过深入了解这些指标,企业能够预测经济趋势,识别经济周期的不同阶段,进一步对企业的销售、投资和市场策略做出相应调整。宏观经济状况调研不仅能够帮助企业在不确定的经济环境中制定更稳健的业务策略,还能够为企业把握市场机会、规避风险提供有力支持。此外,对全球经济趋势的洞察还能够让企业预见潜在的国际贸易机会和风险,从而在全球市场中做出更加明智的扩张和投资决策。

(三)消费者行为调研

消费者行为调研是市场环境调研的关键组成部分,旨在深入理解消费者的购买习惯、偏好、动机以及决策过程,以指导企业的产品开发、营销策略和市场定位。通过分析消费者如何选择、购买、使用以及评价商品和服务,企业能够识别出潜在的市场机会和消费者需求,发现可能影响消费者购买决策的各种因素,包括文化、社会、个人和心理因素。消费者行为调研不仅可以帮助企业更好地满足现有客户的需求，吸引新客户，提高市场份额，而且，随着市场环境的不断变化和消费者偏好的多样化，定期进行消费者行为调研能够帮助企业及时调整其市场策略，保持与消费者需求的同步，从而在激烈的市场竞争中获得优势。

（四）竞争对手调研

竞争对手调研是对市场上现有和潜在竞争者的综合分析，旨在揭示它们的战略方向、市场定位、产品特性、价格策略、销售渠道和市场表现。通过这一过程，企业能够识别竞争对手的强项和弱点，发现市场缺口和未被满足的客户需求，从而为制定有效的竞争策略提供依据。竞争对手调研能够帮助企业了解行业标准和趋势、预测竞争对手的未来动向，以及评估自身的竞争地位。可以说，进行深入的竞争对手调研不仅是企业制定市场战略的基础，也是持续提高市场敏锐度和维持竞争优势的关键。

二、市场需求调研

（一）市场商品需求总量的调研

市场商品需求总量的调研关键在于评估整个社会的购买能力，这不仅涵盖了消费者个体的经济实力，还包括了社会团体和企业对生产资料的投资能力。[①] 这种购买力反映了一定时间内社会对商品的支付意愿和能力，由个人消费者、社会团体以及企业在再生产过程中对生产资料的需求共同组成。进行市场调研时，深入分析这三个方面购买力背后的动态变化和发展趋势至关重要，它们共同决定了市场对各类商品的整体需求量。了解这些因素的变化可以帮助企业把握市场需求的宏观态势，预测未来需求的变化，从而在市场策略制定和产品规划上做出更精准的决策。通过精细化的市场需求调研，企业能够描绘出需求总量的全貌，为满足市场需求、优化产品供给以及调整营销策略提供坚实的数据支撑。

（二）商品需求构成的调研

在进行商品需求构成的调研时，关键要素包括消费者的购买实力及提升状况，购买动机、习惯，以及心理状态的演变，并且要考虑商品的供应模式和价

---

① 陈海泉. 现代工商企业经营管理 [M]. 上海：上海交通大学出版社，1998：41.

格波动对消费决策的影响。特别是那些常作为礼物的商品，如精装酒、营养补充品、节庆糖果和蛋糕，其外观设计、定价策略需紧密贴合送礼者的期望和心理，其包装通常选择寓意吉祥的颜色，如鲜艳的大红色和金黄色，以吸引消费者的目光，此外，在定价时也应考虑到"物有所值"的心理预期，避免定价过低而拉低礼品的价值感。这说明在商品需求构成的调研中，深入理解消费者的心理预期和消费行为的多维度变化对于精准定位产品特性和市场策略至关重要。

（三）产品要求调查研究

产品要求调查研究致力于深入了解消费者及使用者对企业产品的具体需求和满意度，涵盖产品性能、设计、质量、成本效益、技术支持、交货效率以及包装和物流等多个维度的反馈。通过这项调研，企业可以获得宝贵的第一手信息，判断其产品是否满足市场需求、是否具备足够的市场竞争力，并识别产品在生命周期中的当前位置。更重要的是，这种调查可以揭示产品使用过程中的潜在问题和用户的改进建议，为产品改良提供方向。这既关乎产品的持续改进和创新，又直接影响企业的市场表现和顾客忠诚度，企业通过定期进行这样的调查研究，能够确保其产品持续适应市场变化和顾客期望，并在激烈的市场竞争中保持优势，实现长期发展。

三、市场商品资源调研

在经济学和市场研究中，市场的商品资源是一个核心概念，它反映了市场在特定时间内可供消费和交易的商品总量。这一概念包括三个维度：商品来源、商品供应构成和商品供应总量。

（一）商品来源

商品来源是指商品的产生地，包括国内生产的商品和从国外进口的商品。商品来源的多样性直接影响市场的供应能力和商品的价格水平，不同来源的商品能够满足消费者的多样化需求，同时体现了一国或一区域的经济开放度和国际贸易的活跃程度。

（二）商品供应构成

商品供应构成涉及市场上供应的商品种类和质量。包括不同行业如农产品、工业品、服务业等商品的比例，以及这些商品的品质、技术水平等。商品供应构成的优化可以提高市场的效率和消费者的满意度，对经济增长和消费者福利均有正面影响。

（三）商品供应总量

商品供应总量是指市场上可供购买的所有商品的数量。它受生产能力、进口量、存货水平等多种因素的影响。商品供应总量的变化直接关系价格水平和市场供需关系的变动，是经济分析和市场预测的关键因素。

四、商品流通渠道调研

（一）渠道结构分析

渠道结构分析关注的是流通渠道的组成和层级，包括直销渠道、批发渠道、零售渠道等。这一阶段的调研旨在识别各种渠道的功能、作用和重要性，了解各渠道间的相互关系和依赖性。通过分析渠道结构，企业可以评估哪些渠道最有效、哪些渠道需要改进或可能存在过剩环节，以提升整体流通效率。

（二）渠道成本与效益分析

渠道成本与效益分析侧重评估通过不同渠道流通商品的成本效益比，考量包括物流成本、渠道维护成本、促销成本等在内的各项开销。此外，企业还需要分析通过各渠道实现的销售额、利润率和市场覆盖范围，以确定最具成本效益的流通渠道。

（三）渠道参与者行为分析

渠道参与者行为分析涉及对渠道中各参与者如批发商、零售商、代理商等的行为模式进行研究，包括他们的业务运作方式、合作态度、对市场变化的反应能力以及与生产企业的合作关系。了解渠道参与者的行为对于优化商品流通渠道、加强渠道管理和建立稳固的合作关系至关重要。

（四）竞争对手渠道策略分析

竞争对手渠道策略分析能够为企业提供宝贵的市场信息，帮助企业识别自身渠道策略的优势和劣势，发现市场机会和潜在威胁。包括对手渠道的覆盖范围、渠道管理能力、渠道创新实践等方面的研究。

五、市场营销活动调研

(一) 营销策略的有效性评估

营销策略的有效性评估是市场营销活动调研的首要目标。包括分析各种营销活动（如广告、促销、社交媒体营销、直接营销等）对目标市场的影响，以及这些活动在提高品牌知名度、增加市场份额和促进销售方面的表现。通过跟踪营销活动产生的具体业绩指标（如顾客流量、销售额增长、市场占有率变化等），企业能够判断哪些营销手段最有效、哪些营销手段需要改进或替换。

(二) 品牌形象调查

品牌形象调查旨在评估和理解消费者对企业品牌的认知、态度与感受。这项调查通过收集消费者对品牌的直接反馈，包括品牌识别度、品牌联想、品牌忠诚度，以及品牌传达的价值观和个性，描绘出品牌在目标市场中的形象和地位。品牌形象调查可以帮助企业识别品牌在消费者心中的强项和弱项，从而指导品牌传播策略的优化和调整。它不仅关乎提升品牌的可见性和吸引力，还涉及加深消费者的品牌忠诚度和建立长期的顾客关系。通过这种调查，企业可以有效调整其市场营销活动，确保品牌形象与市场定位相符。

(三) 价格调查

价格调查在工商企业的市场营销活动调研中占据着举足轻重的地位，其核心目的是通过分析市场上相似产品的价格水平、消费者对价格的敏感度，以及价格变动对购买行为的影响来优化企业的定价策略。这项调查涉及搜集与分析竞争对手的定价模式、消费者对不同价格点的接受度，以及价格对销量和市场份额的直接影响等信息。通过深入了解市场的价格结构和消费者的价格偏好，企业能够制定出既满足消费者预期，又具有竞争力的价格策略。价格调查能够帮助企业识别最佳定价点，提高产品的市场吸引力，同时确保利润最大化。

第二节　市场调研的常用方法

一、询问法

（一）面对面调查询问法

面对面调查询问法，俗称"面谈调查"，是调查者直接与受访者进行交谈的一种方法，旨在深入挖掘受访者的真实观点和意见。该方法的显著优势在于能够让调查者直接观察受访者的反应，从而更加准确地理解其立场和想法。面谈的灵活性高，不受时间和地点的约束，这使搜集到的信息往往更加真实、可信。此外，若调查者能妥善处理交流过程中的问题，以咨询而非审讯的态度进行，既能增强双方的信任关系，又能鼓励受访者积极参与，主动分享他们的观点和建议。通过这种互动式的沟通方式，调查者可以获得更全面、更真实的反馈。但需要注意的是，在现实社会中，面对面交流时，人们可能出于各种原因而说些讨好的话，但私下里持有不同意见，因此调查者需要具备辨识表面现象与本质区别的能力。

尽管面对面调查询问法具有上述优点，但其缺点也不容忽视。这种调查方式往往会消耗较多资源，包括人力、物力和财力，会增加企业的运营成本和负担。此外，调查过程的时间消耗不仅相对较长，在某种程度上限制了其效率，而且，面对面调查对调查者的要求极高，既需要其具备良好的思想政治素质，还需要其具备较高的业务能力，因为调查者的行为和能力直接影响调查的结果与质量。由于调查范围的局限性，即便是最真实的反馈也可能只反映了个别人的局部看法和利益，难以代表整体或更广泛的观点，在分析和应用这些数据时可能有偏差，因此，虽然面对面调查询问法能够深入了解受访者的真实想法，但在实施过程中需要权衡其成本、效益和可能的局限性。

（二）电话调查法

电话调查法是一种通过电话进行的问卷调查方式，利用电话这一通信工具直接与受访者进行交流，以获取所需的数据和意见。该方法因高效性和成本效益而受到许多研究者的青睐，主要优势在于能够迅速地搜集信息，大幅度降低调查的时间和成本。在电话普及的今天，利用电话号码进行随机抽样已成为可能，这使调查的代表性和广泛性得到了保证，特别是对于那些难以通过面对面方式接触到的对象，电话调查提供了一个宝贵的调查机会。更重要的是，电话调查在一定程度上能够减少面对面交流可能带来的尴尬，使受访者在回答一些敏感问题时更加坦诚。[①]

电话调查法的局限性体现在以下方面：由于电话交流的特殊性，调查中能够探讨的问题相对简单，且受时间限制，难以进行深入讨论，若调查内容未能吸引受访者的兴趣，则可能导致合作度不高，影响调查结果的准确性和完整性。此外，电话调查的覆盖范围仅限于拥有电话的家庭或个人，这在一定程度上限制了调查的普遍性和全面性，尤其在某些地区，电话覆盖率的不均衡可能导致调查结果偏向特定的社会经济群体，从而影响数据的代表性。

（三）会议调查询问法

在市场调研的众多方法中，组织座谈会形式的会议调查询问法是一种有效的集体交流方式，调查单位或调查者需邀请十余位被调查对象在预定的时间和地点进行面对面的集中讨论。这种调研模式类似一个小型会议，旨在通过集体讨论的形式深入挖掘参与者的观点和意见，提供一个面对面直接交流的平台，让调查者能够即时捕捉受访者的反馈，进而进行更深入的意见交换。与个别访谈相比，座谈会调查在成本和时间上更经济高效，不仅能在短时间内搜集到多个参与者的数据和见解，还能促进参与者之间的思想碰撞和互相启发，增加了调研的广度和深度。

由于时间和场地的限制，参与者发言的机会可能受到限制，这可能导致一些受访者无法充分表达自己的意见和见解。当多人在同一场合进行讨论时，个别参与者的观点可能受群体意见的影响，从而进一步影响调研的客观性和多样性。因此，座谈会的成功与否在很大程度上依赖会议组织者的能力，包括对会议流程的有效管理、调查提纲的准备以及引导讨论的技巧。为了确保座谈会能够达到预期的效果，调查者必须进行周密的准备，设计合理的讨论议题，并采取措施鼓励每位参与者平等发言，有效控制会议的节奏和氛围，以便搜集到尽可能全面而真实的市场数据。

---

① 喻国华，彭伽民，侯玉基.市场营销学[M].北京：中国科学技术出版社，1995：122.

(四)邮寄调查法

邮寄调查法,也称"函件询问法"[①],是一种通过将调查问卷以邮件形式发送给受访者的调研方法。这种方式因成本相对较低而备受人们的青睐,能够跨越地理界限,面向不同行业、社会阶层的广泛人群进行调查,从而搜集到广泛而多样的数据和信息。邮寄调查法的一个显著优势在于能够覆盖任何有邮政服务的区域,不受地理位置的限制,这为调查提供了极大的灵活性和扩展性。由于调查问卷通过邮寄形式发放,受访者可以在没有时间压力的情况下,花费充分的时间仔细思考每个问题,进而提供更深入、更周全的回答。

虽然邮寄调查法具有诸多优点,但在实际应用中存在不少挑战,例如,邮件往返的过程可能较为烦琐且耗时,这延长了调查的整体周期,最关键的问题是低回收率,这直接影响了调查数据的质量和样本的代表性,为数据的统计分析和结果归纳带来了难度。为应对这一问题,调查者或调查单位通常会采取一些激励措施,如随调查问卷附送感谢信、电影票或优惠券等小礼品,以提高受访者的参与意愿,提升问卷的回收率。

(五)留置问卷调查法

留置问卷调查法是一种结合直接交流与自主填写问卷的独特调查方法,其中调查者亲自将设计好的问卷交给受访者,并详细解释填写指南及相关要求,随后让受访者在没有外界干扰的情况下自行完成问卷,以后再按约定时间收集回答。该方法有效弥补了面对面访谈成本较高和邮寄调查回收率不稳定的不足,因成本适中且能保持较高的回收率而受到人们的青睐。留置问卷调查法提高了数据搜集的效率和质量,保证了参与者有足够的时间深思熟虑,以便提供更加精确和全面的反馈。

二、观察法

(一)直接观察法

直接观察法需要调查者亲自或通过代理人直接前往现场,对目标个体或群体的行动、言辞、反应和情绪等进行实时监察与记录,以此方法获得第一手的、高准确性的信息。这种方法的优势在于能够以较为客观的视角捕捉调查对象的

[①] 陈海泉.现代工商企业经营管理[M].上海:上海交通大学出版社,1998:52.

自然状态和行为，避免了依赖受访者自报信息的主观性偏差。但直接观察法也存在固有的局限性，包括观察范围的有限性以及观察过程中可能需耗费较长时间来完成全面观察。此外，有时调查的存在会被观察对象所察觉，这可能导致他们的行为发生改变或产生误解，从而影响调查结果的真实性。

（二）行为记录法

行为记录法是一种通过使用特定的技术设备和工具来详细记录目标对象在一定场景下的行动与反应的调研手段。例如，调研人员可以运用计数器来统计一段时间内有多少顾客对某产品表示兴趣或进行购买，或者利用摄像设备持续追踪记录顾客在特定销售点对商品的选购过程。此方法使研究者能够客观捕捉消费者的行为模式、购买动机以及他们在购物过程中的心理活动，提供了一种从行为角度深入理解消费者决策过程的途径。行为记录法尤其适用于大型零售环境和高端商品销售点，其中消费者的购买行为可能受到多种因素的影响。此外，该方法还可以应用于预先确定的地点，对随机出现的行为状态进行实时记录和后续分析，从而为市场研究和消费者行为分析提供一种有效且直观的数据搜集方式。

三、实验法

在市场调研领域，实验法被视为一种在控制的环境条件下，通过有意识地操纵和变更市场营销中的关键变量，如商品质量、包装设计、定价策略、广告投放及产品陈列方式等，探索和分析这些变量与销售成绩之间因果关系及其动态变化的方法。该方法允许研究人员通过对比试验结果，直观地了解某一变更是否会对销售产生积极影响，或者是否应调整营销策略以适应市场需求，例如，人们可以通过设置不同的价格点进行试销，精确评估价格变化对消费者购买行为的影响；同样，人们可以通过实施多种广告策略，比较不同广告对销售量的促进作用，进而为最终的营销决策提供实证依据。实验法的应用不局限于产品的直接属性调整，也广泛应用于评估营销渠道、促销活动及客户服务等方面的效果。

实验法之所以在市场调研中受到重视，主要因为其能够提供具有高度客观性和实用性的数据，通过精心设计的实验，研究人员能够在一定程度上控制实验环境，减少外部干扰，更准确地分析不同市场变量间的相互作用和影响。因较少受到主观偏见的影响，这种方法产生的数据和结论通常被认为比传统调查方法更可靠。但市场环境的复杂性和不可预测性可能影响实验的准确性与有效性，并且进行实验通常需要较长的时间和较高的成本，这在一定程度上限制了其在快速变化的市场环境中的应用。

四、抽样调查法

（一）随机抽样法

随机抽样法是一种在统计调研中广泛使用的样本选择技术，它基于随机性原则，确保研究总体中的每个成员都有相同的机会被选中参与样本，从而消除了人为选择偏差的可能性。这种方法分为三种主要类型：简单随机抽样、分层随机抽样以及分群随机抽样。

简单随机抽样是最基本的形式，通过随机机制选择样本，不考虑总体中成员的任何先验区分，每次选择的可能性完全相等，特别适合那些成员间差异较小的总体。

分层随机抽样在于先根据一定特征将总体分成若干明确的层次，每个层次的内部成员较为相似，但层次之间可能存在显著差异，然后在每个层次内进行简单随机抽样，以此提高样本的代表性并减少抽样误差。

分群随机抽样是将总体划分为多个群组，这些群组在内部相对均质，但彼此之间具有差异，随后从每个群组中随机抽取样本进行分析。

（二）非随机抽样法

非随机抽样法作为一种依据研究者的主观分析、判断及特定需求来选择样本的方法，旨在通过有目的地挑选具有一定代表性的个体来估计总体的特性。非随机抽样法的主要优势在于成本效率高，时间需求短，并且能针对特定研究目的产生较好的效果。在市场调研中，非随机抽样法常见的形式包括任意抽样、判断抽样和配额抽样，每种方法都有其独特的应用场景和潜在限制。

任意抽样是一种基本形式的非随机抽样，其中调查者因个人便利因素而随意选择样本。这种方法的出发点是假设总体中的所有个体特性均一致，因而任何选取的样本都能反映总体情况。然而，任意抽样的主要问题在于存在较高的抽样偏差和低可信度，这通常限制了其在正式研究中的应用，而更多地被用于初步的探索性调查或预调查中。

判断抽样更加依赖研究者对调研主题的深入理解和专业判断，通过选择那些被认为最具代表性的样本进行研究。这种方法特别适合那些需要深入了解特定群体或现象的研究，因为它能够确保选取的样本在一定程度上反映了总体的关键特征。判断抽样的挑战在于要求调查者具备对研究总体充分的了解和专业的分析能力。

配额抽样则是一种更系统的非随机抽样方法，它要求研究者根据预先设定的特定特征（如年龄、性别、收入水平等）和相应配额，从总体中选择样本。通过这种方式，研究者能够确保样本在某些关键特征上与总体保持一致，从而提高研究的代表性和实用性。配额抽样的有效性依赖准确设定和执行配额要求，这不仅要求对总体结构有充分的了解，还需要精确的样本选择技巧，以匹配这些预定义的特征配额。

（三）等距抽样法

等距抽样法，也称作"系统抽样"或"机械抽样"，是一种介于随机抽样法与非随机抽样法之间的独特方法。在实施过程中，首先，研究者需要依据某个特定标准，将目标总体中的个体进行序列化排列。其次，通过设定一个固定的间隔或步长，从这个有序队列中选取样本。该方法的特点是一旦确定了起始点和抽样间隔，后续的样本选择将自动进行，简化了抽样过程。等距抽样法的性质（是随机还是非随机）主要由首个样本点的选择决定：若首个样本点是通过随机方式确定的，则该抽样方法被视为随机抽样法；反之，若首个样本点是基于主观判断选择的，则归类为非随机抽样法。等距抽样法因操作简便、易于实施，特别适用于那些需要快速且有效地获取代表性样本的研究场景中。

（四）固定样本连续调查法

固定样本连续调查法是一种以随机抽样为基础，选定一组特定的调查对象作为长期研究的固定样本，通过对这些样本进行周期性的跟踪调查来搜集数据的方法。此方法允许研究者在时间序列上观察和分析样本个体或群体行为的变化，以及对特定事件或干预措施的响应。为了保持样本的新鲜度和代表性，固定样本需要定期进行轮换，这不仅有助于维持调查结果的准确性和可靠性，也有助于减少对调查对象的持续打扰，进而提升他们参与调查的意愿和积极性。企业通过实施固定样本连续调查法，能够有效跟踪消费者对产品的使用状况、满意度以及需求变化，为产品优化、市场策略调整提供有力的数据支撑。

第三节 市场预测的基本内容

市场预测的内容包括五个方面,见表3-2。

表3-2 市场预测的内容

预测内容	细分	重点分析
市场需求预测	需求总量预测、需求影响因素变化预测、需求变化特征预测	市场数据细致分析,考虑经济趋势、消费者行为等
商品的供给预测	考虑生产能力、原材料供应状况、技术进步状况等因素	预测企业提供商品数量和服务能力的变化
市场占有率预测	分析产品市场地位、竞争对手情况、潜在竞争者	预判企业市场位置及其发展动态,制定市场策略
产品发展预测	现有产品生命周期的预测、新产品发展前景的预测、产品资源变动趋势的预测	评估产品市场生命周期,预测新产品市场接受度
产品价格变革趋势预测	基于产品成本构成因素及供求关系的影响	预测价格涨落及其发展趋势,调整定价策略

一、市场需求预测

(一)需求总量预测

工商企业的需求总量预测指通过对市场数据的细致分析和研究,预估在特定时间段内对某一产品或服务的总体需求量。这一过程涉及对过去和现有销售数据的回顾,需要考虑经济趋势、行业发展、竞争环境以及消费者行为的变化等多种因素。准确的需求总量预测不仅能帮助企业制订生产计划和库存管理方案,还能帮助指导营销策略和资本投资决策,优化资源分配,降低风险,增强企业市场竞争力。在这个过程中,企业可能运用各种统计分析方法和预测模型,以确保预测的准确性和可靠性,并确保企业能够有效应对市场需求的波动,把握市场机遇。

（二）需求影响因素变化预测

在工商企业进行市场需求预测时，需求影响因素变化预测是一个复杂而关键的步骤，包括对经济环境、行业趋势、消费者偏好、技术进步状况、政策法规等多个方面因素的深入分析和预判。理解这些因素如何以及在何种程度上影响需求对制定有效的业务战略和调整市场计划至关重要。企业需要搜集和分析大量相关数据，并利用市场分析工具和模型对这些影响因素未来的变化趋势进行预测。

（三）需求变化特征预测

预测工商企业市场需求的变化特征，要求分析师深入了解市场动态、消费者行为趋势，以及宏观经济因素共同作用于需求的周期性、季节性特点和长期趋势。通过综合考虑这些因素，企业可以预测需求的波动模式，识别潜在的增长点和可能的下降风险。这种预测涉及量化分析以及对市场情绪和消费者信心的评估。有效的需求变化特征预测能够使企业更灵活地应对市场变化，把握市场先机，有利于其在竞争中脱颖而出，实现可持续增长。

二、商品的供给预测

工商企业商品的供给预测是一个涉及大量数据分析和市场洞察的复杂过程，旨在预测未来一定时期内企业能够提供的商品数量和服务能力。这一预测要考虑生产能力、原材料供应状况、技术进步状况、劳动力市场动态以及外部经济环境等多方面因素。准确的商品供给预测不仅能使企业有效地规划生产活动，优化资源配置，减少库存积压，也能够使之根据市场需求变化灵活调整供给策略，确保市场供需平衡。在经济全球化背景下，供给预测还需要考虑国际贸易政策、汇率变动等跨国因素，这对于跨国经营的企业尤为重要。

三、市场占有率预测

预测企业在市场中的占有率是一个多维度的分析过程，旨在理解和预判企业在未来市场竞争中的位置及发展动态。这不仅涉及对企业自身产品市场定位的深入分析，包括产品质量、品牌影响力及市场份额的潜在变动等方面，还要广泛考察竞争环境的动态变化。具体来说，企业需要评估现有及潜在竞争对手的数量、市场策略、实力水平，以及他们的策略调整对企业市场份额的可能影响。此外，对新进入者的预测同样重要，企业需要分析市场壁垒、入市门槛以及新的竞争者可能采用的战略，预测他们进入市场的可能性及其对现有市场格局的潜在影响。通过全面预测，企业能够更准确地把握市场趋势，识别潜在的机遇与挑战，并制定出更有效的市场策略，以维护或扩大市场份额。需要注意的是，企业要有敏锐的市场洞察力和灵活调整市场战略的能力，并且能够有效搜集和分析竞争情报。

四、产品发展预测

（一）现有产品生命周期的预测

现有产品生命周期的预测要求企业综合考虑市场趋势、消费者需求变化、竞争态势以及技术进步等多方面因素。通过准确预测产品的生命周期，企业能够在产品成熟期之前制定有效的市场策略来延长产品的盈利期，同时在产品生命周期的衰退阶段之前规划新产品的研发和推出，确保企业资源的高效利用和市场竞争力的持续增强。此外，生命周期预测还有助于企业合理安排生产计划、库存管理和营销投入，避免因产品过早衰退而导致的资源浪费，为企业的稳定发展和市场适应性的提高提供强有力的支撑。

（二）新产品发展前景的预测

新产品发展前景的预测是一个集市场洞察、消费者行为分析和竞争环境考量于一体的复杂过程。它要求企业深入理解目标市场的需求动态和潜在增长点，并评估产品创新的可行性和潜在的市场接受度。通过对潜在顾客的需求进行预测、对技术趋势进行跟踪以及对竞争对手可能的反应和市场策略进行分析，企业能够对新产品的市场表现和成长潜力做出科学预估。这种前瞻性的预测对于指导产品研发方向、制定市场进入策略和资源分配决策至关重要，有助于企业在产品推出初期把握市场脉搏，有效规避风险，提高新产品成功率。

（三）产品资源变动趋势的预测

产品资源变动趋势的预测要求企业准确评估原材料供应、人力资源配置情况以及技术资源的未来变化和可用性。企业需要对全球市场趋势进行监测，对供应链稳定性进行分析，并对技术创新速度进行评估。通过对这些关键资源的未来供需状况和成本动态的深入了解，企业能够提前做好资源规划和风险管理，确保产品开发和生产过程中的资源稳定供应且成本效益最大化。正确的产品资源变动趋势预测不仅可以帮助企业优化产品设计和生产策略，还可以提高供应链的灵活性和响应速度，从而提升企业对市场变化的适应能力和竞争力。

五、产品价格变革趋势预测

产品价格变革趋势预测是一个涉及综合分析多重因素的复杂过程，主要通过深入研究产品成本要素及其预期变化，以及供需平衡对价格波动的作用机制来实现。首先，通过对原材料成本、生产成本、物流成本等构成产品总成本的关键因素进行监测和分析，企业可以洞察成本变化对产品定价策略的潜在影响。随着成本因素变化，如原料价格上涨或生产效率的提升，企业可能需要调整产品价格以保持利润率。其次，市场供需关系的变化是影响产品价格波动的另一个重要维度。在供应过剩或需求不足的情况下，价格可能下降；反之，则可能上涨。因此，通过对市场需求趋势的精准预测，以及对产能调整、库存水平和竞争态势的分析，企业能够更准确地预测价格变动趋势，为制定定价策略和市场规划提供科学依据。

第四节　市场预测的常用方法

一、经验判断法

经验判断法，也称"直观判断法"，是基于个人或集体的知识、经验和分析能力进行市场预测的一种传统方法。在我国古代，商人和小生产者便依靠个人的经验来预判市场的未来动向。随着现代经济的发展和市场范围的持续扩大，尽管现代预测方法如统计学、数学建模以及计算机技术等已被广泛应用于市场分析中，但经验判断法依然因独特优势而在市场预测实践中占据一席之地。在个人层面上，经验判断法包括相关推断法、对比类推法和比例推断法等，这些方法依托个人的直观感知和逻辑推理；在集体层面上，经验判断法则涉及意见交换法、意见测验法、意见汇总法、购买意向推断法和专家调查法等，通过汇聚群体智慧来形成更全面的市场预测。

经验判断法的优势在于综合了感性认识与理性分析，具备一定的科学性，同时操作简便、易于实施。人的智力活动在经验判断中扮演着关键角色，人们能够对复杂现象进行深入分析和综合，识别并解读模糊信息，从而做出合理的判断和推论。但该方法的局限性也不容忽视：其一，在进行定量分析时，该方法往往缺乏精确性；其二，直观判断易受个人情绪和心理状态的影响，可能导致结果的主观偏差；其三，依赖个人经验的判断存在局限性，人们可能忽视更广泛的市场变化和趋势。通常经验判断法又细分为以下几种具体方法：

（一）个人直观判断法

个人直观判断法依托预测者自身累积的知识和经验，通过其独到的认知和理解能力，对未来的发展动态进行预测。这一过程深刻体现了个体智力活动的创造性，其中预测的质量和准确度在很大程度上依赖人们对相关信息的掌握程度以及对分析、综合、逻辑推理等方法的恰当应用。[1]因智力水平和思维方式的差异，每位预测者对同一预测问题的处理方法和观点会有所不同，这种差异化使个人直观判断法在实际应用中显得极具个性和灵活性。正是由于过分依赖个体视角和经验的特点，这种方法往往容易忽略更广泛的环境因素和系统性变量，导致预测结果偏向局部而缺乏全面性，所以，虽然个人直观判断法是一种高度主观且富有创造性的预测手段，但在应用时需警惕其固有的局限性，尤其在面对复杂多变的市场环境时，更应结合其他客观数据和分析方法，以提高预测的全面性和准确性。

（二）经理人员评判意见法

经理人员评判意见法是一种依赖企业内部高级管理人员和各部门负责人集体智慧的市场预测方法，通过组织跨部门会议，这种方法集合来自市场营销、商业分析、生产管理以及财务等关键部门的专家共同讨论并预测产品销售前景或市场需求趋势。该方法的核心在于充分利用企业内部经验丰富的管理人员提供的深入见解和翔实信息，通过综合分析各种可能影响市场需求的内外部因素，集体进行全面而深入的讨论，从而做出更加全面和细致的市场预测。

该方法的显著优势来自其高效的集思广益过程，它能够迅速汇集不同视角和专业的知识，使预测过程既全面，又具深度。由于每位参与讨论的管理人员都带来了自身领域的专业知识和市场洞察，这种跨部门交流有助于揭示潜在的市场机会和风险，提升预测的准确性和可靠性。此外，该方法操作简便，成本低廉，几乎不需要额外费用，仅通过组织一次或几次会议，便能够快速得出市场预测结果。

---

[1] 陈海泉.现代工商企业经营管理[M].上海：上海交通大学出版社，1998：72.

该方法的缺点如下：第一，过分依赖管理人员的主观判断，这可能因个人的乐观或悲观倾向而导致预测结果出现偏差；第二，高层管理人员的参与可能占用他们原本属于核心职责的时间和精力，进一步影响其日常工作的效率；第三，由于管理人员不可能亲自深入市场进行调研，他们的判断往往缺乏对消费者行为细微变化的直接观察，这可能影响预测的精细度，削弱企业适应市场变化的能力。

（三）销售员意见综合法

销售员意见综合法是指通过汇总前线销售团队成员的见解和预测，对未来的市场销量进行估算。该方法利用了销售人员直接面对市场、顾客以及竞争对手的第一手经验优势，对市场的洞察更深入且细致。销售人员对自己管理的区域市场具有深刻理解，他们通过日常的销售活动，能够紧贴市场脉搏，对消费者需求、地区经济发展状况以及农业生产等方面有着实时且深入的认识。通过综合这些来自不同地区、背景销售人员的观点和预测，企业能够得到一个全面且更接近实际的销售预测结果。

该方法的优点是实地信息获取能力强，预测结果具有较高的实用价值和精度。销售团队的参与不仅能令预测结果更接地气，还能极大提升团队成员对自身销售目标的信心和达成率。此外，基于销售人员提供的数据进行的预测，其精确度通常较高，实际销售数据与预测值之间的偏差较小，可以为企业提供可靠的市场预测信息。

该方法的局限性如下：第一，由于销售人员往往以完成销售目标为首要任务，他们在进行市场预测时可能本能地采取保守态度，这可能导致预测值偏低；第二，投入市场预测中的时间和精力可能分散销售人员对销售活动的关注，影响销售业绩的提升；第三，销售团队在预测时可能过分依赖个人经验，忽略对整体市场经济趋势的全面分析，这可能导致预测结果过于乐观或悲观。

（四）用户意见法

用户意见法是通过直接咨询最终消费者或使用者未来一定时期内对产品的需求预期，包括所需产品的类型及数量来进行销售量预测的预测方法。这种方法将顾客的具体需求单作为预测基础，因而在准确性上具有显著优势，尤其适用于那些直接面向工业客户的产品，其预测结果更接近实际市场动态。用户意见法的直接对话机制使预测活动仿佛一场与用户的深入交流，有助于捕捉用户需求的细微变化和市场趋势。

实施这种方法会产生较高的人力成本、经济开销和时间消耗。这种方法的有效性在很大程度上依赖用户的积极参与和合作，如果用户不愿提供所需信息，那么预测活动将难以进行。对于品种繁多、消费群体庞大且需求多样的日用消费品而言，采用这种方法进行全面预测不是那么实际，因此需要借助抽样调查等方法来获取更具代表性的市场数据。

二、回归分析预测法

回归分析预测法是一种基于数理统计理论的高度科学的统计预测技术。它通过构建变量间的数学模型，即回归方程，揭示一个或多个自变量（解释变量）与因变量（被解释变量）之间的关系。在经济学和市场分析中，诸多变量间的相互作用往往复杂且多变，回归分析能够通过对这些变量间的统计关联（回归关系）进行理论分析和计算，使预测者依据已有的数据资料，发现并量化地判断这些变量间的内在联系。

通过回归分析，研究者不仅可以识别出对预测目标有显著影响的关键因素，还可以评估这些因素影响的具体程度，进而建立起科学的回归模型来预测未来的发展趋势。这种方法的优势在于它的因果分析基础能够使之有效排除那些与预测目标无关的变量，能够综合考虑各种相关因素的影响程度，极大提升预测的精确性和可靠性。回归分析预测法包括一元回归分析（只涉及一个自变量和一个因变量的关系）、多元回归分析（涉及多个自变量对一个因变量的影响）以及自回归预测（因变量的过去值作为自变量来预测其未来值）等多种形式，每种形式都有其独特的应用场景和优势。

三、相关分析法

相关分析法主要通过分析产品之间的内在联系来预测销售额。该方法主要有两个应用方向：其一，对于那些存在互补关系的产品，如主要产品及其配件或消耗品，相关分析法能够依据其中一个产品的市场表现来预测另一个产品的销售趋势，例如，通过分析拖拉机的社会保有量，有效预测零配件和燃料的需求量。这是因为主产品的使用和保有可以直接影响相关配件与消耗品的销售。其二，相关分析法同样适用于那些具有替代关系的商品，在这种情况下，一个商品销售量的增减往往预示着另一个可替代商品销售趋势的相反变动，例如，当市场上一种特定型号的智能手机销售增加时，与之竞争的另一种型号智能手机的销量可能减少。

这种预测方法的核心在于精确识别和量化产品之间的相关性。通过对历史销售数据的深入分析，相关分析法不仅能揭示产品间的依赖性和竞争性，还能提供对未来市场动态的洞见。然而，有效运用这一方法需要对市场有深入的理解并对数据分析有一定掌握，以确保预测的准确性和可靠性。

第四章　工商企业的市场营销管理与运作

第一节　市场营销管理过程

一、市场营销的概念

市场营销被定义为关于个人或组织通过创新和交换机制向他人提供产品与价值的一系列活动，目的在于满足人类的需求和愿望，这个过程既是追求满足顾客期待的社会化过程，也是涉及细致管理的过程，其核心在于"交换"。而"交换"是一个双向地、动态地寻求并实现双方利益满足的活动。市场营销依赖两个关键因素：一是企业提供的产品或服务精准地对接消费者的需求与欲望的能力，二是企业管理交换过程的能力。市场营销并不局限于产品销售阶段，它贯穿产品的整个生命周期，包括产品设计、生产前的市场研究、流通和销售环节，乃至售后服务。[①]

二、市场营销的管理过程

（一）分析市场机会

1. 市场机会的概念

市场机会是指市场中那些尚未被充分满足的需求和期望。这些潜在需求构成了广阔的环境机遇，为企业提供了探索和发展的空间。但并非所有环境机遇都适合每个企业，例如，虽然快餐业在市场上有着巨大需求，但对一家专注钢铁制造的公司而言，这显然不是一个可行的营销机遇。

从企业的角度来看，一个真正的营销机遇应当能够为企业带来竞争优势、满足其商业目标，并且能够使其利用现有资源（如资金、技术和人力资源）来实现差异化营利的市场需求。因此，企业在面对各种潜在的市场机遇时，必须进行

---

① 罗洪儿，吕欣.管理通识教程[M].上海：上海交通大学出版社，2020：199.

第四章 工商企业的市场营销管理与运作

深入分析和评估，确定哪些机遇最符合自身的长期发展战略、资源配置以及能力范围状况。只有那些能让企业发挥核心优势、在竞争中占据有利地位，最终实现利润最大化的机遇才是真正的营销机遇。对营销人员而言，发现市场机遇仅是第一步，关键在于是否能准确识别出那些既符合市场需求，又能够充分利用企业优势的机遇。通过综合考虑企业的目标、资源以及市场需求的未来趋势，企业可以选择最适合自己的路径，有效地将环境机遇转化为可持续的竞争优势。

2. 市场机会的识别

在企业的营销管理实践中，识别并把握市场机会要求企业既能够洞察并利用市场机遇，又能够有效应对或避免市场风险。市场机会的发现往往需要敏锐的洞察力，因为它们是公开而短暂的，一旦出现，便需要企业迅速进行分析和评估，以确保能够有效捕捉并利用这些机会。为了有效识别市场机会，企业可以采取如下策略：

（1）观察供需关系的不平衡点，这些点往往隐藏着未被满足的市场需求。

（2）对市场进行细致的分割，这样企业可以发现特定细分市场中的独特需求。

（3）关注产品的潜在缺陷或用户体验不佳之处，其中往往隐藏着改进和创新的契机。

（4）研究竞争对手的弱点或战略漏洞，从中找到差异化的市场进入点。

（5）积极创新，开拓全新的市场机会，引领市场需求的变化。

3. 市场机会的评估

评估市场机会是否能转化为企业的实际营销机遇，关键在于判断该机会是否与企业的目标、资源和能力相匹配。企业追求的目标是多样的，包括提高利润率、扩大销售规模、实现销售增长、提升市场份额和建立良好的品牌形象等。不是所有市场上的机会都能帮助企业实现这些目标，例如，某些机会可能短期内来看似能提高利润，但若可能损害企业长期声誉，则明显不是一个合适的选择。进一步来说，企业在面对一个潜在的市场机会时，还需要考虑自身是否具备把握该机会的必要资源，这些资源可能包括资金、技术、设备以及分销网络等。如果企业在这些关键资源上存在短板，那么即便市场机会到来，企业也可能因为资源不足而难以抓住。但是，如果企业能够付出合理的成本获取这些关键资源，那么这个市场机会就值得考虑。

成功的企业能够利用自身的强项，在市场竞争中获得独特优势，享受差异化的利益，并赢得消费者的偏爱。因此，营销管理者必须具备敏锐的市场洞察力，要能够及时捕捉市场机会，并迅速做出反应，有效占领市场份额。同时，企业对"机会损失"的态度应当与对有形财产损失一样严肃，应意识到错过市场机会的代价可能同样巨大。

（二）选择目标市场

选择目标市场主要包括以下三个方面的工作：

1. 市场细分

市场细分涉及根据需求的不同和购买行为的异质性，将范围广泛且多元化的市场划分为几个具有共同特性的小群体或子市场。这一过程是企业识别并选择目标市场、定制有效营销策略的重要基石。鉴于市场中消费者需求的多样化及其影响因素的复杂性，不存在一个普遍适用的市场细分模型。不同的行业和企业需要依据自己的独特属性与市场定位，选择合适的细分标准进行市场划分，这样做的目的是精准捕捉最有潜力的营销机会。

在当今多元化和竞争激烈的消费市场中，企业通过细分市场来精确定位其目标消费者群体，不仅能够更好地满足消费者的具体需求，也能够有效提升企业的市场竞争力。市场细分允许企业将广泛且需求不同的消费者市场拆分为更小、更具特定特征的子集群体。这些子集群体可以基于地理、人口统计学、心理以及行为特点等多个维度来划分。

（1）地理细分是基于消费者的地理位置，如城市与乡村、不同的气候区域、交通便利程度等因素，来区分市场的细分标准。这种方法认为，不同地理区域的消费者可能因为生活环境的不同而有着不同的需求和偏好。

（2）人口统计学细分依据的是年龄、性别、家庭结构、收入水平、教育背景、宗教信仰、种族和国籍等因素。这种细分方法的原理是一个简单的事实：不同的人口统计特征的消费者在购买习惯和偏好上存在明显差异。

（3）心理细分侧重消费者的心理特质，如个性、生活方式、价值观以及购买动机等。这种细分策略认为，消费者的内在心理状态和态度对其购买决策有着重大影响。

（4）行为特点细分关注消费者的具体购买行为，包括购买频率、品牌忠诚度、使用场合等。这种细分方法试图通过分析消费者的行为模式来揭示其背后的需求和偏好。

对产业市场而言，细分标准主要集中在最终用户的性质、用户的规模以及所处的行业上，这些细分标准能帮助企业识别和理解各种商业客户的独特需求与购买行为。无论采用哪种细分标准，一个有效的子市场都应当具备以下特征：可辨识性、可衡量性、可达性、可行性，以及反应性。这些特征确保了市场细分的实用性和有效性。企业在进行市场细分后，需要进行市场选择，即决定将资源集中投放于哪一个或数个具有高潜力的细分市场上。这一选择过程要求企业基于自身的资源、优势以及市场需求来确定最有价值的目标市场。

2. 市场选择

（1）选择目标市场的模式。目标市场的选择主要包括五种模式，下面以一个鞋业公司为例进行更形象具体的介绍。假设某鞋业公司按照季节将产品（P）分为三类（夏鞋、春秋鞋、冬鞋），而它的顾客群也有三类（中老年人、青年人、儿童），那么就可以形成九个细分市场，对应五种模式，如图4-1所示。

其一，集中化策略。这种策略意味着企业将所有营销资源集中在一个具体的市场细分上，以满足该细分市场的特定需求。例如，一个企业可能仅针对中老年消费者生产和销售专为冬季设计的鞋子。这种策略通常适合资源相对有限的小企业，帮助它们在特定细分市场上建立品牌优势，如图4-1a所示。

其二，产品专业化策略。在这种模式下，企业专注生产一类产品，但致力满足不同顾客群体的需求，如有的企业可以生产适用于各年龄段消费者的春秋季节鞋类，如图4-1b所示。

其三，市场专业化策略。企业可以按照特定顾客群体的需求生产多种产品。例如，企业可以专为儿童设计各式鞋子，满足他们的多元化需求，如图4-1c所示。

其四，选择性专业化策略。企业可以选择性地服务几个不同的细分市场，针对每个市场生产特定产品。例如，同时生产青年人的春秋鞋、中老年人的冬季鞋和儿童的夏季鞋等，如图4-1d所示。

其五，全面覆盖策略。企业可以生产多种产品并进入所有细分市场，为不同的顾客群体提供服务。这种策略通常为资源丰富、市场力量强大的大型企业所采用，以实现其市场的全面覆盖，如图4-1e所示。

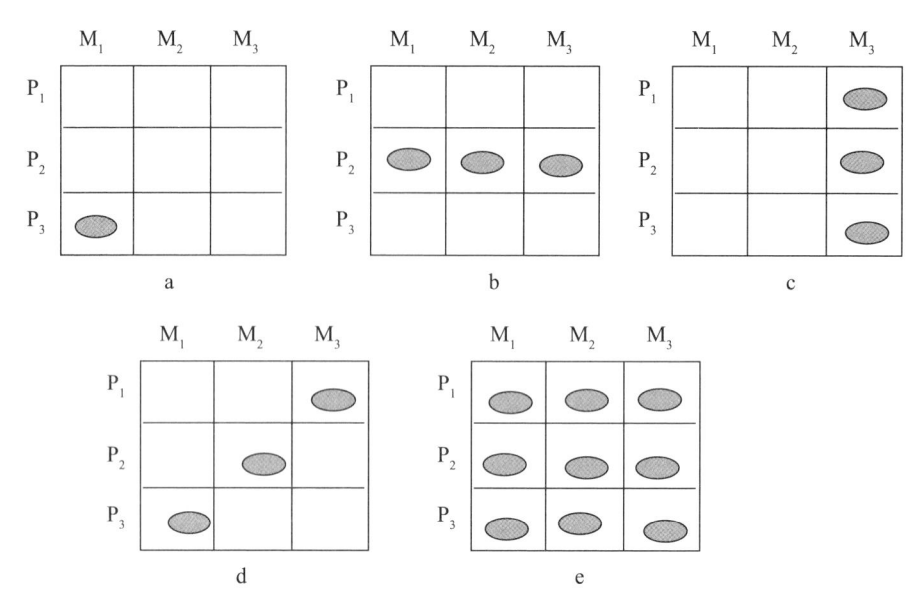

图 4-1 目标市场选择的五种模式

（2）目标市场营销策略。

其一，无差异市场营销策略。该策略采取一种"一刀切"的方法，让企业专注发掘和满足不同子市场共有的需求点，在这种策略下，企业推出的是通用产品和统一的营销手段，尽可能地覆盖广泛的客户群体。尽管这种方式牺牲了对个别市场细分的专注，但能让企业努力满足大多数消费者的基本需求，实现规模经济。

其二，差异市场营销策略。该策略强调市场的分割。企业识别并选择多个具有独特需求的子市场，针对每个子市场定制产品和营销策略，包括调整产品设计、价格、分销渠道和促销活动，以适配各个目标群体的特定需求。此策略的核心是灵活性和个性化，企业可以通过更细致的市场划分来提供更符合消费者期望的产品和服务。

其三，集中市场营销策略。该策略是选择性地集中资源和精力，只对一个或少数几个有相似特性的子市场进行深耕。企业在这些细分市场上开发高度专业化的产品，以期在有限范围内获得较大的市场份额。此策略适用于资源有限但愿意在特定领域深化专业能力的企业，通过高度的专业化和资源集中，企业能够在选定的细分市场中建立强大的竞争优势。

以上这三种市场营销策略展示了企业如何根据自身资源、市场条件以及业务目标，在全面覆盖与深度专注之间做出选择。每种策略都有其适用场景，企业需根据自身情况和市场环境,灵活选择适合自己的营销道路。

3. 市场定位

市场定位是指品牌或产品在目标消费者心中塑造的独特定位,它是营销战略中的核心环节,能在激烈的市场竞争中确立产品的地位,即确立"竞争性定位"。这一过程涉及对市场竞争格局的深入分析,包括对手的市场份额、产品特性、质量、价格以及促销手段等,旨在全面掌握目标市场的现状及潜在需求,从而确定产品的市场策略。

有效的市场定位策略需要企业先进行市场和竞争分析,明确识别出竞争对手的强项和弱点,以及市场上各种产品和服务的差异。企业通过这种分析可以选择不同的定位策略来应对市场竞争,如避免直接与市场巨头竞争的"避强定位"、直接挑战市场领导者的"对抗定位",或寻找市场空白点进行"挤占定位"。

市场定位与产品差异化紧密相连,两者共同构成了企业市场策略的基石。市场细分为企业提供了精确定位的目标市场,企业以之为基础,通过产品差异化策略,在细分市场中实施精准的市场定位。产品差异化一方面是在产品功能、质量、设计上的创新;另一方面是在价格设定、促销活动和服务等方面的差异化策略,可以用来满足特定消费者群体的独特需求。在这个过程中,企业必须综合运用市场细分、市场定位和产品差异化三大策略,以便在竞争激烈的市场环境中突出重围,建立独特的市场地位。其中,市场细分帮助企业识别并选择最契合的目标群体;市场定位是企业在对目标市场有了深入理解后,采用的区别于竞争对手,建立独有品牌形象的策略方法;而产品差异化则是实现市场定位的具体手段,企业通过提供与众不同的产品和服务,满足目标消费者的特定需求,在消费者心中建立起品牌或产品的独特印象。

(三)制定营销组合策略

1. 营销组合概述

在商业领域,"价精势命"浓缩了企业在金融行业中追求卓越的核心策略,它强调企业通过精心策划和执行营销组合来驾驭市场。这一策略涉及企业对其可直接控制的营销元素如产品设计、定价、分销网络及推广活动进行细致的调整和优化。企业可以通过有策略的组合,在竞争激烈的市场中脱颖而出,达到营销目的。

营销组合的每个元素都在企业的控制之下，意味着企业可以根据目标市场的具体需求来塑造产品特性、定价策略、分销途径以及促销手段。这使企业能够灵活调整其市场策略，以适应不断变化的市场环境和消费者偏好。但这种控制是有限的，企业的决策和行动并不是完全自由的，它们受内部资源、目标设定以及外部的经济、社会、技术等微观和宏观环境因素的约束与影响。因此，营销管理的艺术不仅仅在于如何巧妙地操纵那些可控的营销工具，更在于如何将这些工具与那些不可预测、不可控的外部环境因素相协调。成功的营销既需要对可控因素如产品、价格、地点和促销等进行精确操控，又需要对外部环境变化有敏感洞察和适时应对，以确保营销策略的有效性和适应性。

2. 产品策略

第一，产品组合策略。在当今的经济环境中，众多企业采取多元化的产品策略，以满足市场的广泛需求。这一策略背后的概念被称为"产品组合"，它涵盖了企业提供的所有产品种类和系列。具体而言，产品组合不只是企业提供的不同产品线（紧密相关的产品群组）的总和，还包括每个产品线内部不同的产品项，这些产品项根据尺寸、价格、设计以及其他特征进行区分。企业的产品组合展现了其市场覆盖的宽度、产品提供的多样性以及满足消费者需求的能力。产品组合的策略性管理是企业满足市场需求、增强竞争力和实现长期发展的关键，涉及对企业产品组合宽度、长度、深度和关联性的精细调整。产品组合的宽度反映了企业能提供多少种类的产品线，长度是指产品线的数量，深度体现在每个产品线内部不同选项的丰富程度，而关联性则描述了各产品线在使用、生产或分销等方面的相互依赖和衔接关系。通过有效扩展新的产品线、提高现有产品的多样化程度或有时删减不再符合市场需求的产品，企业能够优化其产品组合，更好地适应市场变化，满足消费者的多元化需求。

第二，品牌与商标策略。品牌作为一种独特的商业身份，通过名称、符号、设计、颜色的综合应用，为产品或服务赋予了识别性。这一概念分为两大要素：品牌名称和品牌标志。其中，品牌名称使人们能通过文字来描述和称呼相关产品，而品牌标志则是那些可视但非语言化的元素，如图案和颜色，它们共同作用，构建了品牌的视觉和语言识别系统。与此同时，商标是指那些已经注册获批，享有法律保护的品牌或品牌的一部分，确保了品牌的独特性和所有权的安全。企业在品牌管理和市场推广过程中，可以采取多种策略以增强品牌价值和市场竞争力。首先，品牌建立策略要求企业为产品设置一个明确的品牌名称，这是品牌识别的起点。其次，品牌使用策略决定了企业是选择推广自有品牌，还是通过某种形式利用他人的品牌，这可能涉及使用中间商品牌或制造商品牌。最后，家族品牌策略则是企业面临的另一项重要决策，即确定是将所有产品归于同一品牌之下，还是为不同的产品线设立独立品牌。

第三，包装策略。包装一方面是为了确保商品在运输和储存过程中的安全，为之提供便利性；另一方面承担着向消费者传达产品信息、增强商品吸引力和推动销售的重要责任。面对市场的需求，企业可灵活运用各种包装策略，如采用统一风格的相似包装以建立品牌识别度、利用差异化包装突出产品个性、实施组合包装以提高产品组合的价值感、设计可重复使用的包装以提升环保价值，或通过附带赠品的方式增加产品的附加价值。

3. 定价策略

第一，新产品定价策略。在推向市场的新产品定价上，企业面对的选择主要集中在两种策略之间：高价策略和低价策略。高价策略，也称为"撇脂定价"，目的是通过设定高于市场平均水平的价格实现利润最大化，特别是当新产品面对的是需求旺盛、竞争相对较少且消费者对价格不敏感的市场环境时。相对地，低价策略，或称"渗透定价"，旨在通过较低价格吸引更多消费者，迅速提升市场份额，适用于那些消费者价格敏感度较高的产品市场。

第二，折扣与折让策略。企业为了激励消费者采取某些特定的购买行为，如提前支付、批量购买或在销售淡季购买，会采用各种折扣和折让策略，如现金折扣、购买量折扣、经销商折扣、季节性折扣，以及以旧换新的价格折让等。这些措施有助于调节市场需求，优化库存管理。

第三，心理定价策略。企业利用消费者的心理预期来设定价格。对于奢侈品或知名品牌，企业往往采用整数定价或设定较高的价格点，利用消费者对品牌价值的认同和向往，强化产品的高端形象。而对于普通商品，价格通常会设置一些看似精确计算后的非整数价格，如 0.99 或 0.95 的尾数，这种定价策略能让消费者感觉价格更实惠，并给人一种价格经过仔细计算的印象，以此增加消费者对价格的接受度和信任感。

4. 分销策略

分销渠道构成了产品和服务从制造商到最终消费者手中的传输带，涉及获取产品所有权或促成所有权转移的一系列组织和个体。这个过程不仅包括了直接参与买卖的商家，还涵盖了参与这一过程的代理商、批发商和零售商。分销渠道的核心功能包括市场调研、产品推广、销售协调、谈判、物流安排、资金筹集和风险管理等多个方面[1]，旨在为生产者和消费者搭建一座高效、便捷的桥梁。在制定分销策略时，企业通常会从三种主要方式中选择一种或几种来结合使用，以最适合其产品特性和市场需求的方式进行产品分销。

第一，密集分销策略。该策略重在让尽可能多的批发商和零售商参与销售产品，特别适用于那些消费者频繁购买的日用品或易耗品，其目的是确保消费者能够在多个地点轻松购买到这些产品。

第二，选择分销策略。该策略采取更精细的分销路径，制造商在特定地区内仅选择几个认为较合适的中间商来合作，这种方式更适合那些需要消费者花时间挑选或对品质有较高要求的产品。通过精心挑选的中间商网络，企业可以更好地控制产品的市场定位和品牌形象。

第三，独家分销策略。该策略是指在某一特定地区内只选择一个中间商来销售产品。这种策略通过签订独家经销合同，限制经销商不得销售任何竞争产品，旨在深化制造商与经销商之间的合作关系，提高经销商的忠诚度和销售积极性，进而在目标市场上占据更有利的竞争地位。

5. 促销策略

促销策略在市场营销中起着至关重要的作用，其核心目的是通过有效沟通激发消费者的购买欲望，以促进销量增长。企业利用多种促销手段来实现这一目标，包括直接推销、广告、公关活动和促销活动等。这些手段的综合运用，即促销组合，应根据产品特性和市场目标的不同，进行策略性的选择和配合。

第一，人员推销策略。人员推销依赖销售人员与顾客之间的直接互动，通过面对面沟通来促进产品或服务的销售。此策略的关键元素包括推销人员（促销活动的执行者）、推销对象（目标消费者）以及推销品（被推销的商品或服务）。在此过程中，推销人员的专业知识、沟通技巧和服务态度起着决定性作用，能够深化消费者对产品的理解和兴趣，进而使消费者做出购买决策。

第二，广告策略。广告通过各种媒介传播有关产品或服务的信息，旨在塑造和改善消费者对品牌的态度与印象。企业可以选择不同类型的广告策略，包

---

[1] 钱增泉. 工商企业管理[M]. 南京：东南大学出版社，2003：96.

括报道式广告（提供详尽的产品信息）、劝导式广告（旨在说服消费者）和提示式广告（重在强化品牌印象）。除了推广具体商品或服务外，广告还可用于建立和加强企业的品牌形象，这种战略性广告可以帮助企业在竞争激烈的市场中脱颖而出。

第三，公关与促销活动。公关活动可以通过塑造积极的公共形象和增强社会关系来支持产品的销售推广，包括新闻发布、社会责任项目等。促销活动，如提供折扣、赠品、试用装等，可以直接刺激消费者的购买行为，在短期内有效提升销量。

第四，公共关系策略。公共关系（公关）策略的目的在于建立和维护企业与社会各界的良好关系。通过有效的公关活动，企业能够在目标群体中塑造积极的形象和声誉，进而推动产品销售和品牌推广工作。公关的本质在于通过沟通和交流，促进企业与公众之间的理解和协作，以实现双赢。公关活动的主要职能如下：一是信息搜集与环境监测，持续追踪社会舆论和市场动态，为企业提供重要的市场信息和反馈；二是咨询建议，为企业决策提供基于深入分析的建议，帮助企业更好地适应市场变化；三是舆论宣传，通过各种媒介和渠道，积极塑造企业形象，传播正面信息，创造对企业有利的公众气氛；四是交往沟通，建立和维护企业与公众之间的良好关系，促进各方的相互理解和支持；五是提供教育引导和社会服务，通过教育性活动提高公众对企业产品或服务的认识，参与社会服务活动，展示企业的社会责任。公关活动的方式多种多样，包括但不限于宣传性公关、征询性公关、交际性公关、服务性公关和社会性公关等。

第五，营业推广策略。营业推广策略是指通过一系列短期激励措施，鼓励消费者和中间商对企业的产品或服务采取行动的推广策略。这些策略因快速显著的促销效果而被企业广泛应用，主要特点和方式如下：一是对消费者的推广，通过赠送样品、优惠券、包装兑换、赠品提供和商品展销等方式激发消费者的购买兴趣；二是对中间商的推广，通过提供购买折扣、资金支持和经销补贴等激励措施，鼓励中间商购买、经销或代理产品。

（四）市场营销控制

1. 盈利水平控制

盈利水平控制是确保企业财务健康和可持续发展的关键环节，这一控制机制主要涉及对企业营销活动的成本效益分析，使营销投资带来的回报最大化，并降低不必要的开支。通过设定明确的盈利目标和预算，企业可以定期监测和比较实际营销成本与收入，及时调整营销策略和预算分配以适应市场变化。此外，盈利水平控制还包括对产品定价策略、成本结构和销售渠道效率的持续优化，以提高利润率。

2. 营销效率控制

营销效率控制是通过精确测量和评估营销活动的成本与成效之间的关系，确保企业资源得到最优化利用的过程。这一控制过程涉及对营销策略、渠道选择、广告投放、销售推广及客户服务等各个方面的绩效分析，目的是识别和削减低效率的营销支出，同时增加那些能够带来较高回报的活动开展的频率。营销效率控制要求企业建立一套科学的评估体系，包括关键绩效指标（KPIs）的设定和数据搜集、分析及报告机制。通过定期的绩效评估，企业能够及时发现问题、调整战略，从而提高营销活动的投资回报率（ROI）。

第二节　市场营销运作

一、市场营销运作的重要性

在当代经济环境下，工商企业的市场营销运作不仅是企业战略规划的重要组成部分，也是企业获得竞争优势、实现可持续发展的关键动力。市场营销通过深入分析消费者需求、市场趋势和竞争环境，使企业能够设计出满足目标市场需要的产品和服务，并确定合适的价格、促销和分销策略。这一系列精细化的运作不仅能帮助企业有效达到其销售目标，增加市场份额，还能进一步提高消费者的品牌忠诚度和市场的品牌认知度，从而在激烈的市场竞争中稳固和扩大企业的市场地位。

市场营销的动态性和创新性则为企业赋予了不断适应与引领市场变化的能力。通过持续的市场研究和消费者行为分析，企业能够及时捕捉市场动态，预见未来趋势，并据此调整和优化其产品与服务，以满足消费者不断变化的需求。而创新的营销策略和手段，如数字营销、社交媒体营销等，既提升了营销活动的效率和效果，也为企业开拓了新的市场和顾客群体，从而增强品牌的竞争力。

二、市场营销运作的技能

对工商企业来说，市场营销运作的技能主要包括五项，如图 4-2 所示。

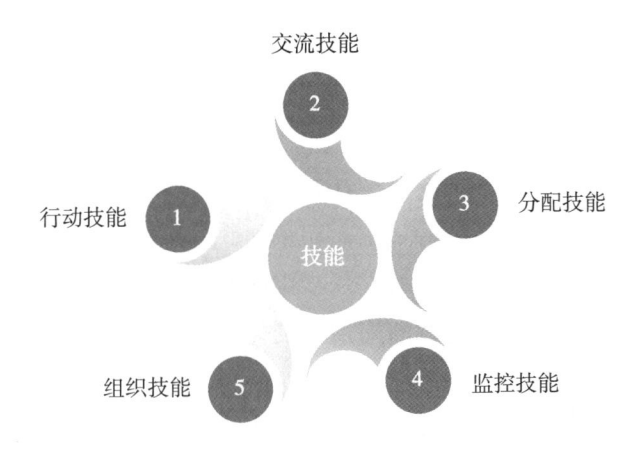

图 4-2 市场营销运作的技能

（一）行动技能

在整个营销过程中，实际操作能力是营销成功的基石，它直接关系营销策略是否能被有效实施。这些操作能力，或被称为"行动技能"，涉及销售人员在日常工作中的各项基本活动，如安排会见客户的时间和地点、进行商务洽谈、完成合同签署等。虽然这类技能看似只涉及细微之处，但这些细节处理能力的高低往往决定了营销计划是否能够顺利执行，如价格调整等策略的落地执行需要明确执行人员、执行时间以及具体地点等，任何疏漏都可能导致计划执行的延误。因此，企业需要重视并加强对一线营销人员在这一领域的培训，尤其应强调准时性这一职业素养，它能确保营销人员按照预定的计划准确无误地拜访客户，这样的专注和细致可以在业内为公司建立良好声誉，宝洁等知名企业便是遵循这一原则，以严谨的态度对待客户互动和营销行动，从而在竞争激烈的市场中占据了有利地位。

（二）交流技能

在市场营销领域中，交流技能的重要性不言而喻，它是营销工作顺利进行的关键。市场营销本质上是一种社会互动活动，涉及与人建立联系、传递信息及理念的能力。很多时候，营销团队中不乏具有创新思维和独到见解的成员，但如果他们无法与团队的其他成员包括上级领导、同事及下属进行有效沟通，那么再好的想法也只是纸上谈兵，难以转化为实际的营销成果。提升交流技能的必要性在于营销活动的每个环节几乎需要团队合作，这就要求营销人员既能够理解他人的意见和需求，又能够清晰、准确地表达自己的观点和计划，以促进内外部各方的有效协作。

（三）分配技能

分配技能涉及如何在众多竞争性计划中对企业有限的资源进行高效合理的配置，包括财务资源、人力资源、时间等的分配，以及对这些资源在不同项目、产品线、市场区域及营销渠道中的进一步细化配置。例如，企业不仅需要根据市场需求、产品特性及营销活动的周期性变化，对年度广告预算进行分割，确保资金能够在各个关键领域发挥最大效用，还需要根据销售人员的专业技能和地域特点，对人力资源进行科学分配，以提高团队的整体工作效率。这种分配不仅是一门技术，更是一种艺术，它要求管理者具备较高的策略规划能力和资源整合能力，通过对内部资源的优化配置，达到提升营销效果、增强市场竞争力和提高企业效益的目的。

（四）监控技能

监控技能在市场营销管理中扮演着核心角色，它涵盖了对员工个人、销售团队乃至整个项目或特定管理层面的绩效评估与跟踪。有效的监控不仅能确保营销活动的展开与既定目标的要求保持一致，还能及时发现并纠正偏差，以使营销策略顺利实施。在实际操作中，监控往往面临着各种挑战，如营销绩效的衡量标准可能不够精细，或者企业内部的资料和数据处理系统的设置更多地服务会计需求，而非营销目的。在这种情况下，监控可能变得形式化，过分依赖绩效数据，而忽视了营销活动的实质和效果，导致出现所谓的"分析麻痹"，即分析过度而缺乏实际行动的问题。

为了实施有效的监控，企业应专注那些对经营成效有决定性影响的关键因素，如市场份额、顾客满意度和销售增长等，并围绕这些因素设定明确的监控目标。这些目标应当明确传达给相关人员，尤其一线营销人员，他们是实现这些目标的关键。另外，赋予一线营销人员一定的监控工具和权限，使他们能够对自己负责的领域进行有效监控和即时调整是提高监控效率的另一个重要措施。

（五）组织技能

市场营销的组织结构主要分为正式和非正式两种形态，各自承担着不同但又相辅相成的功能。正式组织结构如基于营销职能或特定产品线构建的部门是企业执行市场营销计划和实现营销战略目标的基础，这种结构化的组织形式不仅明确了职责分工，还为营销决策提供了稳固的支持。为了保持竞争力，现代企业更倾向采用简约、灵活且扁平的组织结构，以便快速响应市场变化，保持企业的敏捷性和高效性。与此同时，非正式组织结构作为正式组织结构的有益补充，是基于营销团队成员之间共同的价值观和强烈的归属感而自然形成的，这种无形的组织架构在促进信息流通、增强团队凝聚力和激发创新思维方面发挥着不可替代的作用。在实际的市场营销运作中，正式组织结构与非正式组织结构的有效结合为企业提供了一个全面、灵活的运作模式，既确保了策略执行的规范性和效率，又给组织内部赋予了充足的动态性和创新能力。因此，企业在追求市场营销成功的道路上，应充分发挥两种组织结构的互补优势，既不忽视正式组织结构的重要性，也要灵活运用非正式组织结构的潜力，以适应不断变化的市场环境，实现长期的发展目标。

三、营销诊断及营销运作技能的评估

在市场营销实践中，企业面对的挑战和困难层出不穷，营销目标的实现过程往往充满了不确定性。营销活动偏离预定目标并不罕见，重要的是如何在问题发生时迅速识别并采取措施，这正是营销诊断发挥作用的关键时刻。营销诊断不仅是企业营销管理的重要工具，更是一种策略，它能够帮助企业深入了解当前营销活动的实际表现，识别存在的问题及导致问题的根本原因。无论是面对营销业绩的停滞，还是在追求更高层次的营销成就时感到无从下手，营销诊断都能提供清晰的分析和指导，让企业明确自己的优势所在，以及需要改进的领域。

在营销诊断过程中，人们需要对企业营销策略进行全面审视，涵盖产品、价格、分销和促销等关键领域。

（一）产品问题诊断

在工商企业的营销诊断过程中，产品问题诊断要求对产品的市场表现、消费者满意度、竞争力以及与市场需求的匹配程度进行深入分析。这一过程涉对产品设计、质量、功能、创新程度以及定价策略等多个维度的全面评估。通过对这些关键因素的仔细审视，企业能够准确识别产品在市场中面临的主要问题，如是否存在产品特性与消费者预期不符、市场定位不清晰、产品创新能力不足等问题。此外，产品问题诊断还需要评估产品的生命周期阶段，判断其是否已达到成熟期或衰退期、是否需要进行更新或改进。

（二）价格问题诊断

价格问题诊断关乎企业是否能在激烈的市场竞争中保持优势。这一诊断过程会深入分析企业定价策略的有效性、价格与市场需求的匹配程度，以及价格结构对销售成绩的影响。通过评估产品或服务的价格是否与其价值相符、是否能够吸引目标客户群体，以及相较于竞争对手的价格定位，企业能够识别价格设置中存在的问题，如价格过高导致销量下降或价格过低影响利润率。此外，诊断还需考虑价格策略是否具有灵活性，以应对市场变化和消费者行为的变动。有效的价格问题诊断不仅能够揭示导致销售不佳的原因，也能够为企业提供调整定价模型、优化价格策略的依据，有助于其更准确地定位市场，提升消费者满意度和企业营利能力，确保企业在动态变化的市场环境中保持竞争力。

（三）分销问题诊断

对工商企业而言，分销问题诊断是营销诊断中不可或缺的一环，它关注的是产品从企业到消费者手中的流通效率和效果。这项诊断会深入探讨企业的分销渠道选择、分销网络的覆盖广度与深度，以及渠道成员之间的协作关系是否顺畅。通过分析分销渠道的结构是否能够有效地覆盖目标市场、渠道成本是否合理，以及分销策略是否能够迅速响应市场变化，企业可以识别当前分销系统中的薄弱环节。例如，是否存在过度依赖单一渠道、分销网络不足以覆盖潜在市场，或渠道冲突和管理不善导致的效率低下等问题。分销问题诊断的结果能够帮助企业明确需要改进或优化的具体方向，如调整渠道结构、增加或减少分销层级、提高渠道激励机制，或加强与渠道合作伙伴之间的沟通和合作。

（四）促销问题诊断

促销问题诊断主要聚焦评估企业促销活动的有效性和对市场的实际影响。这一过程涉及对促销策略的设计、执行及对其在目标市场中产生的反响进行全面分析。通过深入诊断，企业能够识别促销活动是否达到了预期吸引顾客和提升销售业绩的目标、是否有效地增强了品牌认知度,以及是否能够在消费者中建立积极的品牌形象。此外,促销问题诊断还需要评估促销活动的成本效益比,确定促销投入是否产生了合理的回报,诊断过程中可能发现的问题包括促销信息的传达不清晰、目标群体定位不准确、促销手段单一或过时,以及促销活动与企业整体营销战略不协调等。

营销诊断不仅揭示了市场营销活动中可能遇到的问题,还为企业提供了一种评估其营销战略执行效果的方法,虽然营销战略的制定至关重要,但如何将策略转化为实际操作成效同样关键。在实践中,有时即便战略设计得当,由于执行不力,也难以取得预期成果;反之,即使战略不够完善,出色的执行也可能带来不错的业绩。但仅凭市场表现来评判营销运作的成败往往不够全面,甚至可能因忽视了背后的营销伦理而失去公正性,因此,通过营销诊断深入分析营销活动的全过程,评价其在战略规划与执行能力上的表现能更加准确地反映企业营销运作的实际水平。

在进行市场营销运作评估时,企业需要平衡营销绩效与营销伦理之间的关系,确保在追求效率和效益的同时,坚守诚实、正直和公平的原则。这意味着在评估过程中,人们不仅要关注营销活动带来的经济效益,还要考虑企业在与客户、合作伙伴及竞争对手的交往中展现的道德标准。建立一个明确且系统的评价标准和自我评估机制对提高营销人员的自我管理能力、及时发现问题并采取相应的改进措施至关重要。

第三节 市场营销的新发展

一、绿色营销

绿色营销作为传统营销理念的进阶理念,其本质在于将营销活动与环境保护、社会责任紧密结合,推动企业和社会共同向可持续发展迈进。不同于传统营销仅关注产品、市场和利润的单向导向,绿色营销增加了营销的维度,强调在满足消费者需求的同时,应更加重视对环境的保护和对社会的贡献。这种营销观念的转变基于对地球资源有限性和生态环境脆弱性的深刻认识,意在引导企业在追求经济效益的过程中,承担起保护环境、促进社会进步的责任。绿色营销倡导的是一种全面考虑消费者福祉、企业利益及社会环境三者平衡的营销新理念。

在经营目标上，绿色营销与传统营销的根本差异在于其追求的是企业利益和社会环境的共赢。相对于传统营销可能忽略或牺牲生态环境以追求短期利润的做法，绿色营销强调在确保企业经济效益的同时，考虑经营活动对环境的影响，力求减少生态足迹。绿色营销的目标不局限于实现企业的财务目标，还包括推动环境的可持续发展和社会的全面进步。这种经营理念的转变促使企业在制定营销策略时，综合考量产品的生命周期、资源的有效利用、废弃物的处理等环境因素，并对社会负责。

具体到营销的操作手段，绿色营销要求企业在产品设计、生产、销售及服务等各个环节采取环保措施，如使用可持续材料、减少能源消耗、推广可回收产品等。这体现了企业对环境保护的承诺，正逐渐成为提升企业竞争力、构建良好品牌形象的有效途径。绿色营销通过这些具体的经营手段，使企业能够在满足当前市场需求的同时，预见未来趋势，引领消费者向更加环保、健康的生活方式转变。

二、关系营销

（一）关系营销的概念

关系营销着重通过建立稳固的关系网络，促进企业与其客户、供应商、分销商、竞争对手以及政府等相关公众之间的持续互动和合作。该策略的核心在于维护和深化这些关系，以实现共同发展和利益最大化。[①] 在关系营销的实践中，主动沟通原则、承诺与信任原则、互惠原则是三大基本原则，引导企业在复杂的市场环境中稳健前行。

1. 主动沟通原则

主动沟通原则强调企业需要采取主动态度，定期与各利益相关方进行有效沟通，通过分享信息、讨论需求变化和提供帮助等方式，增强相互之间的理解和协作。这种持续的互动不仅有助于及时解决问题，也能为双方提供更多合作的机会，加深合作伙伴之间的关系。

2. 承诺与信任原则

承诺与信任原则要求企业和其他利益相关者建立基于信任的合作关系。这

---

① 李杰，牛雅丽. 高等职业教育汽车类专业创新教材汽车服务企业客户关系管理 [M]. 北京：机械工业出版社，2020：20.

意味着各方需明确承诺，并严格遵守这些承诺，以实际行动来证明自己的可靠性和诚意，从而在彼此之间建立牢固的信任基础。

3. 互惠原则

互惠原则是关系营销的另一大支柱，主张在交往中寻求双方利益的平衡与双向的满足。这不仅涉及经济利益的互惠互利，也包括在信息、资源、技术等方面的共享，倡导以公平、公正的方式进行高质量的交换，确保所有参与方都能从中获益，实现共同成长。

（二）关系营销的本质特征

关系营销的本质特征包括四点，即沟通、合作、双赢和控制。

1. 沟通——以双向为原则的信息交流

在关系营销框架内，沟通不仅是启动所有营销活动的第一步，更是构建企业与消费者、合作伙伴以及社会其他成员之间互动的基石。有效的沟通策略强调信息交流的双向性，即信息流动不应仅限于从企业向消费者的单向输出，而是应鼓励和欢迎消费者及其他利益相关者主动向企业反馈信息。这种双向沟通的模式有助于企业更全面地理解市场需求、顾客期望以及合作伙伴的视角，进而促进企业做出更加精准的市场定位和策略调整。企业主动与消费者和其他相关方进行开放式沟通，不仅能够增强消费者的信任感和归属感，还能够在市场中快速捕捉变化趋势和潜在机会，提前做出响应或调整。这样的互动不仅可以有效解决问题或满足需求，也有利于引发企业对消费者意见和建议的积极探讨，以及对合作伙伴和社会其他成员需求的深入了解。

2. 合作——以协同为基础的战略过程

在现代商业环境中，企业间的关系动态复杂多变，既有竞争，也有合作。相较于对抗性关系，如竞争和冲突，合作性关系更为关系营销所倡导和重视，这种合作关系基于共同的目标和利益追求，体现在企业与顾客、供应商、分销商甚至竞争对手之间的相互支持与配合。关系营销的核心在于通过建立稳定的合作关系来实现互利共赢，而非单方面的利益追求。这种策略能使人们认识到，无论企业规模大小，其资源和能力都是有限的，因此，企业应通过与其他组织的合作，有效拓展资源和能力，实现市场上的协同效应。在这个过程中，企业不仅需要重视与顾客直接关系的建立，还应注重在整个供应链乃至行业内部寻找合作伙伴，并与之共同探索市场机会。合作营销的实践可以帮助企业降低过度竞争带来的负面影响，如不必要的成本增加或利润减少，并通过合作共享市场信息、技术创新和渠道资源，提高企业应对市场变化的灵活性和效率。

3. 双赢——以互利互惠为目标的营销活动

在当今社会，企业不仅是经济活动的参与者，也是社会结构的一部分，企业的营销活动越来越多地体现出对双赢原则的追求。这一原则基于一个前提——在商业交易中，买卖双方都能从中获得利益，进而建立和维护长期稳定的合作关系。企业与各利益相关方之间的关系可以划分为"共享""折中""妥协"三种基本模式。在"共享"模式下，双方基本利益一致，通过交流协作，共同实现利益最大化；而在"折中"模式下，尽管双方存在利益冲突，但通过相互理解和让步，仍能找到满足双方需求的平衡点；"妥协"模式则涉及更深层次的利益冲突，通常需要一方或双方做出让步以达成一致。

关系营销的核心在于识别并满足双方的利益需求，寻求利益的共同点，实现互利互惠。企业通过提供高质量的产品和服务，满足消费者的需求，从而获得利润；同时，消费者通过支付，获得所需的产品或服务。这种基于互补利益的交换是建立稳定商业关系的基础。为了达到真正的双赢，关系营销强调在利益可能存在冲突时，企业应当采取灵活策略，优先考虑长期的关系利益，而非短期的实质利益。这意味着当出现冲突时，企业可能需要在某种程度上牺牲即时利益，以换取消费者的信任和好感，从而获得更持久的合作与支持。

4. 控制——以反馈为职能的管理系统

在关系营销实践中，建立一个敏感且高效的管理系统至关重要，这个系统的核心功能是搜集和分析来自顾客、经销商及其他市场参与者的反馈信息。这种基于反馈的管理循环机制使企业能够及时捕捉市场的变化和合作伙伴的需求，从而不断优化自己的产品和技术，以更好地适应环境的动态变化。通过这样的系统，企业能够将双方的关系维护在一个良性循环之中，确保了关系的稳定性和发展性。

关系营销不仅是一系列管理客户关系的具体活动，也是一个涵盖广泛领域、影响深远的社会性过程。从宏观角度来看，关系营销影响着企业在社会、经济乃至文化层面上的广泛关系；从微观角度来看，它关注企业与顾客之间相互作用的细节，以及这种相互关系随着时间推移而演变的方式。在这一过程中，营销的焦点已经从单纯的交易转变为维护和深化双方的关系,这种转变要求企业必须具备灵活高效的反馈机制,以确保在不断变化的市场环境中保持竞争力和关系的稳定性。

三、文化营销

(一) 文化营销的内涵

文化营销是一种深植企业战略之中的营销理念,它通过深度挖掘和应用文化资源,将文化元素与企业的产品及服务相结合,以提高产品的文化附加值,满足消费者对高品质生活的追求。与传统营销相比,文化营销更加注重人性化和道德伦理的价值,它除了关注产品的物质层面外,还强调产品和服务承载的文化意义与精神价值。文化营销的实践,一方面体现在产品设计的创新、包装的艺术化、广告的文化内涵上;另一方面体现在企业对其营销行为的价值观、审美标准和道德准则的自我要求上。

文化营销的核心在于将文化因素融入市场营销各个环节的方式,以实现文化和商业的有机结合。企业需要适应并利用所处的环境文化,使营销活动贴近当地文化背景,从而增强市场的亲和力。文化元素应当贯穿产品的开发、推广、销售等全过程,通过独具特色的市场营销组合策略,展现企业的文化魅力。企业还应借助企业形象战略(CI)和顾客满意战略(CS),全方位构建和强化企业文化,形成与消费者之间的深层次文化联系。[1]

(二) 文化营销的功能

1. 增加产品价值的功能

在市场经济中,产品的价值观已经远远超越了其物质属性,形成了一个包含核心产品、有形产品及附加产品的复合体系。这种全新的产品观念强调产品价值的多维性,即产品不仅是满足基本功能和需求的物质实体,还是承载着文化内涵和精神价值的综合体。这意味着现代产品在设计和推广时,需要考虑到消费者在情感、心理乃至文化层面的需求,使产品成为解决实际问题的工具和传达情感、表达个性、实现自我价值的媒介。文化营销正是基于对这种深层次的产品价值和消费趋势的洞察,通过挖掘和利用文化资源,赋予产品更深刻的

---

[1] 刘国防,刘方丹.营销心理学[M].北京:首都经济贸易大学出版社,2022:191.

文化意义和精神象征，使产品成为连接消费者内心与外部世界的桥梁。

2. 提升企业形象的功能

文化营销可以通过将文化元素融入企业的品牌建设和公关活动，有效增强企业的社会声誉和品牌价值。全球众多知名品牌的成功案例证明，文化营销不仅能深化消费者对企业及其产品的认知，还能在消费者心中建立对品牌的信任与忠诚度。

3. 调适文化差异的功能

调适文化差异的功能不仅可以帮助企业跨越国界、种族和文化的界限，还可以使产品和品牌在不同文化背景下获得广泛的认可与接受。通过巧妙地运用与目标市场文化相契合的营销策略和广告语，企业能有效缩小与当地的文化差异，建立起与消费者的情感联系。

4. 凸显文化差别的功能

在当下产品日益同质化的市场环境中，文化差别化战略为企业打造独特品牌身份和市场竞争优势提供了新的路径。通过将丰富多样的文化元素融入产品和服务中，企业能够创造出与众不同的消费体验，在消费者心中留下深刻印象。以中国酒文化为例，不同品牌的酒通过挖掘和传承特定的文化内涵，可以展现独特的品牌个性和魅力。例如，A品牌酒借鉴《红楼梦》文化，体现了深厚的文学鉴赏价值；B品牌酒体现了儒家文化的深沉与内敛，强调文化修养与品德的重要性；C品牌酒则通过缘文化的理念，强调人与人之间的情感联系和社会纽带。

5. 教育引导消费者的功能

文化营销继承并发扬了文化的教化功能，致力通过文化的力量对消费者进行价值观的塑造和引导。这种功能不仅体现在企业通过其产品和服务将文化内涵传递给消费者的过程中，还体现在通过广告宣传、公共关系活动等多种方式，将积极向上的真善美价值观渗透消费者的日常生活中，从而影响和提升消费者的思想观念、情感态度与道德行为的层次。这一过程并不是强制性的灌输，而是依托产品文化的自然传播和文化活动的自发参与，使消费者在不知不觉中接受文化熏陶，实现价值观的升华和人格的完善。

6. 培养消费者忠诚度的功能

通过文化价值和情感纽带的建立，文化营销在培养消费者忠诚度方面发挥着不可替代的作用。这一过程涉及企业与消费者之间的深度情感交流，通过共享相同的文化理念和价值观，企业能够与消费者建立超越简单购买行为的情感连接。这种基于共鸣而建立的关系不仅增强了消费者对企业及其产品和服务的信任感与归属感，也极大地提高了消费者的忠诚度。成功的品牌往往能够触及消费者内心深处的文化认同和情感需求，使品牌不仅是一个商业标识，还成为消费者文化精神的一部分，有利于在消费者中建立长期的品牌忠诚度。

（三）文化营销的类型

文化营销可分为七种类型，如图4-3所示。

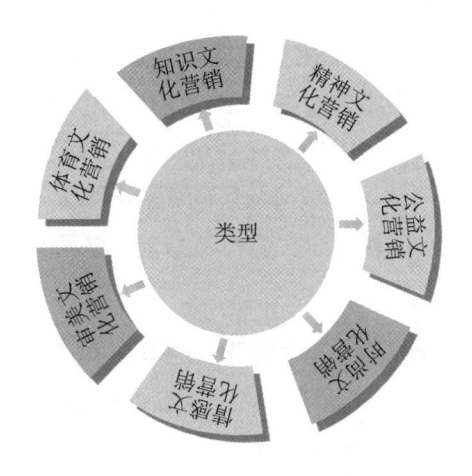

图4-3 文化营销的类型

1. 知识文化营销

当前，科技的飞速发展为产品赋予了更高的科技含量，这不仅极大丰富了产品的功能，也使消费者在享受产品服务时能够掌握更多的相关知识。于是，知识文化营销应运而生，它通过教育和传播与产品相关的科技知识，旨在提升消费者的科技文化素养，引导和激发消费需求，进而实现品牌形象的提升和市场份额的扩大。以D公司为例，该公司巧妙地运用知识文化营销策略，投入重金在国内众多媒体平台上开设介绍微波炉使用技巧的专栏，旨在向公众普及微波炉的科学使用方法，提升消费者对微波炉科技的认知度，进一步激发消费者的购买兴趣，为品牌树立正面形象。而国际品牌更是将知识文化营销推向了全球范围。如E公司通过向全球低收入地区的图书馆捐赠电脑和软件，不仅为当地居民提供了学习电脑知识的机会，也巧妙地将品牌植入人心，培养了潜在的消费者群体，为公司未来的市场拓展奠定了坚实基础。

知识文化营销的核心在于通过传播知识信息来提升消费者的科学素养，进而促进产品销售和品牌建设。这种营销方式不仅能够有效提高消费者对产品的认知度和忠诚度，还能够为企业赢得良好的社会声誉和广阔的市场空间。

2. 精神文化营销

精神文化营销作为一种深层次的营销手段，主要通过向消费者传播积极向上的思想理念和价值观来影响和塑造消费者的精神世界。这种营销方式不仅关注产品的物质层面，还注重精神层面的共鸣和价值的传递。以徐州华联商厦的"满意再付钱"活动为例，这一活动不单单是一种营销策略，更是一种对精神文化的倡导，通过这种独特的服务承诺，华联商厦传递出了相互信任、诚信经营的价值观，呼吁建立一种新型的、更人性化的商业文化。这种以诚信为本的营销理念既增强了消费者对品牌的信任感，也在一定程度上促进了整个社会精神文明的提升。精神文化营销通过塑造品牌的精神形象，激发消费者的情感共鸣，进而在激烈的市场竞争中脱颖而出，赢得消费者的认可。

3. 公益文化营销

公益文化营销是企业展示其社会责任感的重要方式，通过积极投身教育、医疗、环境保护、慈善等社会公益活动，企业可以在为社会做出实质性贡献的同时，有效提升其品牌形象和市场影响力。这种营销策略本质上是一种"以善促销"的方式，企业的公益行为能够触动消费者的情感，在消费者与企业之间建立情感联系，进而增强消费者对企业产品的忠诚度。此外，公益文化营销还能够为企业带来更广泛的社会认可，提升企业的社会价值和商业价值，是一种双赢的营销策略。

4. 时尚文化营销

时尚文化营销作为企业贴近市场脉动的一种方式，是依托对社会潮流、美学取向与消费者心理变化的捕捉和引领，并以此为基础而开展的一系列营销活动。这种营销方式深植人们对美好生活的向往和追求，通过不断地更新产品设计和营销手段，满足了消费者的物质需求，触及了他们的情感与审美层面。在实施时尚文化营销的过程中，企业必须具备敏锐的市场嗅觉，能够及时捕捉社会文化中的流行元素，并将这些元素巧妙地融入产品设计与推广中，使产品不再是日常使用的物品，而是成为传递特定文化、时尚观念和生活态度的载体。

5. 情感文化营销

情感文化营销深刻洞察人类情感的复杂性与微妙性，通过触及消费者内心深处的情感，建立品牌与消费者之间深厚的情感联系。在这种营销策略中，企业不仅仅是在销售一种产品或服务，更是在传递一种情感体验，诉说一个能够引起共鸣的故事。无论是唤醒人们对美好时光的怀旧之情，还是激发人们对爱与关怀的渴望，抑或通过消除消费者的恐惧等负面情绪来展现品牌的力量与勇气，情感文化营销都能深入人心，激发消费者强烈的品牌忠诚度。

通过情感文化营销，品牌既传递了产品的功能性价值，也传递了一种情感价值，让消费者在购买产品的同时，买到了一份情感上的满足和心灵上的慰藉。这种营销方式使品牌能够在激烈的市场竞争中脱颖而出，建立起独特的市场地位。情感文化营销要求企业具备深刻的市场洞察力和创新能力，能够不断探索和发现新的情感连接点，创造出能够触动人心的营销内容，进而真正实现与消费者的情感共鸣。

6. 审美文化营销

审美文化营销通过将艺术与美学的元素渗透营销活动的每个环节，创造出独特的消费体验，与消费者的审美情趣和文化品位共鸣。在这种营销方式中，产品成为传递美的媒介，让消费者在接触产品的过程中感受到美的震撼和艺术的魅力。无论是产品设计上的巧夺天工，还是销售环境的精心布置，抑或广告传播中的文艺融合，都体现了对美的追求和创造。

审美文化营销要求企业具备高度的艺术修养和创新能力，能够敏锐地捕捉到美学发展的趋势，将其巧妙地融入产品和服务中。通过审美文化营销，企业不仅能提升产品的附加值，也能在消费者心中树立起独特的品牌形象，使品牌与众不同，深受消费者喜爱。此外，审美文化营销还能够提升消费者的文化素养，为社会传播更多的美好与和谐，实现企业与消费者之间的情感共鸣和文化共赏。

7. 体育文化营销

体育文化营销融合了体育活动的魅力与市场营销的策略，成为企业与消费者之间互动的桥梁。赞助和参与各类体育赛事、运动会与体育活动不仅能展示企业的品牌形象，更能提升消费者的品牌忠诚度。体育文化营销不仅是指体育赛事的赞助，还包括运动员的个人赞助、体育设施的命名、体育社区活动的支持等多种形式。这种营销方式可以通过强调健康、活力、竞争和团队精神等体育元素，将产品和服务与消费者的生活方式紧密地联系起来。

体育文化营销的成功案例无处不在，从奥运会的顶级合作伙伴到地方体育俱乐部的支持者，每次合作都是企业与消费者心灵相通的机会。随着体育活动日益成为全球消费者关注的焦点，体育文化营销将继续作为企业展示创新、承担社会责任、增强品牌竞争力的重要手段。

第五章 工商企业的生产管理与物流管理

第一节 生产过程与类型

一、生产过程的概念

生产过程是一个复杂而全面的系统，涵盖了从原材料采购到最终产品制成的整个过程。这一过程不仅涉及人力、财力、物力的投入，也包含产品从无到有的转化过程。具体来说，工业产品的生产过程始于产品的规划设计，经过原材料的加工处理，最终形成符合使用要求的成品。在这个过程中，劳动者通过操作生产工具，直接或间接地对原材料进行加工，使之转变为拥有特定功能和价值的物品。值得注意的是，除了劳动者的直接参与，自然力的作用在某些生产环节也发挥着关键作用，如发酵、干燥等自然过程，可使原材料或半成品发生必要的物理或化学变化，以满足产品的质量要求。生产过程实质上是劳动过程和自然过程的有机结合，二者相互作用，共同完成产品的制造。在实际生产中，劳动过程作为主导，贯穿始终，而自然过程则根据产品特性和生产技术需要，作为辅助，优化产品的生产。

二、生产过程的构成

（一）生产技术准备过程

在产品正式进入生产阶段之前，企业必须完成一系列复杂而细致的生产技术准备工作，这是确保生产过程顺利进行、提高产品质量与生产效率的关键步骤。生产技术准备过程涉及从产品设计的构思、工艺流程的规划到生产设备的设计与制备、原材料的使用和工时成本的预算以及对生产过程中人力资源的组织与管理等步骤，确保劳动力的有效配置。在这个阶段，新产品的试生产和质量检验也至关重要，它们不仅能验证生产工艺的可行性，还能及时发现问题并进行调整优化。

（二）基本生产过程

在不同行业中，基本生产过程具体表现为各种不同的加工流程。例如，在机械制造业内，基本生产过程包括铸造零部件、通过机械加工技术对零件进行精细加工以及最终将这些零部件装配成完整的机械产品等环节；在纺织行业内，人们则通过纺纱、织布、印染等步骤，将原棉或其他纤维原料加工成为各种各样的布料。

（三）辅助生产过程

辅助生产过程在企业生产活动中起着不可或缺的支撑作用，它包括一系列确保基本生产流程顺畅进行所需的辅助活动，这些活动涵盖了生产所需的各种工具（如量具、模具）的制造，以及为保持生产设备正常运转而进行的维修和保养工作。此外，辅助生产过程还可能包括为生产线提供必要能量或介质（如蒸汽、冷却水、压缩空气）等物质的生产和供应。虽然这些辅助性活动不直接产出最终产品，但它们为基本生产过程的高效、稳定运行提供了必要条件和保障，确保了生产活动的连续性和产品质量的稳定性。

（四）生产服务过程

生产服务过程涵盖了一系列支持基本生产和辅助生产顺利进行的服务型活动，包括物资的供应、成品和原料的储存保管、生产过程中的物料搬运和成品运输，以及对生产过程和最终产品进行技术检验的工作。这些服务性质的活动确保了生产物资的及时供应和产品的安全存储，保障了生产流程的顺畅和产品的质量，为企业提供了强有力的后勤支持和技术保障，是企业高效运作和持续发展不可或缺的一部分。

三、合理组织生产过程的基本要求

合理组织生产过程能够达到高效、低质和低耗的效果，对此，人们应做好以下几点：

（一）生产过程的连续性

在整个生产过程中，从原材料加工到最终产品完成的各个环节和工序都需要紧密相连，确保产品或其零部件能够在不同环节之间顺畅流动，避免不必要的停顿和延误。实现生产过程的连续运动不仅能显著缩短产品的生产周期，加快资金流转速度，还能有效提升产品的整体质量和制造效率。为了达到这一目标，企业可以引入先进的生产组织方式，如采用流水线生产、灵活制造系统等，并对各项生产活动进行合理的规划和调度，使之平行或交叉进行。

（二）生产过程的比例性

比例性关注基本生产过程、辅助生产过程和生产服务过程之间，以及生产各阶段、各工序在生产能力方面的比例和协调性。具体来说，这要求企业在人力配置、设备投入、生产速度和班次安排等方面达到一种平衡状态，确保各环节能够无缝衔接、高效运转。只有当这些元素之间的比例关系得到合理规划和调整时，才能避免出现生产瓶颈和资源浪费，实现整个生产流程的顺畅和连续性。

随着企业生产规模的扩大和市场需求的变化，产品种类、产量的调整，以及新技术的应用和劳动组织方式的革新，生产过程的比例关系也将随之发生变化，企业需要建立一套灵活有效的生产管理和调整机制，以应对这些变化。在生产系统设计初期，企业要充分考虑到各生产环节的协调性和比例关系，确保在数量和生产能力上的合理配比。此外，在日常生产管理中，企业也要不断监控生产过程的实际运行状态，及时发现并解决比例失衡的问题，调整人力资源和设备配置，强化薄弱环节，以维护生产过程的比例性。

（三）生产过程的均衡性

维持生产过程的均衡性，即保持生产的节奏性，是确保生产效率和产品质量的重要措施，这一原则要求整个生产过程从原材料的投入到成品的产出都能够按照既定的节奏稳定进行，避免生产活动出现忽快忽慢的不稳定现象。均衡的生产过程能够确保在规定时间内，生产出既定数量的产品，避免资源的过度积压和浪费，降低在制品存量，提高设备使用效率，并减少由生产不平衡导致的设备过载和故障，有利于提高企业的整体经济效益和市场竞争力。

实现生产过程的均衡性需要从投入、生产、产出三个环节入手，通过统筹规划和协调管理，确保这三个环节之间的平衡与协调。投入的均衡性要求原材料和人力资源的供给能够满足生产需要，避免因资源供应不足造成生产的中断或延迟；生产的均衡性侧重生产活动的平稳执行，通过优化生产流程和调整生产计划，保证生产活动能够连续顺畅地进行；产出的均衡性是前两者的直接结果，确保了产品按计划稳定产出，从而满足市场需求。

（四）生产过程的适应性

在当今快速变化的市场环境中，企业生产过程必须具备高度的适应性，以便迅速响应多元化和个性化的市场需求。随着社会生产力的提升和消费者生活水平的不断提高，人们对产品的需求变得更加多样和复杂，这对企业的生产组织提出了更高要求。企业需要打破传统的单一产品、大批量生产模式，转向更加灵活多变的生产组织方式，以实现多品种、多规格、小批量生产，确保能够快速适应市场变化，满足消费者的个性化需求。为了提高生产过程的适应性，企业可以采纳混流生产等先进的生产组织形式，或者在保持主要产品线稳定生产的基础上，另外设置灵活的生产单元来应对特殊或临时性的生产任务。这些灵活的生产单元应能快速调整生产计划，迅速投入新产品的生产中，从而大大提高企业对市场变化的响应速度和适应能力。

四、生产类型

（一）按生产方法分类

1. 合成型生产

合成型生产主要涉及将多种不同的零件或成分组装、合成为一种新产品的过程，典型的例子包括机械制造、水泥生产和电器制造等行业。

2. 分解型生产

分解型生产过程以化学加工为主，原料经过处理后可分解为多种不同的产品，这类工厂有炼油厂和化工厂等。

3. 调制型（调剂型）生产

调制型（调剂型）生产涉及对原材料的形状或性质进行改变，如钢铁厂、食品加工厂、服装制造和橡胶加工等行业。

4. 提取型生产

提取型生产主要从自然资源中提取原材料，如煤矿、油田等矿石和油气开采行业。

（二）按接受生产任务的方法分类

1. 订货生产模式

订货生产模式是企业基于客户的具体订单启动生产过程的生产模式，涵盖从设计到制造直至最终交付的全过程，在此种模式下，企业几乎不保持产品库存，其生产管理的核心在于确保能够满足交货期的要求，通过精细化管理生产流程和环节的衔接，实现准时交货。

2. 存货生产模式

存货生产模式是指企业根据市场需求的预测和计划进行生产，在此种模式下，产品会有一定的库存量。这要求企业在供应链管理上有较高的预见性和调整能力，避免库存过多或缺货的情况发生。生产管理的焦点在于协调供应、生产和销售之间的关系，确保生产活动与市场需求量保持平衡，以有效完成生产计划，并使库存处于合理水平。

（三）按生产的连续程度分类

1. 连续生产模式

连续生产模式是指在较长时间内稳定生产同一种或少数几种产品的过程，其特点是产品类型、生产流程及所用设备均相对固定且高度标准化，生产线上基本不存储在制品。这种生产方式常见于油田采油、炼油、化工及化肥生产等行业，其优势在于能够实现高效率和低成本的大规模生产。

2. 间断生产模式

在间断生产模式下，生产要素的投入是非连续的，为适应多样化的产品加工需求，生产设备和运输系统需具备较高的灵活性与适应性，因此工序之间通常会存在一定量的在制品储存，机械制造、家用电器生产等行业便是这一模式的典型代表。间断生产能够适应市场对产品多样性的需求，但相比连续生产，可能面临较高的生产成本和管理复杂度。

（四）按生产任务的重复程度和工作地的专业化程度分类

1. 大量生产模式

大量生产模式的显著特点是对单一或少数几种相似产品进行大规模重复生产，其生产条件相对稳定，专业化程度高。在这种模式下，大多数工作地专注完成1～2道特定工序，常常采用专用设备和工艺装备，实现生产过程的机械化和自动化。这不仅有助于提升生产效率，还能确保产品质量的一致性和可靠性。在劳动组织上，大量生产模式允许进行精细的劳动分工，有利于提高工人的技术熟练程度。此外，生产过程通常采用流水线组织形式，使计划编制更加细致、精确，便于执行和监控。

2. 单件生产模式

单件生产模式适用于高度定制化的产品生产，特点是产品种类繁多，每种产品只生产一件或少数几件。由于生产的不定期性和生产方式的多样性，这种模式要求工作地具有极高的灵活性，能够承担多道工序，专业化程度低。单件生产依赖通用性强的设备和工艺装备，对工人的技术水平和生产知识水平有较高要求，需要对员工进行复杂的培训，以适应多品种生产的需求。虽然单件生产在经济效益上可能不及其他生产方式，但它能够满足市场对个性化产品的需求，展现了现代制造业对市场变化的灵活适应能力。

3. 成批生产模式

成批生产模式是在大量生产模式和单件生产模式之间的一种过渡形式，它适用于产品种类相对多样、生产量较大但不足以实施大量生产的情况。这种生产方式的特点是按照计划期内的需求，将不同品种的产品分批轮番生产，工作地需要承担更多工序，且在切换生产批次时需要对设备和工具进行调整，因此专业化程度相对较低。成批生产模式的管理重点在于合理确定生产批量和组织多品种的轮番生产，以保持生产的灵活性和适应性。根据生产批量的大小，成批生产又可以细分为大批生产、中批生产和小批生产，其中，大批生产的特点更接近大量生产，而小批生产则更接近单件生产。

在区分生产类型时，将生产任务的重复程度与工作地的专业化程度相结合是一个重要的考量维度。这两个因素之间存在着紧密联系：频繁地重复生产同类产品通常意味着可以实现较高程度的工作地专业化；反之，若产品种类繁多且每种产品的产量较小，生产重复性低，工作地的专业化程度则相应较低。在市场需求允许的情况下，提升工作地的专业化程度，扩大生产批量是提高企业经济效益的有效途径。

为了实现这一目标，企业可以采取以下几种策略：第一，基于全面规划与统筹安排的原则，积极推动工业生产的专业化和生产协作，这不仅有助于提升生产批量，还能有效提高工作地的专业化水平；第二，在产品设计阶段，强调实施系列化、标准化和通用化策略，通过广泛应用通用件和标准件，进一步提高生产的专业化程度；第三，通过组织结构相似或相近的产品集中生产，并采用成组技术，有效扩大生产批量；第四，在生产计划的安排上，合理规划产品品种，尽量减少同期生产的产品种类，以提高工作地的专业化水平；第五，通过改进劳动组织、增加必要的生产设备和人力资源，减少每个工作地需要承担的工序数也是提高专业化程度的有效方法。

第二节　流水线生产组织

一、流水线生产的内涵

流水线生产作为一种融合了对象专业化原则与平行移动方式的先进生产组织形式，已经在装配式生产领域得到了广泛应用。流水线生产的显著特点如下：高度的工作地专业化，每个工作站负责特定的一道或几道工序；工序之间生产能力的高度协调；工作站根据生产流程的需要顺序排列，确保了生产过程的高度集成和闭环；被加工对象在工序间的单向流动，这显示出该生产方式的强节奏性和连续性。

流水线生产模式有诸多优势，如显著提高了生产效率，缩短了产品的运输距离和生产周期，减少了在制品的存量，降低了生产成本等。此外，流水线生产还便于实施质量控制和日常生产管理，有助于保证产品质量的稳定性。随着技术的不断进步和生产管理的创新，流水线生产已经发展出多种形式，以适应不同的生产需求。尽管流水线生产在组织生产过程中在连续性、比例性、均衡性和适应性方面表现出色，但它在适应市场多样化需求，尤其多品种小批量生产方面的能力相对较弱，这也是流水线生产需要进一步优化和发展的方向。

二、流水线生产的组织条件

（一）*产品的产量足够大*

流水线生产模式通过专业化的工作站和连续的生产流程来实现高效率与低成本生产，这种模式在处理大批量、重复性高的生产任务时效益最显著。当产品的产量达到一定规模时，只有保证流水线上的各个工作站持续运作，避免因生产任务量不足而造成资源浪费和生产中断，才能充分发挥流水线生产的优势。足够大的产品产量不仅能够保证生产线的连续运转，还有助于分摊固定成本，进一步降低单件产品的生产成本，增强企业的市场竞争力。所以，确保有足够大的产品产量是流水线生产能够顺利开展的前提条件之一，对于那些产量较小、需求不稳定的产品，流水线生产可能不是最佳选择。

（二）产品结构和工艺要相对稳定

流水线生产依靠预设的、固定的生产顺序和速度来确保每个工作站的顺畅运行与整个生产过程的连续性，产品结构频繁变化或工艺流程需要经常调整，将不可避免地导致生产线的频繁停顿和重新配置，这不仅会降低生产效率，增加生产成本，还可能影响产品质量的一致性。稳定的产品结构和工艺流程使企业能够采用专用化的生产设备与精细的生产计划，从而实现规模化生产和成本控制。

（三）工艺过程应能划分为简单的工序

流水线生产具有高效性的部分原因是它能够将复杂的工艺过程分解为一系列简单、明确的工序，这是流水线生产顺利进行的关键组织条件之一。当工艺过程被细分为简单的步骤时，每个工作站或工作组可以专注完成一个或几个特定任务，这样既提高了工作效率，又方便人们采用专用的机械设备和自动化技术，进而大幅提升生产的速度和质量。简化工序也有利于标准化生产，减少生产过程中的变异和错误，确保产品质量的一致性。此外，将工艺过程划分为简单工序还有助于快速培训员工，提高劳动力的灵活性，使员工能够在短时间内熟练掌握生产技能。

三、流水线的分类

第一，根据生产对象的移动方式，流水线被划分为固定流水线和移动流水线两大类。其中，固定流水线特指在生产过程中，生产对象保持固定位置不变，由生产人员携带必要工具沿着预定顺序在各个生产对象之间移动来完成生产任务的流水线，这种类型的流水线通常适用于生产体积庞大、重量巨大、难以移动的产品，如大型机械设备的装配、船舶建造或大型结构件的焊接工作等。相对而言，在移动流水线上，生产对象沿着流水线移动，而工人、设备及工具则固定在特定位置上。这种流水线更常见，它适用于绝大多数能够标准化和批量生产的场景，如汽车制造、电子产品组装等，通过生产对象的连续移动实现高效率的生产作业。移动流水线的应用极大提高了生产效率和产品的标准化水平，是现代制造业中最普遍的生产方式之一。

第二，根据流水线上生产对象的多样性，流水线被划分为单一对象流水线和多对象流水线两种主要形式。其中，单一对象流水线专注生产一种产品，这种方式适用于那些需求量大、生产周期长的产品，能够确保流水线上的设备在充分负荷状态下运行，从而实现生产效率的最大化。这种流水线因专一性特点，也被称为"不变流水线"，其优势在于可以实现高度的标准化和自动化生产。但当某单一产品的产量无法满足设备充分负荷的要求时，企业便会转向多对象流水线的组织方式。在多对象流水线中，结构和工艺流程相似的多种产品被并行地在同一条流水线上进行生产，这种方式提高了流水线的灵活性和设备使用效率，使企业能够更加灵活地应对市场需求的变化，能够保持生产的连续性和效率。

第三，根据生产对象的轮换模式，流水线被划分为不变流水线、可变流水线和成组流水线三种类型。其中，不变流水线，即单一对象流水线，专注连续生产同一种产品，特别适用于高需求量产品的生产，由于产品类型不变，流水线上的设备和工艺装备无须频繁调整，能实现高效、标准化生产。可变流水线提供了一种灵活的生产模式，能够在同一条流水线上轮换生产几种不同产品，每当一种产品的一批生产任务完成后，流水线将进行必要的设备和工艺装备的调整，以适应下一种产品的生产。该模式在特定时间段内仍然保持单一产品的生产，但能通过轮换不同产品来提高流水线的使用效率和适应市场变化的能力。成组流水线进一步提升了生产的灵活性，通过成组技术，允许多种产品在相同时间段内同时或按顺序生产，这种方式利用成组加工工艺和专门的工艺装备，使人们在切换生产品种时几乎不需要对设备进行调整，极大地缩短了生产准备时间，提高了生产效率。

第四，根据生产过程的连续性，流水线被划分为连续流水线和间断流水线两种主要类型。其中，连续流水线的生产过程是无缝进行的，从原材料的输入到成品的输出，整个流程中的工序之间无等待或停顿，实现了生产活动的高度连续性。这种流水线通常适用于大规模的批量生产，其中每个工序的加工时间严格匹配或存在整数倍的关系，保证了生产的高效率和低成本，是流水线生产中较为理想的一种组织形式。相比之下，间断流水线则由于各工序间劳动量的不一致或时间上无法形成整数倍关系，生产过程中生产对象在某些工序之间需要等待，从而产生间歇性停顿。虽然这种流水线的经济效益可能不及连续流水线，但其组织和调整相对简单灵活，能够适应多品种、小批量的生产需求。间断流水线的存在为那些无法实现或不需要完全连续生产过程的生产任务提供了解决方案，展现了流水线生产方式的适应性和灵活性。

第五，根据节奏性，流水线被划分为强制节拍流水线、自由节拍流水线和粗略节拍流水线三种类型。节拍的概念是指流水线上连续生产两件相同产品之间的时间间隔，这能直接影响生产的连续性和效率。强制节拍流水线以严格的时间控制和高度的规范化生产流程为特征，通过专门的控制装置，确保每件产品都在精确的时间段内完成，要求工人在固定的节拍时间内完成指定任务。这种类型的流水线有利于高度自动化生产的实施，能有效保障生产的均匀性和连续性，显著提升生产效率和产品质量的稳定性。自由节拍流水线提供了更大的灵活性，不对每个工序的完成时间做严格要求，而是依靠工人的操作熟练度和协作能力来维持生产节奏。虽然这种流水线对工人的技能和经验有较高要求，但它能更好地适应各种突发情况，提高生产线的适应性和灵活性。粗略节拍流水线则介于上述两种类型之间，它允许各个工序的加工时间与节拍有较大差异，不强求严格按照固定节拍生产，只要求在一定时间内生产出相同数量的产品，这种流水线强调的是整体的生产效率和灵活性，适用于那些工序复杂度和工作量差异较大的生产场景，旨在最大限度利用人力和物力资源，保持生产的连续性。

四、流水线的组织设计

（一）确定流水线的节拍

流水线的节拍就是连续生产前后两件产品的时间间隔。节拍是流水线最重要的工作参数，它反映了流水线生产速度的快慢。[①] 节拍按下式计算：

$$r = \frac{F_e}{N} = \frac{F_o \cdot \eta}{N} \tag{1}$$

式中，r 代表流水线节拍（单位：分钟 / 件）；

F_e 代表计划期的有效工作时间（单位：分钟）；

N 代表计划期产品产量（单位：件）；

F_o 代表计划期制度工作时间（单位：分钟）；

η 代表时间有效利用系数。

[①] 周延鲸. 工商企业管理概论 [M]. 长沙：国防科技大学出版社，2005：104.

产品产量 N 包括计划产量和预计的废品量，系数 η 一般取 0.90 ~ 0.96，可根据设备修理与调整、工作休息所需时间长短选定具体数值。

若按上式计算出来的节拍只有几十秒或几分钟，且零件轻小，则应改单件运输为成批运输，这时流水线上连续生产前后两批零件之间的时间间隔称为"节奏"，并且计算方式如下：

$$r_g = r \cdot n \qquad (2)$$

式中，r_g 代表节奏（单位：分 / 批）；

n 代表运输批量（单位：件 / 批）。

（二）工序同期化

工序同期化旨在调整和优化各个工序，以保证生产活动能够顺利按照设定的节拍进行，这不仅是实现节拍生产的核心要求，也是提升生产效率、优化设备使用率和缩短整体生产周期的关键策略。工序同期化的过程通常包含两个阶段：粗略同期化和精确同期化。在粗略同期化阶段，人们的目的是通过对原有工序的细化和重组，将工艺流程中相邻的细分工步合并成新的工序单元，确保这些新形成的工序单元的加工时间尽可能接近设定的节拍或其整数倍。这一步骤的实施有助于对流水线节拍要求的大致匹配，为进一步同期化打下基础。紧接着，在精确同期化阶段，人们将采取更具体的措施，如改进设备使用方法、优化操作流程等，以提高那些加工时间过长的工序的生产效率，进一步减少加工时间。包括对设备的技术改良、优化操作技术或调整工作方法等，目标是使所有工序的加工时间精确匹配流水线的节拍或其整数倍。

虽然这些努力可以大幅提高流水线的生产协调性和效率，但在某些情况下，如果工序的加工时间仍旧无法精确对齐预定的节拍或其整数倍，那么人们可能需要对原先设定的节拍进行调整。此时，人们可以考虑以最长的单件加工时间为基准，重新设定实际的流水线节拍，以确保流水线生产的顺畅性和高效性。

第三节　生产计划与生产控制

一、生产计划的概念

生产计划是企业为确保在特定时间段（如年度、季度或月度）内有效完成既定生产目标而制定的详细方案。该计划详细明确了企业必须达成的多项关键生产指标，包括生产的产品类型、质量标准、预定产量、产值以及具体的交付时间表。这一计划不仅能够为企业内部的各个生产单元指定明确的生产任务和进度安排，也能够明确企业间为实现生产目标所需的协作配合任务。生产计划的核心目标在于通过有效的资源配置和内部潜能的最大化利用，促进高质量产品的持续生产，满足国内外市场的需求，推动企业经济效益的持续增长。这一过程要求企业对资源进行精细管理，并通过科学的生产调度，确保生产活动的高效和有序进行。

二、生产计划体系

（一）长期生产计划

长期生产计划，也称为"生产战略计划"，是企业长远发展战略的核心组成部分，通常覆盖5～10年的时间跨度。该计划涉及企业未来发展的关键方面，包括新产品的研发、预期的总产值和产量目标、产品质量目标、生产规模和能力的扩展、产品线的优化调整以及资源开发计划等。在制订长期生产计划时，企业需要在深入分析长期经营目标、对外部环境进行准确预测的基础上，结合自身的资源状况、财务规划等因素，通过动态平衡的方式进行科学决策。这类计划不仅为企业提供了一个长期发展的蓝图，确保企业战略目标的实现，也为中短期生产计划提供了指导和框架，确保各个阶段的生产活动与长期目标保持一致。长期生产计划的制订和执行要求企业具有前瞻性视角和灵活应变的能力，以应对市场和技术环境的变化。

（二）中期生产计划

中期生产计划，也称为"生产总体计划"或"生产计划大纲"，是企业制订的范围较广、时间跨度通常为一年或一个季度的计划。该计划旨在桥接长期战略目标与日常生产活动，确保企业能够按照既定的目标稳步前进。中期生产计划主要由生产总体计划和主生产进度计划两大核心部分组成。其中，生产总体计划明确了企业在计划期内的关键生产指标，包括需生产的产品类型、预期质量标准、产量、产值及交货时间等要求，从而为企业提供了一年或一季度内生产活动的总体方向和目标。主生产进度计划则更具体，它根据产品的种类和规格，详细规划了年度内按季度、按月分解的产量计划，确保生产活动的有序进行。在制订中期生产计划时，企业必须依据长期生产计划设定的年度目标，结合市场销售预测，考虑生产技术的准备情况以及企业实际的生产能力，进行综合平衡和精确规划。

（三）短期生产计划

短期生产计划，也称为"生产作业计划"，是指企业为了具体执行中期生产计划而制订得更详细和短暂的计划，其时间跨度通常不超过一个月，涵盖了从月度、旬、周、日到轮班乃至小时的各个时间层级。这种计划旨在将中长期生产计划的战略目标细化为可操作的短期任务，确保生产活动能够顺畅进行，满足具体的生产和交货需求。短期生产计划包括多个关键组成部分：厂部作业计划关注整个工厂的生产调度；车间作业计划针对具体车间的生产安排进行详细规划；物料需求计划确保所需原材料和零部件的供应与生产需求同步；生产能力需求计划评估并优化生产线和设备的使用，保障生产能力与订单需求相匹配；生产作业控制则聚焦对生产过程的监控和调整，以应对实际生产中的偏差和突发情况。

三、生产计划的内容

（一）确定生产目标

生产目标为整个生产活动设定了清晰的方向和期望结果。生产目标包括预定的产品种类、产量、质量水平、交货时间等关键指标，这些目标应与企业的长期战略规划相一致，并综合考虑市场需求、企业的生产能力和资源状况。确定具体、可量化的生产目标不仅有助于指导日常的生产决策和资源分配，还能够激励员工朝着共同的目标努力，提升团队的工作效率。

（二）生产能力的核定与平衡

生产能力的核定与平衡涉及评估企业的生产资源，包括人力、机器、原材料以及这些资源在预定时间内的生产能力，确保生产目标的实现既符合企业的能力范围，又满足市场需求。通过精确核定各类资源的生产能力，并将其与生产目标进行匹配和平衡，企业能够有效避免资源的过度投入或浪费，保证生产过程的连续性和效率。

（三）确定生产进度

确定生产进度工作应详细安排每个生产阶段的开始与结束时间，以确保整个生产流程按时完成，包括为每个工序、每批产品分配具体的生产时间线，以及预计的完成日期，从而协调各个环节的工作，避免生产瓶颈和资源浪费。通过精确的生产进度规划，企业能够有效监控生产活动，及时调整生产策略，以应对可能的延误或突发事件，保障订单准时交付。

（四）组织和检查生产计划的实施

组织和检查生产计划的实施要求企业建立有效的监督与执行机制，以保证生产计划得到严格遵守和贯彻。实施操作包括分配责任到具体的个人或团队，确保所有参与者明确自己的任务和期限，并通过定期的进度检查和评估来监控生产活动的进展情况。此外，人们应对生产过程中出现的偏差或障碍采取及时的纠正措施，调整计划以适应实际情况的变化。

四、生产计划的主要指标

（一）品种指标

品种指标反映了企业在一定计划期限内预计生产的产品种类总数。在快速变化的经济环境中，市场对新产品需求的持续增长导致产品生命周期显著缩短，因此，灵活调整生产线以适应多样化产品需求的能力变得尤为关键。品种指标不仅反映了企业的生产多样性，也直接关系企业的市场适应性和竞争力，成为评估企业适应市场变化能力的重要指标之一。

（二）质量指标

质量指标定义了企业在特定计划周期内必须达成的产品质量水准，通过诸如合格率、一级品比例、高品质产品比例以及不合格品比例和返工率等具体指标来衡量。这些指标集中体现了企业的技术实力和管理效能，是衡量产品和服务质量的关键参数。实现和优化质量指标是确保产品质量达标，同时不断提升高品质产品的产出比例，减少不合格品数量的重要措施。

（三）产量指标

产量指标定量描述了企业在一定时间内计划生产的产品总量，用具体的物理单位来衡量，涵盖了成品及在制品的总量。这一指标体现了企业的生产能力和规模大小，其制定依据包括国家的产业规划、市场的需求动态等因素，在制定时也要考虑到企业的资金状况、物资供应情况及生产设施的实际产能，以确保产量计划的实际性和科学性。

（四）产值指标

产值指标衡量了企业在一定时期内生产活动成果的经济价值，它通过货币单位反映了产量指标的经济含义，具体分为工业总产值、工业商品产值和工业增加值三种主要形式。

1. 工业总产值

工业总产值表示企业在特定时间内所有工业产品产出的货币总额，揭示了企业的工业生产总规模与水平，是评估企业生产发展速度、核心比例关系及其他关键经济指标的基础。在计算中，工业总产值涵盖了成品价值、工业性服务价值、自制半成品与设备价值，以及存货的期末与期初价值差额。根据分析需求，工业总产值可采用当前市价（可变价格）或固定价格（不变价格）进行计算。

2. 工业商品产值

工业商品产值是指企业在规定周期内，预定销售给市场的工业产品总价值，反映了企业通过生产活动所能实现的直接经济收入量。将工业商品产值与实际销售额进行对比，可以直观地看出企业生产与市场需求之间的匹配程度，其中差异越小，说明企业的生产活动越能满足市场需求。工业商品产值的计算包括利用自备材料的成品价值、加工价值以及承接外部工业作业的价值等。

3. 工业增加值

工业增加值代表工业企业在一定期间内创造的最终经济成果的货币表现，即在生产过程中新增的价值。它是扣除生产过程中的物质消耗、劳务成本及固定资产折旧后的剩余价值，更准确地反映了企业生产活动的净成效。与工业总产值不同，工业增加值以社会最终产品为计算依据，不包括企业间或部门间的产品转移价值，更加注重新创造的价值与固定资产的折旧。

五、生产计划的编制步骤

（一）调查研究和搜集资料

制订生产计划的过程首先应基于广泛的调查研究和全面的资料搜集，这些资料来自多个层面，包括国家层面下达的任务、目标和指令，以及企业自身的长期战略规划、与经济伙伴的长期协议。在这一过程中，企业还需考虑国内外市场趋势、技术发展信息和市场需求预测等外部因素。具体到企业内部，需要综合考虑产品的销售预期、之前合同的履行状况、库存情况、前一周期生产计划的实施效果、技术改进措施的实施情况，以及生产能力、工时需求、新产品试制、物资供应情况、设备维修计划和人力资源配置等关键因素。

（二）统筹安排，初步提出生产计划指标

这一阶段的目标是确保生产活动能够最大限度响应社会需求，并达到最高的经济效益。通过精心选择和设定产量指标、优化产品的生产节奏，以及各类产品之间的协调配合，企业可以确保生产过程的高效运转。此外，将总体生产目标细化到各个生产单位，如设定分厂和车间的具体生产指标，是保证每个生产环节都能明确目标、协同工作的基础。虽然这一系列活动相互关联且并行推进，但都旨在为企业整体的生产和运营活动提供明确的方向与可行的执行方案，确保生产计划的全面性和实施的可行性。

（三）综合平衡，确定生产计划指标

在生产计划的最终确定阶段，进行综合平衡是至关重要的步骤，其核心在于将初步制订的生产计划指标与实际的生产条件相协调，确保计划的可实施性。这一过程涉及以下方面的平衡考量：

（1）生产能力与生产任务的平衡。这一环节要求对企业的生产设备、工作区域等硬件条件进行综合评估，确保它们能够完成规划的生产任务量。

（2）劳动力与生产需求的匹配。人们通过分析不同工种所需的劳动力数量，可以评估现有员工的技能水平是否满足生产效率的要求，从而保障人力资源的合理配置。

（3）物资供应与生产需求的对接。这一维度的考量是核算主要原材料、能源供应、必要工具和配件的可用性，以及它们是否能满足预定生产任务的需要，确保物资供应的及时性和充足性。

（4）技术准备与生产任务的一致性。用以评估新产品开发、生产流程优化、设备维护及技术改进等活动的准备情况，以及这些活动与生产任务的配合程度。

（5）资金配置与生产投入的合理性。用以分析流动资金的分配是否能覆盖

生产过程中产生的各项费用，包括原材料采购、员工工资、设备折旧等，确保资金使用的效率和效益。

（四）报请上级主管部门批准或备案，最后确定生产指标

在企业生产计划的制订过程中，经过细致的核算与周密的平衡调整，可以形成最终的工业产品产量和产值计划，此时，根据具体情况，企业可能需将这份生产计划提交至上级管理部门进行审批，或在确保完全遵循国家相关法律法规及上级政策指令的前提下，自行做出决策并将计划上报备案。这一步骤是生产计划流程中的关键环节，不仅旨在确保企业生产活动的合法性与规范性，也为企业提供一定的自主权和灵活性。

六、生产控制

（一）生产前控制

生产前控制是确保整个生产过程顺畅进行的关键环节，主要包括两个核心内容：一是生产准备控制，要求进行全面的技术准备、物资调配、设备调试及劳动力培训，确保所有生产要素准备就绪。充分而细致的前期准备工作是实现生产过程均衡、协调与连续的基础。二是生产计划的全面检查与控制，这要求人们在生产启动前，仔细核对计划中的各项指标是否协调一致，包括检验各生产单元间的任务分配在时间、数量和品种上的匹配度，确认计划制订的方法是否科学，以及评估所用量化标准的准确性和合理性。

（二）投入和出产的进度控制

投入进度控制的关键在于确保产品按照计划要求正确地开始生产，包括精确的启动日期、所需数量及具体品种的调配。正确的投入量能直接影响生产效率和产品交付时间；不充足的投入量可能导致生产延迟或中断，影响交货期；而过量投入则可能引起资源积压、增加浪费，甚至造成生产拥堵。出产进度控制则专注产品完成和交付的时间管理，涵盖了出产日期、生产周期、产量以及产出的平衡性和组套性，是确保生产各阶段紧密衔接、各零部件的生产配套完善的重要措施，通过有效的出产进度控制，企业能够保证生产的流畅性，确保按计划顺利完成生产任务。

(三) 库存控制

库存控制旨在通过有效的管理手段确保物资、成品等资源的储量维持在一个经济合理的水平，进而达到降低库存成本、提升企业经济效益的目标。实现这一目标的策略主要分为经济订货批量（Economic Order Quantity，EOQ）模型和准时制（just-in-time）两种方法[①]。

1. 经济订货批量模型

EOQ 模型是一种应用成本最小化原则的库存管理方法。该模型可以通过精确计算得出最佳订购批量，实现订购成本与保管成本的总和最小化。具体来说，订购成本是指企业每次采购时所需承担的固定成本，包括处理订单的费用、运输费用等；而保管成本则涉及存储物资产生的各类费用，如仓储费、保险费以及库存资金占用成本等。EOQ 模型的核心在于找到一个平衡点，即在确保企业运营需求的同时，最大限度减少总成本。

2. 准时制库存系统

JIT 库存系统是一种更加灵活的库存管理策略，旨在实现库存最小化乃至零库存。在 JIT 库存系统中，企业不再常规性地储备大量原材料或零件，而是根据生产需求与供应商建立合作关系，确保所需物资能够在必要时刻准时到达生产线。这种策略能显著降低企业的库存持有成本，提高资金流转效率和生产灵活性。然而，JIT 库存系统的成功实施高度依赖供应链各环节的协同作用和供应商的可靠性，对供应商的质量控制、生产调度能力以及物流配送效率提出了更高要求。

(四) 质量控制

广义上的质量控制是企业为确保其产品、服务或生产过程的质量而执行的一系列技术操作和相关活动的总和。这一概念包括战略性质量决策和战术性质量决策两个层面：战略性质量决策着眼长远，包括设定质量目标和采取相应措施以提升质量并保持市场竞争力；而战术性质量决策则聚焦日常的质量管理活动。在制定质量战略时，企业首先需满足顾客需求，同时权衡产品质量提升与成本控制、收益增加之间的关系，如图 5-1 所示。

[①] 游天嘉. 管理学双色 [M]. 上海：上海交通大学出版社，2018：273.

图 5-1　质量曲线

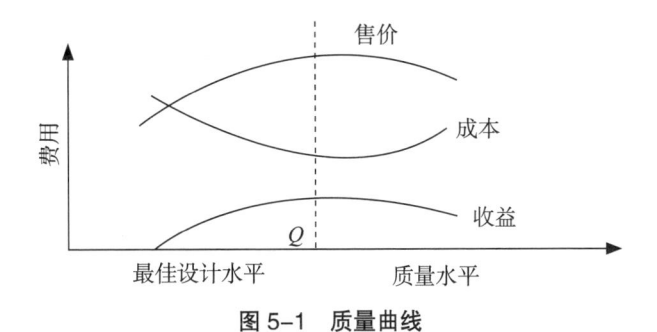

从狭义的角度来看，质量控制特指在质量策划和改进活动以外的各种控制行为，主要包括产品验收检验和生产过程控制。这些活动的核心是应用统计学方法，通过严格监控和评估各生产环节，确保产品从原材料到成品各阶段的质量符合预定标准。日常的质量控制不仅有助于及时发现并解决质量问题，还能为持续的质量改进提供数据支持和决策依据，是企业提高产品质量、顾客满意度和维护市场竞争力的重要手段。

（五）生产成本的控制

1. 原材料消耗控制

原材料消耗控制的目标是通过精确的物料计划、高效的采购策略和严格的物料使用标准，确保原材料利用的最大化，避免浪费，以降低生产成本。实现原材料消耗控制的关键在于优化存储管理，减少库存积压，采用先进的物料需求计划系统来预测和调整原材料需求，同时，加强对生产过程中原材料使用情况的监控，确保每个生产环节的原材料用量符合既定标准。

2. 能源消耗控制

有效的能源消耗控制策略包括优化能源使用结构、提高能效比和采用节能技术。企业需评估能源消耗的现状，识别能源使用的主要环节和浪费点，然后通过引入先进的能源管理系统和节能技术，如改善设备运行效率、采用低能耗设备、实施能源回收利用等措施，减少不必要的能源损耗。

3. 废品损失控制

废品损失控制旨在通过减少生产过程中的废品和损失来优化成本效益。实施有效的废品损失控制需从提高生产过程的精确性和效率入手，包括采用先进的生产技术、改进生产工艺、强化质量管理体系以及实施严格的原料检验和监控制度。此外，对产生的废品进行分类回收和再利用也是控制废品损失的有效方式。

4. 制造费用控制

在工商企业中，制造费用控制是成本管理的一个核心部分，涵盖了直接与生产活动相关的各项费用，包括劳动力成本、设备折旧、维修费、工具耗材等。有效的制造费用控制策略应从优化生产流程、提高劳动效率、采用先进的生产技术和设备、实施精细化管理等方面入手。企业需要通过持续的流程改进和技术创新，降低生产过程中的非必要消耗，并通过精准的成本核算和预算控制，对各项制造费用进行严格的监督和管理。

（六）设备运作的控制

1. 设备的选择

在选择设备的过程中，企业必须全面考量设备的性能指标和其对企业长期发展战略的贡献。以下是对设备选择时应考虑因素的深入分析和扩展讨论：

（1）生产能力与效率。设备的生产能力直接关系企业的生产效率和市场供应能力。在选择设备时，企业需要确保所选设备能够满足生产需求，不仅是当前需求，还应考虑未来扩展的可能性。高效的设备可以大幅提升生产率，降低单位产品的生产成本，增强企业的市场竞争力。

（2）可靠性与稳定性。设备的可靠性关系生产的连续性和产品质量的稳定性。高可靠性的设备能够减少故障率，延长设备的使用寿命，保证生产计划的顺利实施，避免由设备故障而导致生产中断和经济损失。

（3）维护与维修便捷性。设备的维护与维修便捷性对降低运营成本、保持设备长期稳定运行至关重要。易于维修的设备可以减少维护的时间和成本，提高生产效率。在选择设备时，企业应优先考虑设计合理，易于拆卸、检查和更换零部件的设备。

（4）节能性。节能是现代企业社会责任的重要组成部分。企业选择节能环保的设备不仅有助于降低能源消耗，减少运营成本，还能提升企业形象，符合可持续发展的战略目标。

（5）安全性。安全性是选择设备时首要考虑的因素之一。高安全性的设备能够有效防止事故的发生,保护操作人员和生产环境的安全。企业在选择设备时应考虑其是否配备有应急停机、过载保护等功能的安全装置。

(6)环保性。环保性能反映设备对环境的影响程度,包括噪声控制、排放污染物的能力等。在环保法规日益严格的今天,选择符合环保要求的设备是企业履行社会责任、保障可持续发展的重要条件。

(7)成套性与兼容性。设备的成套性与兼容性决定了其在整个生产线中的协同效果。优良的成套设备可以实现生产流程的高效衔接,提升整体生产效率。良好的兼容性有利于促进未来技术升级和设备扩展。

(8)灵活性。设备的灵活性是指其适应不同生产要求的能力,包括调整生产规模、改变产品种类等。高灵活性的设备可以帮助企业快速响应市场变化,把握市场机遇。

2.设备的合理使用

(1)最大化设备使用效率。设备的高效利用体现在提升设备的作业时间和减少闲置状态上,实现这一目标需要优化设备运作强度,确保在可持续的工作条件下达到产出最大化。企业在日常操作中,既要避免设备的过度空闲,造成资源的浪费,又要合理控制设备负荷,防止因过度负荷而损害设备性能或缩短其使用寿命。适度提高设备运作的负荷,使其在保证产品质量的前提下,达到最高生产效率是提高利用程度的关键。

(2)科学安排生产任务。合理分配生产任务对保障设备效能和延长设备使用寿命至关重要。企业需要根据设备的性能特点、加工能力和适用范围,科学安排生产顺序和工艺流程,避免将高性能设备用于简单或低负荷任务,并防止将设备用于其不擅长或超出设计范围的工作,避免资源浪费和设备损害。合理的生产任务分配可以有效提高生产效率,保证产品质量,延长设备的使用寿命。

(3)制定与执行严格的规章制度。企业应确立一套完善的规章制度,包括但不限于安全操作规范,确保操作人员熟悉设备的操作流程和安全事项;企业应制定岗位责任制,明确每位员工的责任范围和职责,确保设备的正常运行和维护;企业应制定定期检查和维护制度,通过规律性的检查和维护预防设备故障,保持设备的最佳工作状态;企业应制定操作资格证制度和交接班制度,确保每位操作人员都掌握了相应的技能和知识,保障设备操作的连续性和安全性。

3. 设备的维护保养

设备的维护保养工作主要包括润滑、固定、调节、清洗和防锈等，这些工作能够防止设备发生干磨或部件松动，确保设备长期保持良好的工作状态，支持企业的正常生产活动。

根据维护保养的具体内容、工作量及周期，设备的维护保养工作通常被划分为例行保养、一级保养和二级保养三个层次。例行保养，也称为"日常保养"，主要是对设备外部的基本检查和简单维护，如清洁、润滑等，通常由操作人员在班次交接时进行，以确保设备的基本运行状态。一级保养的范围较广，既包括设备外部的维护，又涉及设备内部的检查和维护，需要操作人员在专业维修人员的指导和协助下完成，这是一个定期进行的维护活动。二级保养则是对设备进行全面深入的检查和大修，主要针对设备内部的重要部件和系统，由专职的维修人员负责，操作人员辅助，同样是定期进行的维护工作。

4. 设备的检查

设备的检查是确保设备良好运行和维护工作质量的基础性工作，旨在通过对设备的细致检查，及时发现并解决可能存在的问题，为设备的维修与保养工作提供科学的数据支持和有效的预防措施。设备的检查主要分为日常检查和定期检查两大类：日常检查包括每天的例行检查和班次交接时的详细检查，目的是确保设备在连续运行中的稳定性和安全性；而定期检查则更加深入全面，旨在对设备的运行状况、工作效率和各项技术指标进行系统的评估与校准。

在进行设备的检查时，传统方法主要依赖操作人员和维护技术人员的经验判断与直觉感知，虽然这种方法简便易行，但由于缺乏精确的数据支撑，难以实现对设备状态的精准判断和及时干预。实践中常常出现由于早期隐患未能及时发现而导致的突发故障，既降低了生产效率，也增加了维修成本。对此，借助现代技术手段，如设备状态监测技术和故障诊断技术，对设备进行定量化、智能化的检测和分析成为提高设备管理效率和预防性维护能力的重要途径。通过引入这些先进技术，人们不仅可以在设备尚未出现明显故障迹象时预测潜在问题，还可以根据设备实际运行状态，精确调整维护和检修计划，避免不必要的停机时间，在确保设备高效运行的同时，最大化延长设备的使用寿命，提升生产效率。

5. 设备的修理

（1）准确的故障诊断和技术分析。这要求企业拥有一支技术精湛的维修团队，能够迅速定位故障原因，并采取正确的修理方法。此外，预防性维护和定期检查也是不可忽视的部分，对设备进行定期的检查和必要的预防性维修可以有效预防故障的发生，减少对突发性修理的需求。

（2）建立和完善设备修理的标准操作流程与管理制度。包括故障报告、维修申请、维修执行和后续跟踪等环节，确保修理工作的有序进行。企业应合理安排修理工作的时间和资源分配，避免因修理而导致生产延误。

（3）引入现代化的设备管理和维修技术。例如，使用设备状态监测系统和故障诊断软件可以大大提高修理工作的效率和准确性。通过这些技术手段，企业可以实现对设备运行状态的实时监控，及时发现潜在的故障风险，做到预防先于治理，从而减少因设备故障而导致的生产损失。

（4）注重加强维修人员的技能培训和技术交流。企业应定期对维修团队进行专业技能的培训和更新，提高他们对新技术和新方法的掌握程度，以适应不断变化的设备维修需求。

第四节　精益生产

一、精益生产的特点

精益生产与大量生产的主要区别如下：

（一）产品的设计与开发

在传统的大量生产模式中，产品的设计和开发是一种线性与刚性的流程，将消费者需求作为最后考虑的因素。这种方法按照固定步骤逐一推进，从概念设计到最终产品制造，每一步都紧密依托前一步的完成，因而任何中途产生的问题都可能引起整个项目的延期。虽然这样的设计流程在某种程度上保证了生产的连续性，但忽略了市场变化的迅速性，使产品即使在设计时是前沿的，到了实际投入市场时也可能已经过时。

相较之下，精益生产方式在产品设计和开发上有更大的灵活性与对消费者需求的敏感性。精益生产将顾客需求置于开发流程的首位，通过采用高度灵活的设计体系，使产品能够迅速适应市场需求的变化。这一模式利用先进的信息技术和团队协作，强调跨部门的沟通和合作，设计团队能够迅速响应顾客需求，开发出个性化的产品解决方案。精益生产中的"主查"制度或项目负责人制度为产品开发领导者赋予了对项目资源的全面控制权，使其能够有效指挥和协调跨职能团队的工作，确保产品开发的高效性和质量。此外，产品的设计与生产准备工作同时进行，加强了设计人员与生产准备人员之间的信息交换，实现了设计与生产的无缝对接，大大缩短了产品从设计到市场的时间。

（二）生产管理

精益生产方式在生产管理上体现出了极高的灵活性和效率，与传统的大量生产方式形成鲜明对比。在大量生产系统中，人们通常采用"推进式"的生产管理方法，即按预定的生产计划推动产品批量生产，虽然这种方法能实现单一产品的高效生产，但容易导致过度生产和库存积压，增加了企业的运营成本。相对而言，精益生产方式采用"拉动式"生产管理，通过需求驱动生产，确保生产的灵活性和响应速度，这种方式通过减少生产线上的在制品数量，实现了生产过程中物料和产品的流动性，有效缩短了生产周期，降低了成本。精益生产系统实行的是柔性生产线，这种生产线能够迅速适应市场需求的变化，生产不同批量和型号的产品，极大提高了生产的适应性和竞争力。"看板管理"作为精益生产中的一项关键技术，通过视觉管理工具指导生产活动，实现了生产过程的自我调节和控制。看板系统使生产流程中的每个环节都能根据实际需求拉动材料和零件的供应，确保了生产过程中不会出现过量生产和资源浪费等现象。精益生产强调前线员工的主体地位和现场问题解决的重要性，通过让技术人员和管理人员直接参与生产现场中来，主动寻找和解决问题，从而构建了以人为本的生产组织体系。

（三）质量控制

在传统的大量生产模式中，质量控制主要依赖专门的检查员进行最终产品的检查，这种方法往往集中运用于关键的生产环节，忽视了生产过程中的其他重要环节。相反，精益生产方式采取了更全面和有预防性的质量管理策略，强调在生产的每个环节都实施质量控制，从主要工序到次要工序甚至辅助工序都不例外。此外，精益生产还提倡生产线上的工人进行自我检查，以预防质量问题的发生，而不是仅仅在生产结束后对产品进行检查。

（四）产品销售

在传统的大量生产模式下，产品销售采用的是一种推销中心的体系，销售团队侧重通过推销人员的积极推广来实现产品的销售，这种方法往往使销售人员更多地成为单纯的销售代理，而非对产品有深入了解的专家。虽然这种销售模式能够在短时间内推广产品，但缺乏对市场变化和消费者需求的敏感性，难以形成有效的市场反馈机制。相比之下，精益生产方式采用的销售体系更加注重柔性和互动，将销售视为生产流程整体的一部分，而非生产之后的单独环节。在这种模式下，销售团队不仅要承担推销和服务的职责，更重要的是充当市场信息的搜集者和加工者，他们通过与客户的直接交流，将客户需求和市场变化的第一手信息反馈给产品开发团队，使产品的开发更加贴近市场和消费者。精益生产模式下的销售人员会接受全面培训，具备多种技能，能够灵活应对市场的多变需求，通过小批量、快速分销的策略，有效减少产品库存，提高资金周转率。这种销售体系的灵活性和互动性使企业能够更快速地响应市场变化，更有效地满足消费者需求，进而在激烈的市场竞争中占据优势。

（五）配套协作

在精益生产方式下，企业与配套协作厂之间的合作模式和关系建立在早期参与及深度合作的原则上，即在产品设计与开发的初期，主机厂应根据历史合作经验和配套厂的专业能力，选择合适的协作伙伴参与产品的设计和生产过程中。这种合作方式的核心在于主机厂不单单是委托协作厂生产零件，而是将更复杂的部件或系统的设计和生产任务整体外包给第一层次协作厂，进而由这些协作厂负责整个部件的交付。这样的协作体系可进一步细分为多个层级，第一层次协作厂下设有专门负责特定生产任务的第二层次协作厂，以此类推，形成一个金字塔式的协作网络。这种层级化、模块化的合作模式不仅优化了供应链管理，降低了管理成本和复杂度，还通过精细化的分工和专业化的合作，确保了整个生产过程的高效和产品质量的一致性。在这一体系中，信息的传递和反馈机制非常关键，它依托通畅的信息交流和高效的协调机制，确保各层次协作厂能灵敏地响应市场变化，快速调整生产计划。

二、精益生产的技术与应用

（一）准时化生产

准时化生产作为一种注重极致时间管理和资源优化利用的生产管理模式，强调"恰到好处"的生产哲学。这种方法侧重确保生产活动能够精确响应客户需求，实现产品的质量、种类、数量及交付时间的精准匹配。在准时化生产模式下，生产线上的每个环节紧密相连，确保流程中无任何无谓的延误或物料堆积，最小化库存和在制品量，实现零浪费。该模式下的生产效率和设备利用率都能达到最优，每件产品都能达到高标准的质量要求，确保每一项生产出来的产品都是合格品。

此外，准时化也可用于企业管理，是指在确切需要的时刻，以准确的数量进行资源投入、产品生产、物流执行、管理、产品销售和财务等方面的活动。这种理念贯穿企业的每个方面，旨在实现资源的最优化配置和使用，确保企业运作的高效率和高响应速度。在经营层面，准时化要求企业能够灵活地根据市场需求进行投资和资源分配，确保每种资源都能产生最大的经济效益。在生产层面，准时化强调生产过程中零件的即时制造和供应，确保生产线流畅无阻，减少库存积压。在物流层面，准时化强调"恰到好处"的物资供给，确保物资供应与生产需求同步，避免过度储备和资源浪费。在管理层面，准时化意味着信息的快速处理和决策的及时性，保证管理效率和效果，销售准时化则要求企业能够灵活应对市场变化，及时满足顾客需求。财务准时化要求企业在确需资金时快速有效地进行资金的筹集和使用，优化资金流动性和使用效率。

准时化生产方式革新了传统的管理思维，通过员工的主动参与，排除生产、劳动、物流组织中的障碍，向零在制品、快速换模等目标迈进。它倡导以最少的资源消耗组织多品种、小批量、高质量和低成本的生产，实现企业的精益化运作。"准时化"既是精益生产的基石，也引领了拉动式生产、看板管理、"单一流动"生产组织、多功能工序操作、U 型生产线等一系列创新的生产管理方法的发展。作为精益生产方式的代名词，"准时化生产方式"展示了一种系统化、先进的管理方法集合。

（二）看板管理

1. 看板管理的概念

看板系统作为精益生产体系中的关键元素，扮演着指挥和信息传递的角色，有效实现了生产过程中的"拉动式"生产模式。[①] 它通过一种可视化的信息传达工具——通常为一张标有详细信息的卡片，指导生产流程。这些信息包括但不

---

① 陈海泉.现代工商企业经营管理[M].上海：上海交通大学出版社，1998：157.

限于零件的型号、提取和交付的具体位置、所需数量、容器的规格和容量，以及看板在整个生产循环中的流转次数和序列编号。这种制度使后续工序能够根据实际需求从前道工序中"拉取"所需的零部件或半成品，从而确保生产的连续性和效率，同时最大限度减少库存和浪费，确保生产系统的高效运转。

2. 看板的作用

（1）作为生产和物流指令的载体。看板在生产现场扮演着关键角色，后续工序根据实际需求从前道工序"拉取"必要的部件，前道工序则基于后续工序的取走量进行生产，确保生产活动与实际需求紧密对应。

（2）有效遏制过量生产与运输。看板通过明确规定生产和运输的品种、数量及时机，对物流进行严格控制。它的原则是"无看板不生产、不运输"，避免任何形式的超量和提前作业，以减少浪费。

（3）快速反馈生产信息。作为一种"实物票证"，看板挂靠在物品上，可以快速、准确地反映生产状态，及时揭示并处理生产中的问题，实现自我调节和管理。

（4）阻止不良品流转。看板系统禁止将不合格部件挂上看板，有效防止了不良品的生产和流通，确保了产品质量。

（5）识别问题和管理库存。看板的停滞或积压可以直观地指示生产中的异常，如设备故障或人力资源不足；同时，调整看板的发行量可以有效管理库存，减少积压。

（6）实现生产计划的微调。面对市场需求的微小变化或生产计划的调整，看板系统能够通过控制看板的流转来灵活调整生产，提高生产过程的适应性和灵活性。

3. 实施看板管理的条件

要实施看板管理系统，企业需确保一系列先决条件得到满足，以保障该系统能够高效运作，达到预期效果。第一，看板管理的实施依赖流水线作业模式，要求生产过程中的每个环节都能顺畅、连续地进行，以确保物料和产品在各个生产阶段间的无缝衔接。第二，生产过程的稳定性和均衡性是看板管理成功的关键，这意味着生产线上的工艺规章和流程必须被严格遵守，各工序之间需要保持稳定的生产节奏，避免出现生产瓶颈或产能过剩。

(三)"零库存"活动

1. "零库存"活动概述

实行"零库存"策略是精益生产体系中的一项核心实践，旨在通过实施准时化生产和及时供应链管理，最小化或消除不必要的生产和存储过程，以达到节约成本和提升效率的目标。该策略强调在确保生产和供应连续性的前提下，对原材料、半成品、成品及采购部件的存储量进行严格控制，力求库存水平最低化，甚至趋近于零。通过"零库存"管理，企业能有效降低资金的占用和存储成本，加快物资周转速度，缩短产品从生产到交付的整体周期，在激烈的市场竞争中获得优势。

2. 库存管理在实践中的应用

在实施"零库存"管理策略时，优化计划管理是关键一环，这一过程要求人们对生产和销售的预测与计划进行精确制订，并且能够根据市场和生产的实际变化灵活调整。这不仅需要企业内部各部门间紧密合作，还对管理人员的决策能力和信息处理能力提出了更高要求。在动态变化的市场环境中，预测准确度直接影响库存计划的有效性，因此，企业必须采用先进的预测方法和工具，如大数据分析、市场趋势分析等，以提高预测的准确性。为了应对不可预测的市场变化，企业应建立灵活的滚动计划机制，确保计划的及时调整和修正。此外，企业还应对库存物资进行实时监控和管理，通过信息化手段实现库存数据的即时更新和分析。

第五节　物流管理

一、物流的定义

(一) 物流

物流活动是现代供应链中不可或缺的一环，涵盖了从原材料的采购到成品交付消费者手中的全过程。这一过程不仅是物质的移动，还是信息、资金流动的关键部分，可以确保供需之间的无缝对接。具体而言，物流活动主要包括以下几个方面：

1. 包装

为确保商品在运输和储存过程中的安全与完整，包装不仅要考虑对商品的保护，还要考虑环保、便于运输和识别等因素。包装的创新也是提升商品附加值的重要途径。

2. 装卸

商品在运输途中需要在不同的运输工具或储存设施之间转移，主要涉及装卸作业。高效的装卸作业能够减少商品损耗，提升物流效率。

3. 输送

输送是连接生产者和消费者的重要桥梁。包括长途运输以及短途的配送服务。现代物流十分关注对运输方式的选择和组合、路线规划以及运输成本的优化。

4. 储存

储存不仅仅是将商品放置在仓库中，更涉及库存管理、商品保养、订单处理等一系列复杂活动。有效的储存管理能够确保商品的快速流转和库存成本的降低。

5. 流通加工

为了适应市场需求和提升商品价值，商品在流通过程中经常需要进行加工和包装的调整，如切割、组装、标签粘贴等。流通加工能使商品更加贴近消费者需求。

6. 信息

信息是现代物流系统的神经中枢。准确、及时的物流信息能够确保整个供应链的高效运作。通过高度集成的信息系统，实现订单处理、库存管理、运输跟踪等功能的自动化，可以提高整个物流系统的响应速度和服务水平。

（二）商流

商流是市场经济中的一项关键活动，涉及物品从生产者手中经过一系列交易，最终到达消费者手中的过程。这一过程的中心在于物品价值的传递与所有权的转换，而非物质形态的移动。所谓的"物质社会实体流动"主要着眼商品的价值流转，而非其物理形态的变化。商流的本质是商品与等价物之间的交换活动，以及伴随这些交换过程发生的所有权变更。在商流过程中，商品的所有权从供应方转移到需求方，这实现了商品价值和物质资源的有效分配。商流的存在不只是为了完成商品的物理分配，更重要的是能够发挥商品所有权的效用，促进经济资源的高效配置。

（三）信息流

信息流与物流和商流一同构成了流通活动的三大支柱。信息流，也称流通信息流，涵盖了伴随流通活动而产生的各类信息，这些信息通过文字、语言、图表、信号等多种形式来表现，包括但不限于文件、票据、情报等。维持信息流的主要目的是确保信息的有效产生、处理、存储及传播，为流通活动的顺利进行提供支撑。

信息流由两大类信息组成：商流信息和物流信息。这两类信息流在流通活动中发挥着不可或缺的作用，具体体现在以下几个方面：

1. 反映作用

流通活动的各个方面，无论是商流还是物流，都依赖信息来进行描述和记录。包括流通活动的时间、地点、方式、流量、流速和效果等。对信息的详细反映能够使人们准确理解各项流通活动的实际情况。

2. 服务作用

流通活动的有效开展需要准确的市场行情、环境条件、资源分布、操作程序，以及约束条件等信息。这些信息为流通活动提供了必要的背景知识和条件，是流通活动能够顺利进行的基础。

3. 指导作用

为了确保流通活动能够沿着正确和科学的路径进行，人们需要一系列的管理方法、技术标准、政策规章以及各类指导性信息。这些指导性信息能帮助流通活动按照既定的标准和规范进行下去，提高流通的效率和效果。

4. 控制作用

在流通活动中，某些信息具有明确的控制功能。例如，库存管理中的安全库存水平、经济订货量，商流活动中的合同条款、法律法规、管理规章，以及上级指示等都属于控制信息。这些信息对流通活动的顺利进行具有决定性影响，能通过规定的参数和规则对流通活动进行约束与引导，保证流通活动的稳定和安全。

二、物流的分类

（一）按范畴，分为社会物流和企业物流

社会物流作为一个宏观概念，涵盖了整个社会的物流活动，包含从设备的生产制造到产品的最终运输、存储、精装包装、精确配送以及信息服务的全过程。在这一广阔的领域中，既包括面向公众的物流服务，也包括专业的第三方物流服务，体现了物流服务在社会经济中的全面性和多样性。

企业物流则聚焦具体企业内部的物流活动，这是物流活动在微观层面的体现。企业物流包括生产物流、供应链物流、销售物流、物品回收，以及废弃物的物流处理等关键环节。这些环节共同支撑着企业的日常运营和长期发展，确保企业在供应链中的高效运转。

（二）按作用领域，分为生产领域的物流和流通领域的物流

生产领域的物流是生产过程中不可或缺的一环，它始于原材料的采购阶段，即通过供应链物流确保生产所需的各类物资及时供应。在生产的连续环节中，原材料和半成品的内部流动构成了生产物流的主体，确保生产线上各工序顺畅衔接。生产过程中产生的副产品和可回收物资是回收物流链上的主要组分，而生产废弃物的安全、环保处理则是废弃物物流管理的关键。

流通领域的物流主要聚焦销售物流，它在现代买方市场中有显著的服务特性，旨在满足消费者的多元化需求，完成产品的最终销售。在这个环节中，销售物流除了包括产品的包装、运输和配送外，还延伸到了售后服务，强调通过一系列细致入微的物流服务过程，提升消费者满意度，增强产品竞争力。

（三）按发展的历史进程，分为传统物流、综合物流和现代物流

在传统物流阶段，物流活动主要集中在基础的运输、仓储和库存管理等功能上，目的是缓解生产与消费之间在时间和空间上的不匹配问题。在这一阶段，物流管理的重点是提高运输效率、优化库存水平和改善仓储条件，以降低物流成本并满足基本的配送需求。

在综合物流阶段，物流服务范围扩展至供应链的全面协调与管理方面，涵盖了运输、仓储、配送、订单处理、采购等多个环节。综合物流强调供应链各环节之间的整合与协同，通过优化物流与供应链管理来提升整体运作效率和响

应速度，满足市场对更高效、更灵活的物流服务的需求。

现代物流阶段则是在经济全球化和信息技术快速发展的背景下形成的。现代物流既注重物质产品的高效流动和存储，又重视信息流的管理和利用，强调对从原材料采购到最终产品交付消费者手中全过程的优化管理。现代物流利用先进的信息技术和物流自动化技术，实现了物流过程的实时监控、精准管理和个性化服务，大大提升了物流系统的灵活性、透明度和顾客满意度。现代物流的核心在于建立一个高效、可靠的物流信息网络，通过网络整合各环节资源，直接响应消费者需求，实现物流服务的价值最大化。

从传统物流到现代物流的演进不仅反映了物流行业对提高服务质量、降低运营成本和增强竞争力的不断追求，也展现了物流与供应链管理在全球经济中日益增长的战略地位。

（四）按提供服务的主体，分为代理物流和生产企业内部物流

代理物流，也称为"第三方物流"，是指物流服务由生产和需求两端之外的第三方机构提供的一种物流服务模式。这种模式下的服务提供者作为独立的第三方，专业从事为企业提供一部分或全部物流服务的活动，如运输、仓储、配送、货物跟踪等。代理物流的优势在于能够帮助企业降低物流成本、提高物流效率，并允许企业专注其核心业务。

生产企业内部物流则是指在单一企业内部从原材料采购、加工到成品制造的整个物资流动过程。这个过程包括原材料的接收、存储、内部运输、加工处理、成品组装以及成品的储存和最终发运等环节。生产企业内部物流的目标是优化生产流程，确保生产效率和成品质量，同时降低内部物流成本。

（五）按物流的流向，分为内向物流和外向物流

内向物流关注企业如何从各种生产资料供应商处获取所需的物资和原料，涵盖了企业对原材料的采购、接收、入库等一系列流程。这一流程的核心在于保证对生产所需物资的及时供应，以维持生产活动的连续性和高效性。

外向物流则专注企业如何将成品运送到最终消费者手中，包括产品的存储、运输、配送和售后服务等环节。这一流程的目标在于通过高效、可靠的物流服务满足市场需求，建立和维持顾客满意度，进而扩大市场份额。

三、工商企业供应物流管理

（一）供应物流的概念

供应物流是指企业在生产活动中涉及的对原材料及生产必需资料的采购、运输、储存和供应管理的全过程。它作为生产链条中的关键环节，直接受市场供需状况、供应商的选择、物流成本以及交货时间等外部因素的影响。在有效的供应物流体系中，企业不仅需要确保对原材料和必需生产资料的及时采购，还必须考虑到运输的安全性与效率、仓储环节的科学管理，以及库存控制的精确性。

（二）工商企业的准时制采购

准时制采购，简称"JIT 采购"，是一种创新的采购管理策略，深植供应链管理的核心理念之中，旨在实现企业资源的最优化配置和使用效率的最大化。在这种模式下，企业仅在实际需要时刻，根据生产需求的具体数量和质量进行原材料和配件的采购，避免了过早采购导致的库存积压和过晚采购引发的生产延误。对企业而言，JIT 采购的实施意义重大：一是显著降低了仓储成本和库存风险；二是确保了物资供应的及时性和质量，有助于压缩成本，提升采购效率。

实施 JIT 采购的关键策略如下：

（1）精简供应商名单，与少数高质量、高可靠性的供应商建立长期合作关系，以简化采购流程，提高供应链的响应速度和灵活性。

（2）采取小批量采购策略，以便灵活地适应生产需求的变化，减少库存积压。

（3）强调采购质量，通过严格的供应商评估和质量控制体系，确保采购物资的高标准和高稳定性。

（4）合理选择供货方，优先考虑那些能提供及时送货服务和满足特定包装要求的供应商，以进一步降低物流和搬运成本，提升整体采购效率。

四、工商企业生产物流管理

（一）企业生产物流的概念

企业生产物流是指在企业的生产过程中，原材料、半成品、燃料和外购部件等物资自投入生产起，通过一系列组织有序的物流活动，如下料、配送、在各生产环节间的运输以及在生产过程中的暂存，最终流向下一加工或组装环节，直至成品形成的全过程。这一过程涵盖了物料在生产单位内部的流动，包括其按照既定工艺流程的加工、暂存及通过特定运输方式的内部流转，直到最终产品的形成和输出。在现代企业管理实践中，生产物流管理被视为企业内部物料管理的核心，囊括了物资从采购入库、质量检验、仓储保管到生产线上的实时供应，以及在生产过程中的有效调配和使用，直至废弃物的回收与处理的全面活动。

（二）工商企业生产物流控制

1. 生产物流控制系统的要素和方式

生产物流控制系统的组成要素包括控制对象、控制目标、控制主体。生产物流控制系统的方式包括负反馈控制方式和前反馈控制方式。[1]

2. 生产物流控制的内容和程序

生产物流控制涵盖了生产进度的监督、在制品的有效管理，以及生产过程中偏差的识别与纠正等核心内容。为了有效进行这些控制活动，企业通常会建立一套综合性的控制系统，该系统不仅要能够适应生产活动的实际需要，还要具备一定的灵活性和适应性，以应对生产过程中可能出现的各种情况。

虽然生产物流控制的具体程序和方法因企业而异，但基本上包括以下几个关键要素：

（1）强制与弹性控制。这一方面涉及通过设定明确的生产目标和标准，以及实施严格的监督检查机制，实现对生产流程的强制性控制；另一方面要考虑到在特定情况下对计划和程序的适当调整，以保持生产活动的灵活性和适应性。

（2）目标与程序控制。这意味着控制的焦点既包括对生产最终结果的核对，也涵盖对生产过程中各个步骤和程序的监督。这种双重控制可以确保生产活动既能达到预期的目标，又能按照既定的程序和方式高效进行。

（3）管理与作业控制。管理控制着眼整个生产系统的优化，通过规划与调节生产各环节和部门之间的关系，实现全局的最优化；作业控制则专注具体作业或任务的执行情况，确保每项生产活动都能达到既定的标准和要求。

---

[1] 彭扬，骆丽红，陈金叶.现代物流学概论[M].北京：北京理工大学出版社，2022：197-198.

3. 生产物流控制原理

（1）物流推进型控制原理。物流推进型控制是一种以最终产品需求为基础，通过计算确定各生产环节所需物料的量，并在考虑到每个工序所需的生产提前期之后，向各工序发布生产指令的方法。这种控制方式的核心特征是集中控制，意味着所有生产环节的物流活动均须遵循中央发出的控制指令。虽然这种方式能够保证生产的连续性和统一性，但由于未能充分考虑到影响各个生产环节库存水平的局部因素，因此难以确保各环节的库存量维持在理想状态。原料需求计划系统的控制实质上是一种物流推进型控制。

（2）物流拉动型控制原理。与物流推进型控制相对应，物流拉动型控制则是从最终产品的需求出发，根据需求量计算最后一个工序的物流需求，并基于此需求，向前一工序提出物料供应要求，如此反向推进，直至第一生产环节。物流拉动型控制的显著特征是分散控制，每个生产环节的物流控制目标都是满足其直接的后续工序需求，通过这种方式优化局部生产活动。虽然这种方法能够最大化地满足局部需求，却难以全面考虑到整个系统的总体控制目标，导致总体成本和库存可能无法保持在最佳水平，看板管理系统便是物流拉动型控制的典型实践。

以上两种生产物流控制原理各有优劣，物流推进型控制原理适合需求稳定、生产周期较长的生产环境，能够确保生产的整体协调和连续性；而物流拉动型控制原理则更适用于需求变化频繁、追求高响应速度和灵活性的生产环境，能够有效减少库存和提高生产效率。企业在选择生产物流控制原理时，应根据自身的生产特点和市场需求，采取最合适的控制策略。

（三）工商企业生产物流的系统化改造

1. 订货点法

订货点法是一种传统的库存管理方法，主要通过分析历史库存数据来预测未来的物料需求量。这种方法需要用经验和历史数据来设定一个特定的库存水平，一旦库存降到这个预定点，就会触发新的订货请求。虽然订货点法能在一定程度上实现对物料库存的基本控制，确保生产连续性，但其局限性显而易见，即难以准确捕捉市场需求的快速变化，对多变的生产环境和复杂的供应链体系适应性不强。因此，在现代企业的供应链管理中，这种基于静态经验的库存控制方法逐渐无法满足高效、灵活的生产和供应需求。随着信息技术的发展和供应链管理理念的更新,企业越来越倾向采用更动态化和系统化的库存管理策略,以更好地适应市场的变化。

2. 物料需求计划

物料需求计划(Material Requirement Planning, MRP)是一种系统化的生产计划方法,旨在确保生产过程中所需的各种物料能够被准时供应,以满足最终产品的生产需求。MRP的核心是通过分析最终产品的生产安排,逆向推算出其所需原材料、部件、半成品等物料的精确需求量及需求时间点,进而实现物料供应的精准匹配和时间协调。

MRP的操作依赖三个基本信息源:首先,主生产计划,它明确指出了生产的目标产品、生产数量以及预定的生产时间;其次,物料清单,它详细列出了生产每个产品所必需的材料、部件和其数量;最后,库存状态记录,它提供了关于现有物料存量的详细信息。通过综合这些信息,MRP能够有效指导企业在合适的时间点,按需订购适量的物料,避免过早采购导致资金占用和库存积压的发生,同时确保生产活动不因物料短缺而中断。在实施MRP时,企业会根据产品交付时间和各物料的提前期,倒排生产和物料采购计划,确保各阶段物料的有序供应。

3. 准时化生产

准时化生产是一种以时间为核心、追求生产效率和物料使用最大化的生产管理方法。它要求企业在生产过程中实现"恰到好处"的物料供应和产品生产,即确保所需物料和产品能够在需要的时刻以准确数量到达,既不造成过量生产,也不发生物料短缺,以达到减少库存、提高生产效率和降低成本的目的。

准时化生产的实施不仅是一种对生产流程的改进,更是一种全面的管理理念,它要求企业对生产系统进行全面优化,包括改进生产流程、提升员工素质、优化供应链管理等方面。这种方法的核心在于精细化管理,通过精确控制生产节拍和流程,确保生产活动能够高效、有序地进行。

准时化生产的实施依赖看板系统等生产控制技术的应用,人们通过视觉管理工具来传达生产指令和监控生产状态,实现生产过程的动态调整和优化。通过消除生产中的浪费、提高物料利用率和生产柔性,准时化生产能够为企业带来更高的运营效率和市场竞争力。准时化生产的终极目标是通过精益生产实现企业资源的最优配置,消除一切无效劳动和浪费,以最少的资源投入获取最大的生产输出。

五、工商企业销售物流管理

(一) 销售物流的内涵

销售物流作为将生产企业或流通企业的商品从持有者输送至最终客户或消费者的关键环节，在资金回流和再生产活动中扮演着不可或缺的角色。在销售物流过程中，如何有效地将商品以最合理的成本和最优质的服务送达客户直接影响着企业的市场竞争力和社会认可度。销售物流的管理不仅仅是一个物质传输的过程，更是一个包含了成本控制、服务质量保障与售后服务的综合性活动。在客户需求日益多样化和市场竞争愈加激烈的当下，销售物流的策略选择成为企业经营管理中的一项重要任务。

现代市场的特征是买方市场的完全化，消费者对商品的需求不仅是产品本身，还关注购买过程中的体验和服务，由此可见，销售物流活动在整个销售过程中扮演着服务提供者的角色，其服务质量直接关系着企业产品的市场占有率和品牌形象。销售物流的目标是在确保服务质量的同时，实现成本的最小化，即在服务和成本之间寻找一个最优的平衡点。为此，企业需要在物流策略上做出灵活调整，如采用适时配送、定量供应等多样化的物流服务方式，以满足不同消费者的需求。同时，销售物流还涉及运输方式的选择、包装水平的确定以及配送路线的规划等多个方面。高效的销售物流系统不仅能确保产品按时送达，还能通过优化包装减少运输损耗，通过精心规划的配送路线减少运输成本。此外，现代销售物流还强调利用信息技术提高物流效率，如通过应用实时的库存管理系统减少库存成本，通过应用物流追踪系统提高配送的可靠性。

(二) 销售物流的模式

1. 生产企业自行组织销售物流

在当前买方市场的背景下，生产企业自行组织销售物流的模式成为一种常见的物流管理形式。在这种模式下，销售物流不仅被视为生产流程的延伸，还成为企业连接市场和消费者的重要桥梁。随着市场导向从"生产中心"向"市场中心"转变，销售物流环节已经成为企业核心竞争力的关键所在，而生产活动则成为支撑销售物流的基础力量。通过自行管理销售物流，生产企业能够直接与消费者建立联系，这种直接的联系方式使信息反馈更加迅速和精确，为生产和经营决策提供了强有力的数据支持。这样的信息反馈机制不仅提高了企业对市场变化的响应速度，也加强了产品与市场需求之间的匹配度，增强了企业的市场竞争力。

此外，自行组织销售物流还能够让企业灵活调整销售物流成本，最大限度发挥其在成本控制中的作用。企业可以从整体运营的角度出发，优化销售物流的资源配置和力量分配，以适应市场需求的变化。在买方市场中，销售物流不再是简单的商品分配和运输过程，而是成为企业开拓市场、提高服务质量和客户满意度的关键环节。

当生产企业能够实现销售物流的规模化时，自行承担销售物流职能似乎是一个可行的选项，但这并不意味着它是最优解。首先，企业的核心竞争力是其成功的关键，如果一个企业擅长产品创新与开发，那么过分投入销售物流领域可能分散其资源和注意力，进一步削弱其在核心领域的竞争力。其次，生产企业在销售物流方面往往缺乏专业化的优势，自主管理销售物流可能无法达到专业第三方物流提供商的效率和服务水平。最后，即使生产企业能够在分销物流环节实现规模经济，但在向配送物流扩展时仍可能难以维持该经济规模，这种局限性可能限制企业在更广泛和更深层次市场的渗透能力。所以，在某些情况下，虽然自主管理销售物流看似可行，但企业需要综合考量自身的核心竞争力、销售物流的专业化需求以及市场拓展的长远目标，决定是否自行承担销售物流任务。

2. 第三方物流公司组织销售物流

生产企业选择将销售物流任务外包给第三方物流服务商的实质是在采用一种销售物流的社会化管理方式。这种做法让专业物流公司来负责企业的销售物流工作，带来了明显优势。第三方物流公司因服务众多企业而具备集中处理多个企业物流需求的能力，能够实现销售与供应物流的整合管理，通过统一的解决方案来优化物流流程。

这种协作模式的首要优点是物流服务具备专业化水平，第三方物流公司专注物流领域，拥有丰富的经验和专业的技术，能够提供更高效和质量更高的物流服务。此外，该模式还支持物流活动的规模化运作，由于第三方物流公司服务多个客户，能够整合不同企业的物流需求，实现规模经济，进而在技术和组织层面大幅降低成本并提升服务质量。

3. 用户自提模式

在用户自提模式下，销售物流的责任从生产企业转移到了消费者身上，实际上是消费者承担了获取商品的物流工作，在这种模式下，生产方基本上不参与商品的配送环节。这种自提方式在过去计划经济体制中较为常见，主要是由于物流资源的限制和配送服务的不足，但是，在现代市场经济体系中，随着物流服务业的快速发展和消费者需求的个性化，用户自提模式已经变得较为少见。除非特殊场景或特定商品，这种模式才会被考虑使用，因为它缺乏对消费者便利性的考虑，不利于提升用户体验和满意度。

第六章 工商企业的人力与文化管理

第一节 企业人力资源管理

一、人力资源的概念

1954年，彼特·德鲁克（Peter Drucker）在其著作《管理的实践》中首次提出人力资源，深刻阐述了组织中人的价值与作用。简而言之，人力资源代表着组织内部成员的集合，这些成员通过自身的知识、技能和能力参与组织活动中，共同推动组织目标的实现。从本质上讲，人力资源强调的是人们内在的劳动潜能，既包括思考、创新的智力劳动，也包括体力劳动。这种劳动潜能是创造财富的关键因素，因为正是通过人的劳动，无形的想法和有形的行动才能转化为实际的价值与成果。这种劳动潜能可以被组织发掘和利用，无论是在国家宏观层面还是企业微观层面，人力资源的有效管理和利用都是实现经济增长与组织成功的基石。组织需深入理解人力资源的多维价值，通过科学的管理方法，激发和利用每个员工的潜能，以促进组织的持续发展和竞争力的提升。

二、人力资源管理的内涵

人力资源管理既是一门艺术，又是一门科学，旨在通过精心策划和实施一系列与员工相关的策略和程序，实现组织的长远目标和愿景。它涵盖了从员工招募、培养、评价到激励的全过程，目的是激发员工的主动性，最大限度挖掘和利用人力资源的潜力，为组织的成长和成功贡献力量。人力资源管理关注如何有效地吸引、发展、保留和使用人才，以适应企业战略的需求，并推动企业的创新和进步。在这个过程中，人力资源管理作为企业战略的重要组成部分，应确保人力资源的战略配置与企业的总体目标同步，为实现组织的长期可持续发展提供坚实的人才支撑。

三、企业人力资源管理的意义与重要性

企业人力资源管理的意义在于发挥其核心作用，即激发员工潜能，促进企

业的整体发展，提高企业竞争力。在现代经济环境下，企业面临的是一个充满挑战和机遇的复杂市场，人力资源是企业最宝贵的资产之一。有效的人力资源管理能够确保企业拥有一个高效率、高效能的工作团队，这是企业实现其商业目标、增强市场竞争力并使之持续增长的关键。通过应用科学的招聘、培训、评估和激励机制，人力资源管理可以帮助企业吸引和保留那些具有高素质与高技能水平的员工，并通过提供不断的培训和职业发展机会，促进员工个人能力的提升，与企业的长期目标同步发展。此外，人力资源管理还涉及员工关系管理、绩效管理、薪酬福利管理等方面。通过这些管理活动，建立一个公平、正义、和谐的工作环境，提高员工的满意度和忠诚度，降低员工流失率，可以提高组织效率。

从更广泛的视角来看，企业人力资源管理的重要性体现在其对实现企业战略目标的推动作用上。良好的人力资源管理能够确保企业在追求长期发展的同时，快速适应市场变化，灵活调整人力资源配置，优化团队结构，有效应对各种外部挑战。

四、人力资源管理的主要内容

人力资源管理涉及多项内容，将这些内容进行归纳，主要包括四大项，即选人、育人、用人和留人，如图 6-1 所示。

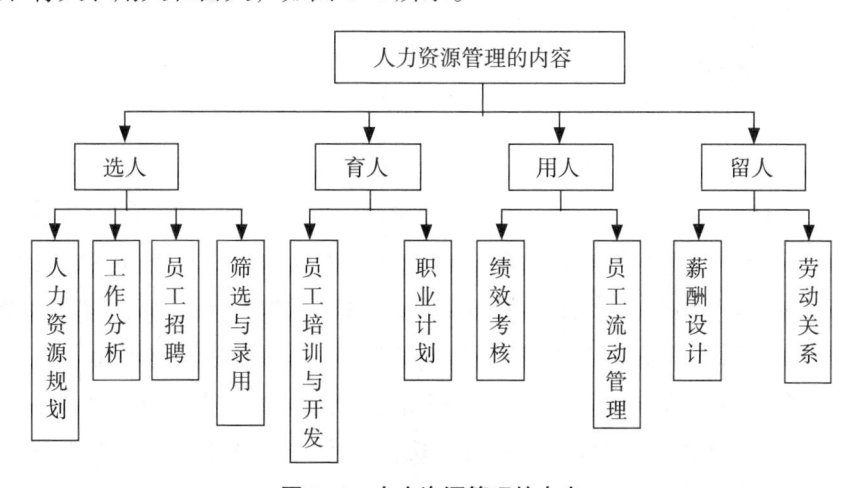

图 6-1 人力资源管理的内容

（一）选人

1. 选人要与企业的战略目标相匹配

在发展的每个阶段，企业都应制定与时俱进的战略目标，这些战略目标不仅指引着企业的长期发展方向，也直接影响着企业对人力资源的选择与配置。因此，当企业在招聘和选拔人才时，最根本的准则应是确保对所选人才的要求与企业当前的战略目标保持一致。这意味着企业的人力资源规划不能孤立存在，而是必须紧密地与企业的整体战略规划相结合，如果缺乏明确的战略目标，企业在人才选择上就可能失去方向，无法确保招募到的人才能够为实现企业的长远目标做出贡献。

2. 选人要与行业环境和企业地位相适宜

在人才选择过程中，企业必须充分考虑所处行业的特性及企业在该行业内的定位。不同的行业环境对人才有着不同的专业技能和管理能力要求，例如，技术密集型行业对人才的科技创新能力有更高要求，而服务型行业则更加注重人才的服务意识和客户沟通能力。此外，企业的市场地位也决定了其对人才的选拔标准，位于行业领先地位的企业可能更倾向招聘具有创新思维和领导能力的高层次人才，以保持其竞争优势；而处于追赶阶段的企业则可能更需要那些能够快速执行、具有良好团队协作能力的人才。企业在制定人才招募策略时，应详细分析行业发展趋势、自身业务需求与企业文化，确保选聘的人才既符合行业发展的需求，也能够融入企业文化。

3. 选人要与地域的经济水平和人文环境相结合

在人才选择过程中，企业必须将地域特性作为重要考量因素，确保人才选择与当地的经济发展水平及文化背景相适应。地域的经济水平直接影响着人才的生活成本、职业发展机会以及生活质量，而人文环境则关系人才的价值观、工作习惯和生活方式等。企业在招聘时，应向候选人清楚介绍企业所在地的经济条件、文化特点和社会环境，让他们对未来的工作和生活有一个全面认识。此外，企业还应根据地域特性调整人才选拔标准，优先考虑那些能够适应当地生活、与企业文化相契合的候选人，例如，在经济发展较慢地区的企业可能更需要那些具有良好适应能力、能够在相对艰苦环境中坚持的人才。

4. 选人要考虑人才市场的供应现状

由于人才市场的供应与需求状况随时间、行业发展和经济变化而波动，企业的人才选拔策略也应灵活调整，以适应这些变化。在人才供应充足的情形下，企业应抓住机会，扩大人才的引进范围，提前做好人才储备，为企业的长远发展奠定坚实基础。而在人才紧缺的市场环境中，企业则需通过优化招聘标准、加强内部培训等方式，有效应对人才短缺的挑战，确保企业运营的稳定性和发展的持续性。此外，企业也应积极探索多渠道的人才引进方式，利用社交平台、专业人才库等新型招聘渠道，增强对优秀人才的吸引力。

5. 选人要兼顾短期和长期人才需求

企业在选拔人才时，既要满足当前的业务需求，也要着眼未来的发展前景，构建一个既能迅速响应市场变化，又能支撑长期战略目标的人才库。企业需要在人才的选拔和储备中精心规划，确保既能引入具备即战能力的专业人才，又能关注潜力股的培养，为企业的创新和转型提供充足的人力资源支持。只有通过这种动态平衡，企业才能在激烈的市场竞争中稳步前进，并且在面对未来挑战时展现出足够的韧性和适应能力。

6. 选人要考虑人力资源成本

人力资源成本包括招聘、培训、使用直至员工离职的整个周期内的费用，以及由于选人不当而导致的潜在经济损失。正确的人才选拔策略应当是在满足岗位需求的基础上，力求以最合理的成本获得最佳的人力资源，这要求企业在选拔人才时精准定位，避免"高配"或"低配"，导致人才浪费或人才短缺问题的出现。一个合适的人才选择机制不仅能确保人才与岗位的最佳匹配，促进企业目标的有效实现，还能有效控制人力资源成本，减少因人才流失带来的再招聘和再培训费用，进而在维持企业竞争力的同时，实现成本的最优化。

（二）育人

1. 对员工能力现状进行分析

为了使培训措施更有效，首先企业必须对员工当前的技能和能力水平进行深入分析，这一步骤旨在明确员工的能力现状与企业发展需求之间的具体差距。通过细致的能力评估，包括专业技能测验、职业倾向测试及个人发展意愿调查等多维度方法，企业可以捕捉到员工在技能和知识方面的不足。此外，这一过程还涉及按照能力水平和培训需求对员工进行细分的环节，以便制订出更个性化和层次分明的培训计划。

2. 确定培训内容与方式

为了确保培训能够满足员工的实际需求并促进企业发展，培训内容必须高度专业化。企业应深入分析各岗位的具体职责，明确员工在专业技能和知识方面的缺口，设计出与企业战略目标密切相关的培训课程，例如，对于技术岗位，企业可以重点增加新技术应用的培训；对于管理岗位，企业则可以侧重领导力和团队管理能力的提升。培训方式的选择应体现高度的灵活性和自主性，企业应考虑到员工的学习习惯、工作特点和个人偏好，采用多元化的培训方法，包括传统的面对面讲授、在线学习平台、工作坊、模拟实训等方式，甚至可以引入导师制和同伴学习等互动性较强的方法。

3. 培训效果的评价

有效的培训评价机制不仅能够帮助企业判断培训项目是否实现了既定的学习目标，还能够揭示培训内容和方法的优势与不足，为未来的培训活动提供改进方向。为此，企业应设计一套全面的评价体系，涵盖培训前的需求分析、培训过程的执行质量，以及培训后的成效评估等多个维度。通过采用问卷调查、面试、测试、工作表现观察等多种评估工具，综合收集培训参与者的反馈、学习成果的实际应用情况及其对工作绩效的影响，形成客观、全面的评价结果。评估过程中搜集到的数据和信息应系统化处理并及时反馈给培训规划和执行团队，作为调整和优化后续培训计划的重要依据，确保培训活动能够持续有效地支持企业战略目标的实现。

（三）用人

1. 因事设岗、人岗匹配

在进行人才选拔和配置时，企业除了评估候选人的个人能力和专业素质外，还应深入考量候选人与目标岗位以及所在团队的综合匹配程度。具体来说，企业应对团队当前的构成状况进行全面分析，包括团队成员的教育背景、性别比例、年龄分布以及价值观念等方面。这样的分析旨在确保新成员的加入能与现有团队形成有效的互补和融合，而不是成为突出但不协调的存在，避免新人才因产生"异类"的感觉而无法融入团队，进而影响其潜力的发挥，甚至引发人才的流失。

2. 工作目标要有挑战性

企业在制定员工工作目标时，关键在于平衡目标的明确性、合理性以及挑战性，以便真正激发员工的内在动力和工作热忱。合适的工作目标不仅应明晰具体，易于理解和执行，还应具备适度的挑战性，促使员工在努力达成目标的过程中感受到成就感和满足感。如果目标设置过于宽松，就可能导致员工在轻松完成任务后变得自满、缺乏上进心；反之，如果目标过于苛刻，超出员工的能力范围，就可能让员工感到沮丧和无力，进而影响其自信心和工作积极性。

3. 岗位应动态调整

企业应致力于建立一种灵活且具有适应性的岗位调整机制，确保员工能够在其职业生涯中不断面临新的挑战和机会。随着员工能力的提升和业务需求的变化，企业应适时对员工的岗位和责任范围进行调整，更好地匹配员工的技能与岗位需求，这样能有效激发员工的工作热情和创造力。为此，企业应采取多级职位结构，允许员工根据自己的成长和表现逐步晋升至更高级别的岗位，这一过程应伴随相应的薪酬和职责的提升。这种动态调整的岗位体系旨在鼓励员工持续学习和自我提升，通过为员工提供成长的空间和机会，实现员工与企业共同发展的目标。

4. 加强考核评价

为了充分激发员工的潜能并实现企业资源的最优配置，企业必须建立一套全面、透明且公正的员工考核评价机制，这一机制应当明确考核的指标和标准，确保每位员工都能清晰理解自己的工作目标及评价标准，进而在工作中有明确的方向和动力。将考核结果与员工的薪酬、福利以及职业发展紧密联系起来既体现了企业对员工贡献的认可，也提高了员工自我提升和专业成长的积极性。

（四）留人

1. 薪酬和福利留人

在当今竞争激烈的商业环境中，高效的薪酬和福利体系成为企业吸引与留住优秀人才的核心策略。合理的薪酬水平和多样化的福利计划直接关系员工的工作满意度与忠诚度，因此构建一个与企业文化和战略目标相协调的薪酬、福利体系显得尤为关键，这包括但不限于提供有竞争力的工资、绩效奖金、健康保险、退休金计划、职业发展机会以及对平衡工作与生活的支持等。此外，企业还应致力实施灵活的激励机制，根据员工的个人需求和偏好，提供个性化的福利选项，例如，年轻员工可能更加重视职业发展和学习机会，而有家庭责任的员工则可能更加关注家庭保健和儿童教育支持。

2. 文化留人

企业文化是企业发展的灵魂，是塑造企业内部凝聚力和向心力的关键因素，它可以通过共享的价值观、信念和行为准则，形成一种独特的组织氛围，对员工的行为模式和思维方式产生深远影响。积极向上、富有激励性的企业文化能够激发员工的工作热情，促进团队合作，增强员工对企业的认同感和归属感。在构建企业文化时，企业应重视其深层次的价值导向，通过各种形式和渠道，如企业使命宣言、价值观教育、团队建设活动等，有效传递和弘扬企业核心价值观。企业应创建开放包容、鼓励创新的文化环境，让员工感受到自己的价值被认可和被尊重，从而激发他们的创造力和主动性。

3. 感情留人

企业通过关注员工的个人成长和福祉，建立基于信任和尊重的工作环境，可以深化员工对企业的情感依赖和忠诚度。这种以人为本的管理策略，一方面，体现在对员工职业发展的支持和关心上；另一方面，延伸到对他们生活状况的理解和帮助，唯有如此，员工才能感受到像家一样的温暖，自然而然地产生对企业的归属感和忠诚心。企业应定期组织团队建设活动，鼓励开放式沟通，促进员工之间的相互了解和支持，使团队成员能在彼此之间建立深厚的情感联系，共同创造一个和谐、积极、互助的工作氛围。

4. 事业留人

事业留人策略强调的是员工个人职业发展与企业成长目标的深度融合。对员工而言，企业不仅是他们谋生的地方，更是他们实现自我价值和职业目标的舞台，因此，企业在制定人力资源策略时，应充分考虑到如何通过提供成长和发展机会来促进员工与企业的共同进步。这意味着企业应当在日常管理中注重员工的能力提升和职业规划，通过制定个性化的职业发展路径，帮助员工明确自己的职业方向和发展目标。此外，企业还需要创造一个充满挑战和机遇的工作环境，激励员工在追求企业目标的过程中实现自我超越。在这一过程中，企业的领导者和管理者要发挥关键的引导与支持作用，通过有效的沟通和反馈机制，了解员工的需求和期望，共同规划并努力实现员工的职业生涯发展目标，最终达到留住人才、推动企业持续发展的目的。

五、企业在不同阶段的人力资源战略选择

（一）创业阶段的人力资源战略

在创业阶段，企业的人力资源管理面临着独特的环境和挑战。在这个阶段，企业通常规模较小，组织结构较为简单，人力资源的特点主要体现在以下几个方面：

（1）创业团队成员往往因为对共同目标和理想的追求而聚集在一起，这份对事业的共识是团队紧密合作的基础。[①]

（2）成员对企业的未来抱有共同的期望和梦想，这种积极向上的态度为企业的发展注入了强大动力。

（3）团队成员间存在着深厚的信任和依赖关系，不仅是事业上的相互依靠，还有情感上的深度融合，这使企业能够在充满不确定性的创业环境中保持稳定和凝聚力。

（4）由于企业处于起步阶段，决策结构通常较为集中，决策和指令多由创始人或核心团队成员制定，虽然这种高度集中的决策方式能够快速响应市场变化，但也会暴露出组织机构不够健全和完善的问题。因此，在这一阶段，人力资源管理的核心策略应聚焦通过情感投入与构建和谐的工作氛围激发团队成员的创新精神和积极性上。企业应注重营造一个充满信任和支持的环境，鼓励员工自我发展的同时为企业贡献力量。

（二）职能发展阶段的人力资源战略

当企业发展至职能发展阶段，即市场竞争地位已初步确立、组织规模迅速扩大、人员数量增加、专业人才逐渐聚集的阶段，企业面临的人力资源管理方面的挑战也随之增加。在这一阶段，企业内部职能分化明显，专业化程度提高，这不仅为企业的进一步发展奠定了基础，还引发了一系列管理问题，尤其在沟通协作方面的挑战显得尤为突出。

（1）随着组织结构的复杂化，不同职能部门之间的协作和沟通变得更加重

[①] 胡鹰.人力资源管理规范化实务[M].北京：企业管理出版社，2013：10.

要，同时越来越困难。虽然每个部门的专业人才在情感上能够共同工作，但他们更加关注个人贡献与组织给予的回报，期望自己的专业才能和贡献得到企业的充分认可与合理回报。

（2）随着企业规模的扩大，企业领导人在决策中的角色逐渐从直接指挥和控制转向更多时候进行综合判断与协调。领导者除了要提升自身的管理决策能力外，还要学会运用民主的管理风格，促进组织内部的有效沟通与协作。

对此，在职能发展阶段，人力资源管理的核心应转向如何建立一个基于民主原则的、强调沟通与协作的组织文化和运作模式。企业需要通过激励员工参与，有效处理个人与组织之间的关系，强化团队之间的沟通，促进跨部门协作。通过构建开放、平等的沟通平台，鼓励员工提出意见和建议，企业可以更好地调动员工的积极性，促进自身的持续发展与创新。

（三）分权阶段的人力资源战略

进入分权阶段的企业通过建立子公司或独立运营单位，并赋予其较大的自主权，以复制初创阶段的活力与创新势头。此时，企业已步入成熟期，形成了较为完善的组织架构和管理制度，面临的主要任务是如何在保持组织灵活性的同时，实现规模经济和管理效率的提升。对于人力资源管理而言，这一阶段的核心在于通过建立经济激励机制，激发员工的工作热情和创造力，同时建立起与企业发展紧密相连的绩效考评体系，确保员工利益与企业长远目标的一致性。

在实施人力资源战略时，企业需要在严格遵循管理原则和灵活适应变化之间找到平衡点，制定合理的绩效考核指标和奖惩机制，既确保员工行为与企业目标保持一致，又在一定程度上给予员工自主创新的空间。企业建立利益共享机制，让员工在企业发展中获得实实在在的收益，提升员工的工作满意度和忠诚度也是企业吸引和保留核心人才的关键措施。

（四）参谋激增阶段的人力资源战略

进入参谋激增阶段的企业面临的挑战在于如何在增强企业管理层次与保持决策效率之间找到平衡。此时，企业为了提升管理效能和专业支持，增加了大量参谋人员，虽然这种做法能够为直线经理提供必要的专业指导和决策支持，但可能引发组织结构臃肿和决策延迟等问题，甚至可能导致直线管理与参谋支持之间的职责冲突和沟通不畅。面对这一挑战，企业的人力资源战略应该着重增强对人才的智力投资，通过建立科学合理的人才评价、选拔和聘任机制，确保每位参谋和直线经理都能充分发挥其专业优势，为企业的发展贡献力量。此外，企业还需要明确直线经理与参谋之间的职责分界，通过制定有效的沟通和协作机制，消除潜在矛盾，确保命令的一致性和执行的高效率。

（五）再集权阶段的人力资源战略

在再集权阶段，企业已经发展成为一个庞大而复杂的组织体系，面对着管理效率和组织凝聚力的双重挑战，此时，人力资源战略的核心转向加强企业文化的建设，以文化力量作为连接和引领企业员工的纽带。企业文化建设的目标是在员工心中树立共同的价值观和使命感，通过共享的企业理念和精神，实现员工的自我约束和自我激励。企业需要深入挖掘和弘扬具有自身特色的企业文化元素，如诚信、创新、责任等，将这些文化理念融入企业的日常管理和运作中，通过培训、宣讲、实践等多种形式，使员工深刻理解和认同这些价值观。

第二节 企业文化管理

一、企业文化的内涵

企业文化构成了企业的灵魂，是企业在长期的生产与经营实践中形成的一套独特的管理理念和行为准则。这套文化体系通过价值观念、企业精神和经营哲学的传播，贯穿企业的每个运营环节，塑造了企业的内部氛围和对外形象。企业文化的核心是对价值观的培养与推广，旨在提升员工的道德标准和思维质量，通过塑造正面的企业形象增强企业的内部凝聚力和市场竞争力。实施企业文化建设不仅能优化员工的综合素质，还能提升企业的核心竞争力、促进经济效益的增长。

在经济全球化的大背景下，企业文化的作用越发显著，从某种程度来讲，企业之间的竞争已经超越了产品和服务的直接对抗，转向了文化软实力的竞争。企业急需将文化建设作为战略发展的重要组成部分，积极制定和执行文化发展规划，学习和借鉴行业内外的成功经验，创新和发展自身的企业文化。

二、企业文化的结构

企业文化的结构主要包括三个层面，如图 6-2 所示。

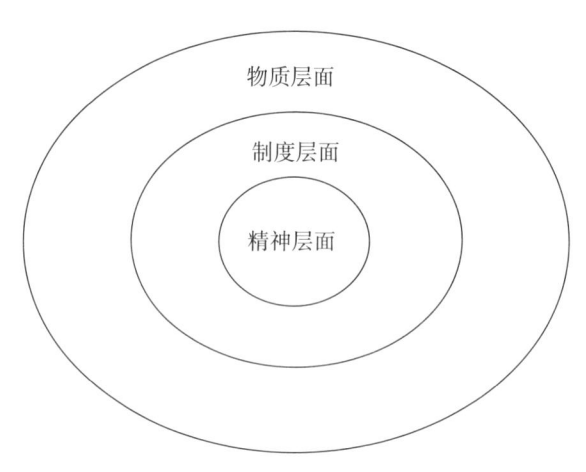

图 6-2　企业文化的结构

（一）物质层面——企业文化的基础

企业文化在物质层面上展现出的形态构成了企业文化的直观基础和物质基石。这一层面被称为"企业的表层文化"，涵盖了企业的各种物理形态和实体表现，如企业生产的产品质量、提供的服务水平、采用的技术手段、工作环境的布局、建筑风格、生产设备的现代化水平、环境、广告宣传以及产品的包装设计等。此外，员工的福利待遇和工作条件也是物质层面的重要组成部分，这些物质要素直接反映了企业的经营理念和管理水平，同时是企业向外界传达精神文化的直接载体。通过这些外在的物质表现，人们可以看到一个企业的价值取向和文化底蕴所在，这为企业内部成员提供了一个具体化、可感知的文化环境，形成了企业文化的视觉和触觉基础。

（二）制度层面——企业文化的关键

企业文化的制度层面被视作企业文化的中枢，它通过一系列的制度和规范，将企业的价值观念和精神理念转化为具体可行的行动指南，对员工的行为模式及物质文化的创造和维护产生深远影响。具体而言，制度层面包括企业的管理制度、组织架构、领导方式及各类规章制度等，这些制度不仅明确了组织的运作方式，也反映了企业的核心价值和运营哲学。它们既体现了企业的意识形态，又通过可观察的形式影响着员工的日常行为，确保企业的目标和战略得以有效实施。

(三）精神层面——企业文化的灵魂

在企业文化的结构中，精神层面被誉为企业的灵魂，它深植企业的内核，引领着企业的发展方向和行为准则。这一层面反映了企业在长期发展过程中形成的核心理念和价值观，包括企业的使命、愿景、精神和道德标准，这些都是企业文化中最核心和最稳定的元素。它既指导着企业的战略决策，也是激励员工共同努力、持续奋斗的力量源泉。企业的价值观念和道德准则为员工提供了行动指南，而企业哲学和企业精神则能激发员工的情感认同与归属感，构建起强大的内部凝聚力和向心力，这种精神文化的影响力远远超越了物质层面和制度层面，成为企业持续发展和创新的不竭动力，使企业在激烈的市场竞争中保持独特的竞争优势，展现出独特的企业个性和文化魅力。

三、企业文化的特征

（一）群体性

企业文化的群体性特征是其不可或缺的本质属性，体现了企业文化是由特定企业内部成员共同创造、维护、传承的一种集体意识和行为规范的本质。这种群体性确保了企业文化不是高层管理者或某个个体的价值观，而是整个企业成员共同的价值观和行为规范的集合。群体性使企业文化具有强大的内聚力和向心力，促进了员工之间的相互理解、支持和协作，在员工中间形成了一种共同的目标追求和价值认同。通过群体性的文化建设，企业能有效汇聚员工的智慧和力量，形成统一的企业行为，并能对外展示企业的独特风貌和竞争力。此外，群体性也意味着企业文化的形成与发展需要全体成员的参与和贡献，它是一个动态发展的过程，随着企业环境的变化和成员结构的调整而不断演化。

（二）民族性

企业文化的民族性特征体现了企业文化在形成和发展过程中深受其所在国家与民族文化传统的影响，这种民族性赋予了企业文化以独特的地域特色和民族风貌，并且使企业在经济全球化的商业环境中保持了自身的独特性和不可替代性。民族性是企业文化的根基，它来源于企业所处的历史背景、社会习俗和价值观念等，反映了一个民族的精神面貌和道德规范。民族性的企业文化对内可以增强员工对企业的认同感和归属感，对外可以作为企业独特的品牌身份，增强企业的竞争力。在全球竞争加剧的今天，企业文化的民族性特征更是成为企业区别于其他竞争对手的重要标志，有助于企业在国际市场中突出自己的特色，吸引来自不同文化背景的消费者。

（三）客观性

企业文化的客观性特征是指企业文化一旦形成，就会作为一种客观存在影响着企业的运营和员工的行为，并独立于个别员工的意志之外。这种客观性表明，企业文化不是由某个个体随意创造或修改的，而是在长期的企业运营过程中，通过企业成员的共同实践和积累逐渐形成的。它深植企业的每个角落，从组织结构、管理制度到日常工作方式，再到员工的价值观念和行为准则，无一不反映了企业文化的影响。客观性使企业文化成为企业对内对外交流和行为规范的基础，它规范着员工的行为，指导着企业的决策，影响着企业的发展方向和竞争策略。

（四）可塑性与时代性

企业文化的可塑性与时代性特征意味着企业文化不是一成不变的，它既具备一定的稳定性，又具备随着社会发展、企业成长和内外部环境变化而适时调整与发展的灵活性。这种特征说明企业文化能够根据时代的需求和企业的战略目标进行相应的塑造与创新，以适应不断变化的市场环境和社会需求。随着科技进步、经济全球化以及社会价值观的变迁，企业文化也需要不断吸纳新的元素，淘汰不适应现代社会发展的内容，以保持企业的活力和竞争力。而企业文化的时代性则强调企业应积极响应时代呼声，反映时代精神，倡导先进的管理理念和价值观念，引领企业和员工共同成长。

（五）凝聚性与人本性

企业文化的凝聚性与人本性特征直接关系着企业的内部团结和外部形象。其中，凝聚性体现了企业文化将员工的个人目标与企业的共同目标紧密结合，使之形成强大的团队精神和归属感，并激发员工的工作热情和创造力的功能。这种凝聚力使企业能够在面对困难和挑战时，展现出高度的团结和协作能力，有效地提高组织效率和竞争力。而人本性则强调企业在发展过程中，应尊重员工的价值和需求，关注员工的成长和发展，营造公平、尊重和充满关怀的工作环境。通过人性化的管理，员工可以感受到企业如同一个大家庭的温暖氛围，从而提高自身的满意度和忠诚度。

（六）内外统一性

企业文化的内外统一性特征强调了企业内部价值观、行为规范与外部形象、行为表现之间的一致性。这种统一性要求企业的内部管理和外部交往应能体现和传达相同的文化理念与企业精神。内外统一性的企业文化使员工不仅能在企业内部感受到企业的价值观和理念，还能在与外界的交往中将这些价值观和理念通过自己的行为表现出来，进而塑造企业的社会形象和品牌价值。这种特征有助于构建起企业与员工、客户、合作伙伴之间的信任和理解，促进企业形象的稳定和提升，增强企业的社会责任感和市场竞争力。

四、企业文化的功能

（一）凝聚功能

企业文化的凝聚功能主要体现在通过共同的价值观、信念和目标，将企业内部的员工紧密团结在一起，形成强大集体力量的过程中，这种凝聚力使员工能够超越个人利益，为实现企业的长远目标而共同努力。凝聚功能一方面增强了员工之间相互信任和合作的精神；另一方面提升了员工对企业的归属感和忠诚度，在这样的企业文化氛围中，员工更容易产生正面的工作态度和高效的工作表现，这为企业的稳定发展和创新提供了强有力的支撑。此外，凝聚功能还能帮助企业在外部市场中树立独特的品牌形象，通过员工的言行，向外界展示企业的正面形象，增强企业的社会认可度和竞争优势。

（二）导向功能

核心价值观作为企业精神的灯塔，为企业成员提供了一种行为的准则和方向，这种导向基于员工的自愿和自觉，并在很大程度上对尚未完全融入企业文化的成员具有一定约束力。在日常工作和决策中，员工会自然而然地将自己的思考和行动与企业的价值观相对照，主动调整自己的行为以更好地符合企业的总体目标和期望。对那些价值观尚未内化为个人信念的员工，企业文化的导向功能则通过组织目标、规范、习俗和氛围等间接强制他们按照既定的价值方向行动。例如，将顾客满意度作为首要追求的美国和日本企业，其企业文化强调顾客至上和持续创新，以激励员工提供优质的产品和服务，并鼓励他们在面对挑战和风险时勇于尝试，不断追求技术和服务水平的突破；在中国，强调集体主义、创业精神和节俭的价值观也深刻影响着企业员工的行为模式，促进团队合作，鼓励创新并提高效率。通过这种导向功能，企业文化成为引导企业向着既定目标稳步前进的无形力量，塑造了一支高效、协同和创新的团队。

（三）激励功能

强有力的企业文化能够明确企业的使命和愿景，让员工明白自己工作的意义和价值，进而激发他们的工作热情和归属感。当员工能够在企业文化中看到自己的成长和发展时，他们就会更加积极地参与工作中，不仅是为了获得物质报酬，还是为了实现个人价值和企业的目标。企业文化中的正面价值观、行为规范和成功典范都能激发员工追求卓越、勇于创新的精神，形成一种正向的竞争和自我超越的动力。

（四）约束功能

企业文化的约束功能体现为通过一系列的价值观和准则对员工行为进行规范与引导，形成一种无形的约束力，使员工在工作和社交活动中自觉遵守企业的规章制度，维护企业的形象和利益。企业文化中的共同价值观和行为标准为员工提供了明确的行为指南，帮助他们判断何为正当行为、何为不当行为，进而在日常工作中避免偏离企业的目标和原则。这种文化约束不仅能防止负面行为的发生，更重要的是能促进正面氛围的形成，如团队合作、诚信、责任感等。强有力的企业文化能够深入人心，使员工内化于心，外化于行，不需要过多的外部监督和强制措施，员工就能自觉维护企业的利益和形象，形成良好的自我管理和自我约束机制。

五、企业文化管理建设的原则

（一）以人为本原则

1. 重视人的需要

在现代企业管理中，将人放在首位，强调人性化管理是提升管理效率和促进企业发展的关键。管理者除了要关注企业的经济效益外，还要关心员工的个人成长和福祉，认识到员工是企业最宝贵的资源。企业的成功依赖每位员工的智慧和贡献，因此，营造一个能够激发员工潜力、鼓励员工参与决策的环境至关重要。管理者应当听取员工的意见和建议，尊重他们的主观能动性，让员工感受到自己在企业中的价值和地位。

以人为本的管理不是口号，而是要落实到企业文化和日常管理实践中的原则。这意味着在制定企业战略、优化管理流程时，企业要充分考虑员工的感受和需求，确保企业的发展战略与员工个人目标的协同增效。企业要通过有效的沟通机制，保证信息的透明和共享，增强员工的归属感和忠诚度。企业应结合员工的特点和需求，实施有针对性的教育培训和职业规划，提升员工的专业能力和工作效率，激发员工的创新潜力，进而为企业带来源源不断的活力和创新动力。管理的本质在于培养和激励，通过建立公平、公正的评价和激励机制，让员工在实现企业目标的同时，实现个人价值和职业发展。

2. 以鼓励员工为主

将管理的焦点聚焦于员工意味着将他们视为企业最宝贵的资源，理解并满足他们的需求和期望，创造一个能够促进员工个人成长和职业发展的环境。为此，企业应当采取以下措施：

第一，企业应当提供一个开放的沟通平台，鼓励员工表达自己的想法和建议，确保管理层能够听取并考虑员工的声音。

第二，企业应当设计和实施有效的员工培训与发展计划，帮助员工提升技能，支持他们的职业生涯发展。

第三，企业应当实施公正和透明的奖励机制，对员工的贡献给予及时与公正的认可和奖励，激发他们的工作热情和创造力。

第四，企业应当建立一个积极健康的企业文化，强化团队合作精神，营造相互支持和尊重的工作环境。

第五，企业应当对员工进行定期的职业生涯咨询，了解他们的职业发展需求和期望，并提供相应的支持和资源。

3. 尊重员工的权益

第一，企业应当积极推进民主管理体制的建设，真正保障员工参与企业决策的权利。这意味着员工不仅能在日常工作中提出自己的意见和建议，还能在企业重大决策中发表看法，应确保员工的声音被听到，他们的权益受到尊重。

第二，企业应当从根本上改变传统的管理模式，摒弃那种过分集权和压制员工的方式。包括将一部分决策权下放给员工，实施更人性化的管理策略，鼓励员工自我管理和自我激励，从而营造一个更加自由、开放的工作环境。

第三，企业应当为员工提供一个促进其个人成长和职业发展的环境。包括完善员工的培训、晋升和激励机制，关注员工的个人职业规划，帮助他们实现职业目标。通过提供有竞争力的薪酬福利，满足员工的物质和精神需求，增强员工的归属感和满意度。

（二）共识原则

在构建企业文化时，培育共同的价值观念主要基于对两个方面的考虑：一是企业文化的精髓在于其精神和价值观层面，特别是在于塑造统一的价值观方面。由于每位员工都持有个人的价值观念，若无法在企业层面上达到价值共识，企业便难以形成统一的行动力，无法凝聚成为一个有向心力的整体；反之，一旦达成了共识，企业便能够激发出强大的凝聚力和向心力。二是基于外部环境的快速变化和内部管理的复杂性，企业应强调价值共识，鼓励员工全面参与。只有广泛集合员工的智慧和经验，企业才能在复杂环境中做出合理且高效的决策和管理。

要贯彻共识原则，企业需要做好以下几点：

1. 扩展文化传播网络

企业文化的培育与成长不仅依赖顶层设计，还需要通过多样化的网络体系进行推广。无论是正式还是非正式的，浅层或深层的，广泛或局部的，这些网络都能有效传递企业的核心价值观，其形式包括生动反映这些价值观的故事、传说、习俗和行为模式等。这样的文化传播网络不仅能促进信息的广泛共享，也能帮助成员之间形成价值观方面的共识。

2. 增强沟通与互动

如果企业文化的核心价值观不能转化为员工的日常信仰和行为准则，那么这些价值观将失去其存在的意义，甚至可能对企业形象产生负面影响。因此，转化的过程关键在于通过有效沟通，让价值观深入人心，转化为员工的内在信念。管理者应该身体力行，坚持价值观，通过各种沟通渠道，不断向员工传达企业的核心价值观和行为标准，确保员工理解这些价值观，并且能够将其内化为自己的行为准则。

3. 促进参与式管理

企业管理应该摒弃权威主义，拥抱参与式管理文化。打破传统的权力结构，实施必要的分权和授权制度，不仅能够激发员工的创造力和参与感，还能够加深其对企业价值观的认同和接纳。参与式管理不仅是一种管理方式,更是一种文化策略,通过强调群体意识和共同参与,有助于构建一种共识文化,从而促进企业文化的健康发展和价值观的广泛认同。

(三) 创新原则

企业文化的革新是一场深刻的自我革命,它要求企业全面审视和重塑自己的根基——从经营哲学到组织目标,从管理体制到运营流程,乃至企业的语言和仪式等。这一切的重新构建旨在使企业文化与时代的脉搏同步,与外部世界的变化保持步调一致。

企业的引领者必须身先士卒,成为文化创新的旗手。在企业文化的形成和演化中,领导者既是设计师,塑造组织结构以适应发展的需求,又是灵魂的牧者,通过自身的言行传播企业理念,将员工的个人价值与企业的共同目标相绑定。这一过程要求领导者本人首先完成观念的革新,提升自我,只有这样,才能引领企业文化的全面创新。

企业文化的创新必须与人力资源的发展紧密相连。人力资源是推广和实施企业文化不可或缺的力量,对全员的培训和教育不仅能加深员工对新企业文化的理解和认同,还能激发他们参与变革的热情。在这一变革过程中,精心设计培训计划并付诸实施至关重要,通过培训,员工可以深入了解企业文化的精髓,全身心地投入文化革新。除了正规的培训外,企业还应运用会议、内部出版物、标语和公告板等各种手段,广泛传播企业的核心价值观,创造一个浸透着企业精神的环境。

在激烈的市场竞争中,企业间的较量已经演变为一场关于人才,更准确地说是关于学习能力的竞赛。企业文化作为企业核心竞争力的根基,其最核心的要素是对持续学习和创新能力的提倡。在知识经济时代,知识本身可以转化为企业增长的动力和资本,促使学习型组织和业务流程重塑成为管理领域的尖端思想。只有那些能够不断学习、适应和创新的企业,才能在变幻莫测的市场环境中立于不败之地。这种学习是知识和技能的积累,更关键的是对持续探索、创新和适应变化的企业文化的培养。因此,加强知识管理,提高组织整体的素质和创新能力已成为提升企业核心竞争力、确保企业长期发展的必由之路。

六、企业文化管理与建设的步骤

（一）分析内外部环境，制定企业经营战略

在塑造企业文化之初，企业必须先对其内部条件和所处的外部环境进行全面而深入的分析，这一步骤不仅是为了避免盲目行动，更是为了确保建立的企业文化能够精确反映企业的实际情况，以有效促进企业的全面发展，所以，对企业内外部环境的洞察是构建一个有利于企业发展的文化基础的关键。企业内外环境的各个方面都需要被纳入考虑范畴中，包括但不限于市场趋势、竞争对手、法规政策、企业资源与能力等多个维度。在深刻理解企业所处的环境后，下一步便是根据这些分析结果来制定符合企业实际的经营战略，该战略将成为企业在激烈市场竞争中稳健前行的灯塔，指明企业在复杂多变的商海中的航向。明确的经营战略不仅能确保企业在当前环境中生存下来，更重要的是为企业文化的建设提供方向和动力，毕竟一个与企业战略紧密相连、能够反映企业精神和价值观的文化才是真正有力支撑企业长远发展的文化。

（二）以企业战略为依据，引入企业价值观念和企业精神

企业的战略目标不仅决定了企业的发展方向，也为企业文化的构建奠定了坚实基础，这一过程中，确立正确的企业价值观念至关重要，它要求企业成员共同认识到什么是对企业最有价值的，以及企业本身追求的价值是什么。这些价值观念如诚信、创新、责任感等不仅是企业文化的核心，更是企业发展不可或缺的驱动力，企业需要精心策划和明确其价值观念，确保这些价值观念能够与企业战略紧密结合，引导企业向着既定目标迈进。

企业精神的培养和弘扬同样不可忽视。作为企业内部员工心理状态和行为准则的集中体现，企业精神是企业文化的灵魂，它可以通过塑造员工的共同认识、行为习惯和工作态度，形成一种推动企业持续发展的内在动力。企业在建设文化的过程中，需要围绕核心价值观构建具有独特性和凝聚力的企业精神，使其成为激励员工、统一思想、引导行为的强大力量。

（三）企业文化在制度层和物质层的建设

制度文化作为企业文化的基础框架，反映了企业的运行机制和管理哲学，并对企业文化的形成和发展具有深远影响，它通过一系列规范和准则，为企业精神文化的培育和价值观的实现提供了坚实支撑。这些制度不仅是企业运行的

基本规范，也是传承和创新企业文化的载体。可以说，构建一套科学合理、与企业发展战略相匹配的制度体系是企业文化建设过程中的首要任务。通过不断完善和优化企业制度，企业可以有效地引导员工行为，塑造独特的企业文化个性。

企业的物质文化则是企业文化可见的物理形态，直观地展现了企业的经营理念和文化特色，从企业的产品质量、生产环境到企业标志、建筑风貌，乃至广告设计和产品包装，每个细节都能反映出企业的文化理念和审美取向。物质文化能够为员工提供一个良好的工作和生活环境，增强他们的归属感和认同感，同时是企业对外展示自身文化魅力和品牌形象的重要途径。企业在物质层文化建设上的投入和创新是提升企业综合竞争力和市场影响力的关键。

（四）企业深层观念的深入和渗透

企业文化的根植与传承是一个渐进且连续的过程，它要求每位员工在理性层面理解企业的核心价值观和宗旨，并在情感深处认同且实践这些文化理念。为了实现这一目标，企业需要通过持续不断的文化教育和活动，使企业的核心观念、精神和哲学深入人心，形成员工的行为指南和自觉遵循的规范。这种文化的深入与渗透不是一蹴而就的，它需要企业以不懈的努力和时间的积累，通过各种形式和渠道，让文化理念在企业内部生根发芽，最终转化为员工的自觉行动和企业的无形资产。在这一过程中，企业需要创造多样化的文化传播平台和机会，如组织定期的文化培训、文化主题活动、内部交流会等，使员工在参与中感受企业文化的魅力，理解其深层含义。企业表彰优秀个人和团队则可以有效展示企业文化的生动实践，激励员工积极响应，进一步构建被广泛认同的企业文化共识。

第三节 企业形象的塑造

一、企业形象的概念

企业形象是社会和企业员工基于长期观察与经验对企业整体给出的综合评价及感受。从内部来看，企业形象体现为员工对企业的深厚感情和归属感，每位员工都应以企业的利益为己任，致力在岗位上发挥能力，保护企业信誉，提高企业效益；从外部来看，企业形象体现为赢得社会的广泛信任和对社会的正面影响与贡献获得公众的认可。

企业形象的体现维度如下：

（1）产品形象。它反映在产品的设计、外观、命名、商标及包装给人的整体印象上，是消费者直观感受企业品质和特性的重要方面。

（2）员工形象。它包括员工的服务态度、职业道德、精神面貌以及个人形象等，不仅是企业文化和价值观的直接体现，也是塑造企业外部形象的关键因素。

（3）虚拟形象。它源自企业领导层的主观想象，可能与外界对企业的实际看法存在偏差，有时会导致决策错误。[1]

（4）理想形象。它是企业领导者期望社会公众对企业持有的正面看法，是企业追求的目标形象。

（5）实际形象。它是社会公众基于企业当前状况对其进行的真实评价，是企业形象的真实反映。

（6）公共关系形象。它是通过公关团队在正确的理念指导下，经过长期努力而构建的，是符合社会总体利益和企业实际情况、易于公众记忆的企业形象。

二、企业形象的表现形式

（一）产品形象

产品形象是企业形象表现形式中最直接、最具体的一个方面，它直接反映了企业的生产水平、技术实力和品质追求。一个优秀的产品形象不仅包括产品本身的设计创新、功能实用性、外观美观性、品质可靠性，还包括产品的名称、商标、包装设计等元素，这些元素共同构成了产品给消费者留下的整体印象。产品形象的优劣直接影响着消费者的购买决策和企业的市场竞争力。一个积极正面的产品形象能够吸引更多消费者，增强消费者对企业产品的忠诚度，进而提升企业的市场份额和品牌影响力。

（二）服务形象

服务形象作为企业形象的重要组成部分，是企业与消费者在互动过程中形成的直观印象，它反映了企业服务质量的高低和服务态度的好坏。服务形象不

---

[1] 王清则，韩潮峰. 工业企业公共关系 [M]. 太原：山西经济出版社，1991：153.

仅体现在企业提供的服务是否能满足消费者的需求方面，还体现在服务过程中的态度、效率和后续支持方面，包括员工的职业道德、服务态度、响应速度以及解决问题的能力等。优秀的服务形象不仅能建立和巩固消费者的信任，提升客户满意度和忠诚度，而且有利于形成口碑传播，吸引更多的潜在客户。

（三）员工形象

员工形象是企业形象的重要组成部分，直接影响着外界对企业整体形象的感知。员工的行为举止、专业能力、服务态度以及个人仪表都在无声地传递着企业的文化和价值观。优秀的员工形象不仅能够提升客户的服务体验，增加客户对企业产品和服务的信任度，还能够有效提升企业内部的工作氛围和员工的归属感。企业应当重视员工形象管理，通过定期的职业道德教育、服务技能培训以及形象礼仪指导，塑造专业、友善、有活力的员工团队。

（四）物质环境形象

物质环境形象作为企业形象的重要组成部分，是企业文化与精神面貌的具象化和物化表达。它通过企业的物理环境，如办公空间布局、建筑风格、装饰风格、清洁程度以及对外的广告宣传等，向公众展示企业的经营理念、工作态度和文化水平。一个优雅、整洁、具有特色的物质环境不仅能够为员工营造一个舒适的工作氛围，提升工作效率和团队凝聚力，还能够在客户心中树立起企业的专业形象，提升客户的好感和信任度。企业在设计和规划物质环境时，应当充分考虑这些元素与企业整体形象、文化理念的一致性，通过有意识地塑造和优化物质环境，有效传递企业的品牌价值和文化精髓。

三、企业形象的塑造

（一）企业形象塑造的内容

企业形象塑造的内容主要包括三个方面，如图 6-3 所示。

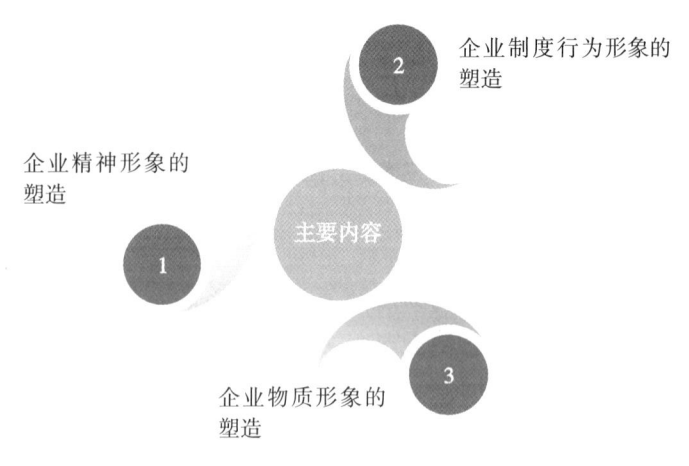

图 6-3 企业形象塑造的内容

1. 企业精神形象的塑造

企业精神形象是塑造企业内外部形象的关键所在，它深植企业的文化理念、经营哲学、社会责任感及其核心价值观之中。这种精神形象不但代表了企业的内在精神和追求目标，而且在很大程度上决定了企业对外的品牌形象和市场竞争力。为此，企业需要根据自己的特色和社会发展的需求，明确自己的经营理念和价值观，形成一套独特的精神文化体系。这种精神文化体系应当注重创新，强调诚信，倡导以人为本的价值观，既能激发员工的工作热情和创造力，还能在社会大众中树立起良好的企业形象。在知识经济时代背景下，企业精神形象的塑造更需紧跟时代步伐，强调服务社会，推崇创新精神，坚持可持续发展。企业应通过实际行动，如积极参与社会公益活动、推动技术创新、保护环境资源等方式，将企业价值观和社会责任融入日常经营活动，使企业精神形象与时俱进，展现出企业的独特魅力和社会价值。

2. 企业制度行为形象的塑造

企业的管理制度、员工行为习惯、技术创新能力以及服务态度等都是构成企业制度行为形象的关键元素，这种形象不仅反映了企业的管理水平和文化底蕴，也是企业是否能吸引客户、保持竞争力的决定因素。所以，企业需要从根本上重视制度行为形象的塑造，通过制度化管理规范员工行为，通过技术创新提升企业的技术水平，通过优质服务提升企业的服务水平，进而在公众心目中树立一个正面、专业、可靠的企业形象。

另外，企业制度行为形象的塑造还要求企业深入实践"以客户为中心"的服务理念，将这一理念融入企业文化之中，并贯穿每项管理制度和员工行为标准之中。企业应鼓励员工站在客户的角度考虑问题，主动识别客户需求，迅速响应客户关切，以实际行动体现企业的服务宗旨。通过不断优化管理制度和提升员工素质，企业可以有效地将自身的价值观和企业精神内化于员工的行为之中，使之成为企业对外展示的一张名片。正是这些看似微不足道的细节，最终汇聚成为影响企业长远发展的巨大力量，为企业在激烈的市场竞争中稳固地站稳脚跟奠定了坚实基础。

3. 企业物质形象的塑造

企业物质形象作为企业外在形象的直观展现，承载着企业的文化精髓和品牌理念，对塑造企业整体形象、增强企业的市场竞争力具有不可忽视的作用。从建筑风格、办公环境到产品设计、包装，再到企业的标志、商标等，每个细节都是塑造企业形象的载体，都在向外界传递着企业的价值观和经营理念。企业在物质形象的塑造上必须投入足够的时间和资源，通过"精雕细琢"的努力，确保每个物质形态既实用，又美观，既能反映企业的特色和现代感，又能符合社会美学和审美趋势，从而确保企业物质形象能够有效展示企业的内在实力和文化底蕴。

此外，企业物质形象的塑造不仅是物质层面上的精美制作，还需要在意义上进行深入挖掘，在文化上进行精心布局。企业标志、商标等视觉符号的设计应富含寓意，能够简洁明了地传达企业的核心价值和长远愿景，同时易于公众识别和记忆。通过这些视觉符号的广泛传播，企业可以有效地与公众和消费者建立情感连接，激发他们对企业的好奇心和兴趣，进而深化他们对企业品牌的认识和理解。在快速变化的市场环境中，企业的物质形象还需不断创新，紧跟时代发展的步伐，确保消费者对企业形象始终保持新鲜感和吸引力，每次与公众的视觉接触都要为其留下深刻印象，这样才能进一步为企业赢得更多的关注和认可。

(二) 企业形象塑造的流程

1. 企业形象调研

企业形象调研是企业理解和评估公众对其品牌认知与接受程度的重要手段，这一过程涉及搜集、分析关于企业现行政策、行为表现以及在公众中的声誉和评价的全面信息，旨在精确把握公众对企业的真实看法及企业在公众心中的定位。通过采用多样化的调研方法，如文献回顾、个别访谈、现场观察、问卷调查等，企业能够从多角度获取反馈，从而更有效地制定出塑造和提升企业形象的策略。

在搜集到必要的信息后，企业需要对这些信息进行深入的分析和处理，这个过程包括三个关键步骤：第一步，对搜集到的信息进行汇总、鉴别和整理，确保信息的准确性和可用性；第二步，基于这些信息，明确当前塑造企业形象面临的挑战和问题，这一步骤的作用是识别问题并为后续的策略制定提供依据；第三步，根据问题的紧迫性和重要性进行优先排序，确定改善企业形象的重点领域和突破口。

2. 企业形象定位

企业形象定位是一个战略性过程，旨在为企业塑造一个独特且吸引公众的品牌形象和市场地位。这一过程需要对企业自身的核心优势、行业竞争对手的形象特征，以及目标客户群体的需求和偏好进行深入分析。通过这样的分析，企业能够识别和定义其在市场中想要占据的独特位置，以及希望在目标受众中建立的特定形象。

3. 企业形象创意

企业形象的创意设计是一个将企业理念、文化和价值观通过创新与独特的视觉及语言手段展现出来的艺术过程，这个过程至关重要，因为它直接关系企业在公众心中形象的建立和品牌识别度的提升。在这个阶段，企业需要充分利用创新思维，将其品牌的独特性和时代精神相结合，设计出既能反映企业核心价值，又能吸引目标受众注意的形象元素。这些元素不仅要体现出企业的时代感，展现出新颖性，还要赋予企业形象以一种动态的活力，使其在竞争激烈的市场环境中脱颖而出，产生强大的感染力和影响力。

4. 企业形象实践

企业形象实践是企业在塑造和维护自身形象的过程中将理论转化为行动的关键步骤，这一过程不仅关乎如何通过多渠道传播企业形象，还包含了与目标受众建立有效沟通的策略。企业形象传播是实践的基础，它要求企业利用各种传媒工具——包括传统媒体和新媒体——广泛传递企业的文化和价值观。这种传播不仅要注重信息的广度，更要注重其深度和质量，确保企业形象在公众心中扎根，例如，通过举办品牌活动、社会责任项目、客户互动等方式，企业可以有效地与公众互动，从而增强品牌形象的正面影响力。

企业形象沟通则更侧重与公众的直接交流和互动，这一阶段的目的在于建立和维护良好的企业公众形象。企业需要精心设计沟通策略，确保信息传达的准确性和效果，并激发公众的情感共鸣和认同感，企业不仅要选择恰当的沟通媒介和内容，也要学会运用高效的沟通技巧，如故事讲述、情感共鸣等，以增强企业形象的吸引力和影响力。通过这种深层次的沟通，企业能够传递其核心价值观和企业精神，并收集公众反馈，为企业形象的持续优化提供动力。

5. 企业形象检测

企业形象检测不仅能帮助企业及时发现并纠正可能对其形象造成负面影响的问题，还能有效评估企业形象建设的成效，为企业提供改进和发展的方向。当企业面临形象危机时，通过科学的分析方法来诊断问题所在，明确造成形象损害的具体原因和过程是至关重要的一步，这不仅涉及对企业内部管理、运营过程的审查，还包括对外部环境和舆论反应的分析，如此才能制定出有效的策略来修复和提升企业形象。

对于正在形成或已经建立的企业形象，通过定期的检测和评估，企业可以清晰地看到形象建设的成效，识别在形象塑造过程中存在的不足之处。这种检测通常采取多种手段进行，包括分析媒体报道的质量和数量、评估广告和公关活动的效果、汇总内部数据和外部反馈信息等。通过这些综合性的检测方式，企业能够得到关于其形象的全面反馈，更有针对性地调整和优化其形象策略，确保企业形象与企业战略目标的一致性。

6. 企业形象调整

企业形象调整旨在基于企业形象检测结果，采用系统化方法对企业的公共形象进行再塑造和优化。企业应对自身定位、目标以及传播策略进行细致审视和必要调整，确保企业形象与其发展目标、市场定位和公众期望保持一致。通过这种调整，企业可以有效消除之前形象建设中的瑕疵，突出其独特的品牌特性，加强与目标受众的连接，建立更加积极、正面和具有吸引力的形象。调整过程通常包括重新评估企业的核心价值观和使命，确保这些基础元素能够真实反映企业的当前状态和长期目标。企业不仅需要根据反馈信息来优化其市场沟通策略，确保信息传递的有效性和准确性，以及沟通手段的时代感和创新性，还需要不断审视和提高其内部管理与外部服务的质量，确保每个环节都能够达到企业理想形象的要求。

（三）企业形象塑造的基本策略

构建卓越的企业形象是企业不可估量的资产，它是企业最宝贵的战略性资产之一，企业形象的良好与否直接关系着企业的成功与否。企业形象塑造由企业自身的行为模式决定，在此过程中，企业扮演着主导角色，企业形象也源于内部成员与外界公众的客观评价，意味着企业的每位成员和社会大众都是对企业形象进行评判的观察者，所以，企业形象塑造的过程需要同时在这两个维度上下功夫。在现代企业运营中，形象塑造成为一项涉及多个步骤、全面覆盖、全员参与的长期而复杂的系统性任务。企业要有效开展这项任务，需要综合考虑以下五个重要方面：

1. 重视企业外在形象的设计和提升

重视企业外在形象的设计和提升主要涵盖了企业的视觉识别系统（如徽标、商标）、企业建筑风貌、环境布局、员工着装规范，以及各种信息传播媒介（如样本、名片、广告、信笺等）的设计工作。这些设计旨在追求图形和符号的简洁性及其深刻的含义表达，反映了企业的独特性。此外，强调视觉传达的效果，追求设计的创新性、统一性和色彩的鲜明性也能使企业的外在形象易于识别并兼具美感。

2. 加强对企业内在精神文化的培育

企业需要确立并传播具有积极方向性的价值观和企业精神，其不仅能成为驱动企业向前发展的核心力量，同时能塑造出与之相协调的行为准则，这会为构建独特且吸引人的企业形象打下坚实基础。此外，企业还应坚持人本管理理念，营造一个积极健康的企业文化环境，利用这一优良文化环境来凝聚员工、规范行为、激发工作激情，并帮助员工提升自身形象，间接提升企业整体形象。企业内在精神的培育和提升不仅是对企业形象深层次的塑造，也是维护和发展良好外观形象的关键。

3. 注重提升综合实力形象，以实力支撑形象持续发展

产品的质量、技术水平、资金实力、经济效益等要素共同构成了企业的综合实力形象，它们与企业的外在形象和内在精神形象相辅相成，互相促进。一个坚实的综合实力形象不仅是塑造企业形象的基础，也是企业在激烈的市场竞争中立于不败之地的关键,通过不断增强自身的综合实力,企业能够在公众心中建立一个可靠、专业、有影响力的形象,从而提高市场竞争力,促进企业的长期健康发展。

4. 加强与社会公众的沟通

企业与社会公众的良好沟通不仅有助于企业传递信息,也是塑造和维护企业形象的重要手段。为了有效建立和提升企业形象,企业需要积极开展公共关系活动,如通过媒体宣传、举办各类活动会议、广告推广、发布宣传资料、参与公益活动等多种方式加强与社会公众的互动。通过这些活动,企业不仅可以展示其责任感和社会价值,还可以直接与目标群体进行沟通,进而在公众心中建立积极、可靠的企业形象。

5. 突出自身特色企业形象的塑造

为了在众多竞争者中脱颖而出,企业必须突出自身的独特性。这意味着企业在塑造形象时,需要准确定位,深挖企业的文化和价值所在,通过独特的企业理念、产品特色、服务模式等展示企业个性。强调企业的差异化优势不仅能吸引目标客户的注意,更能在公众心中树立一个鲜明的、区别于其他企业的形象。

塑造企业形象是一项能全面提升企业整体素质的战略任务,它一方面关乎企业的表面形象;另一方面深入企业的核心价值观和行为准则,这一过程要求企业在各个方面和环节都展现出最佳状态,以达到整体形象的优化和提升。

(1)企业必须确立和践行高标准的经营道德。经营道德是企业文化的重要组成部分,直接影响着企业的社会形象和公众评价。企业应持续强调诚信和公平的市场交易原则,以建立和维护其在市场上的良好声誉。在当代经济活动中,质量、整体视野、信誉和法律意识是构成企业信誉形象的关键要素。通过持续优化产品质量、维护公司信誉、遵守法律法规和培养全局观念,企业能够在激烈的市场竞争中立于不败之地。

(2)建立和维护良好的企业信誉。在现代市场经济中,企业的信誉既是其无形资产,也是其竞争优势的源泉。消费者购买决策的做出越来越多地基于品牌信誉状况,因此,企业形象的良好与否直接关系着企业是否能赢得消费者的信任和支持。企业信誉的建立并不是一蹴而就的,而是需要企业在长期的经营活动中,通过不懈努力和持续改进来逐步形成。这意味着企业必须在其所有活动中贯彻良好信誉的建设工作,确保从产品研发到市场销售的每个环节都符合高标准的道德和质量要求。

（3）培育良好的企业精神。培育良好的企业精神要求企业领导层以身作则，营造一个充满正能量的工作氛围，让员工在其中感受到尊重、认可，从而产生归属感。通过组织各类团队建设活动、技能培训和职业发展规划，企业可以有效提升员工的工作热情和创新能力。当员工的个人价值得到实现并与企业文化深度融合时，企业精神就会自然形成，这种精神不仅能推动企业的持续进步，更能在外部市场中树立起企业的积极形象，吸引更多的客户和合作伙伴，为企业带来持续的发展动力。

（4）提供优质服务。优质的服务不仅能够直接提升客户满意度，更是企业形象塑造中不可或缺的一环。服务的优质与否直接反映了企业的价值观和经营理念，对外传递着企业在客户关怀和专业能力方面的信息。企业需要将提供优质服务视为塑造良好企业形象的重要策略，通过服务的细节体现自身的专业水平和服务态度，进而在激烈的市场竞争中脱颖而出。

（5）吸收和借鉴先进的企业识别系统理论与实践。企业识别系统通过统一和规范企业的标志、标牌、企业文化宣传等元素，能建立起一套完整的视觉识别体系，有助于提升企业的品牌形象和市场竞争力。此外，将美学融入企业形象构建中，不仅能提升企业形象的艺术审美，更能在无形中提升企业的文化底蕴和品牌价值，使企业形象更具吸引力和感染力。

第七章　工商企业的商业流通

第一节　商品流通概述

一、商品流通时间

（一）商品流通时间概述

商品流通时间涵盖了商品从生产者手中经过商业环节最终到达消费者手中所需的整个时间跨度。[①] 这个时间周期始于商品生产完成后的销售环节，即商品的所有权从生产者转移到流通环节的商家时开始计算，一直持续到商品最终销售给消费者，完成所有权的最终转移为止。这个过程不仅包括商品从批发商到零售商，再到消费者的全程，而且涉及商品在这一过程中的运输、储存和等待时间。简而言之，商品流通时间是衡量商品从生产出口到进入消费者手中的总时长，反映了商品在流通领域内的效率和速度，包括从生产单位到批发商，再从批发商到零售商，最后由零售商销售给最终消费者的全链条时间。理解和优化商品流通时间对加速商品流通、降低存储成本、提高市场反应速度具有重要意义。

（二）商品流通时间和商品生产时间及社会再生产时间的关系

在社会再生产的过程中，商品流通时间和商品生产时间共同构成了社会再生产时间，这意味着每件产品的社会再生产时间并不仅关涉其实际的制造过程，还包括它在市场上流转直至最终被消费的整个周期。商品的生产与流通是社会再生产过程中不可分割的两部分，其中商品流通环节是连接生产与消费的桥梁，确保了产品的价值和使用价值的实现。

在现代社会化大生产中，商品流通的效率直接影响着生产的持续性和社会

[①] 王宜泰，肖焕伟，王兆燕. 新编商业经济学[M]. 上海：立信会计出版社，1995：146.

再生产的速度。流通时间的长短对生产时间具有直接影响,形成了一种时间上的相互制约关系。具体而言,流通时间延长意味着产品从生产到消费的总时间会增加,这既减少了生产的有效时间,又可能影响生产的连续性和效率;反之,流通时间缩短能够有效提高生产时间的利用率,加快社会再生产的循环速度,从而提升整个社会的生产和消费效率。因此,商品流通时间的优化成为提高社会再生产效率、缩短社会再生产时间的重要手段。这一过程要求人们提高物流的效率,改善商品的销售渠道,加强信息的流通。通过这些措施,人们可以实现商品从生产到消费的高效转换,使商品生产时间和商品流通时间形成良性互动,进而缩短社会再生产时间的总周期,推动经济的持续发展。

(三)缩短商品流通时间的意义

1. 减少流通领域的资金占用,加速资金周转,提高流通经济效益

商品在流通过程中停留的时间越长,企业的运营资金被占用的时间也就越长,这直接影响资金的使用效率和企业的资金流动性。资金的长期占用一方面可能降低企业的资金使用效率,另一方面可能增加企业的财务成本;相反,商品流通时间的缩短可以显著减少资金的占用期,加速资金的周转速度,使同一笔资金在单位时间内能够产生更多的流通和交换,进而提高企业的经营效率和经济效益。此外,资金周转速度的加快还能提高企业的市场响应能力和竞争力,使企业能够更快地适应市场变化,抓住商机。

2. 减少商品在途运输和保管过程中的损耗,节约流通费用

在商品从生产者到消费者的流通过程中,长时间的运输和保管既增加了商品的流通成本,也增加了商品损耗的风险,尤其对于易腐、易损坏的商品来说,时间的延长意味着更大的损失。缩短商品流通时间能有效减少这些不必要的损耗,降低流通成本,提高商品的整体经济效益。此外,减少商品在途时间还能提高商品的周转速度,加快资金回笼,为企业节约大量的流通费用提供了可能。通过优化流通渠道、改进物流技术、加强供应链管理等措施来缩短商品流通时间还能提升商品的市场竞争力,增强消费者的购买体验,为企业带来更多的经济效益和社会效益。

3. 加快货币流通和银行信贷资金周转速度

商品流通时间的减少意味着销售周期的缩短,货币的回流速度加快,这直接促进了货币流通速度的提升。对整个经济体系来说,这一变化都是极其有利的,因为它能有效提高资金的使用效率,降低企业的运营成本,提高企业的市场反应速度和竞争能力。此外,随着商品流通时间的缩短,银行信贷资金的周转速度也会相应提高,企业能够更快地回笼销售所得,更快地偿还银行贷款或再次利用这些资金进行投资和生产,如此一来,不仅减少了财务成本,还能增加银行的贷款周转率,提高银行资金的利用效率。

二、商品流通渠道

(一)商品流通渠道概述

商品流通渠道的建立和运作是商品从生产者手中顺利传递到消费者手中的桥梁与纽带,这一渠道涉及商品在到达最终用户之前所需经历的所有阶段和机构,包括分销商、批发商、零售商等,它的主要职能是促进商品、服务和信息的有效流通,确保生产与需求之间的顺畅对接。市场上存在着生产和消费之间的需求差异,这种差异是商品流通渠道存在和有效运作的基础,其形态和结构受经济效益驱动与市场需求动态的影响。换句话说,商品流通渠道不仅仅是物理的运输路线,更是一系列商业活动的有机组合,其目标是最小化流通成本,最大化覆盖范围和效率。这种渠道的形成是市场经济活动中自然产生的现象,它的核心是产需关系的识别和满足。随着市场环境的变化和消费者需求的多样化,商品流通渠道也在不断地调整和优化,以适应新的市场需求和经济条件。这种适应性包括渠道长度的调整、渠道成员的选择,以及渠道管理方式的创新等,旨在提高商品流通的效率和效益,减少流通环节的时间和成本损耗,最终实现生产者和消费者之间的最优连接。

(二)影响商品流通渠道的因素

1. 商品流通渠道的选择受经济规律的影响和制约

在制定商品流通渠道策略时,企业必须考虑经济规律对其选择的直接影响和制约。市场经济中的基本原则,如价值规律、供需平衡、市场竞争规律,以及时间成本的优化规律,都是企业在组织其商品流通时不可忽视的因素。企业追求的核心目标是利润最大化,这要求他们在商品流通过程中寻找最有效、最经济的渠道,以确保在最低成本下实现最高效益。这种追求既体现在商品销售的直接收益上,也体现在流通过程中时间和资源的节约上,所以,企业在选择商品流通渠道时，必须深入分析市场需求的变化趋势，合理预测供求关系的动态变化，评估竞争环境，考虑流通过程中时间成本的控制，进而在众多流通渠道的选项中做出最优选择。

2. 商品经营主体之间的关系对商品流通渠道的影响

在商业生态系统中，商品流通渠道的构建和选择深受其参与主体，即生产者、分销商、零售商等主体之间关系的影响。这些主体各自追求自身的经济利益，他们之间的合作和协调是形成有效流通渠道的关键。为了实现渠道效率最大化，人们必须设计一种既能满足各方面利益，又能促进共同目标实现的合作机制，这就要求在商品流通渠道的选择和管理中，考虑到各方利益的平衡，确保各参与方都能从中获得公平的收益和满意的结果。

由此可见，商品流通渠道的选择既是一个物流的布局问题，又是一个战略性的决策，涉及如何通过有效的沟通、协商和合作，构建一个稳定、高效的商品分销网络。在这一过程中，构建信任、明确各自的角色和责任以及制定利益均衡的契约与政策都是关键要素。通过这样的方式，人们可以确保商品流通渠道内的信息、资源和利益顺畅、公正地流动，最终实现流通效率的最大化，满足市场需求，促进整个流通系统的健康发展。

3. 商品属性与特点对商品流通渠道的影响

从商品的自然属性角度来看，其物理和化学性质直接影响着商品的储存、运输与销售方式，例如，易腐物品需要快速、冷链的流通渠道来保证新鲜度，而耐储存的商品则可以通过较长的流通渠道分销。这既关系商品在流通过程中的保值需求，也关系如何通过流通渠道的设计来最大限度满足消费者对商品品质的要求。而商品的经济属性，如其市场需求周期、目标消费群体以及价值密度等，也对流通渠道的选择产生着重要影响。高价值、小体积的商品可能更倾向选择直销或高级专卖店这样的短渠道，以保持高利润；而大众消费品则可能通过广泛的分销网络，实现其市场的广泛覆盖。

从经营者的角度来看，其营销能力和社会信誉等因素也是影响商品流通渠道选择的关键。能力强、信誉好的经营者能够建立和维护广泛、有效的销售网络，通过短渠道快速响应市场变化，提高市场竞争力；相反，能力较弱、信誉不足的经营者可能需要依赖长渠道，通过多层次的分销来达成销售目标，但这样可能增加流通成本和时间，降低市场反应速度。

(三) 商品流通渠道的分类

1. 产销分离渠道

产销分离渠道主要是指生产者与消费者之间由一个或多个商业中介机构来进行商品买卖活动的模式。具体而言，生产者将其生产的商品，无论是工业制成品还是农业生产物，都交由商业机构购入，之后这些商业机构将商品销售给最终消费者。这样的中介渠道在商品流通中占据了核心地位，绝大多数商品通过这样的中介渠道完成从生产端到消费端的转移。这种产销分离的流通方式是基于社会分工日益细化和商品生产专业化的自然结果，它不仅优化了资源配置，提高了流通效率，还能够根据市场需求动态调整商品结构，为消费者提供更加丰富多样的商品选择。

2. 产销结合渠道

产销结合渠道作为一种有效的商品流通模式，直接反映了生产与销售紧密结合的关系。这种渠道通过生产企业直接参与销售环节，实现了商品从生产到消费的无缝对接。具体而言，商品在生产完成后，不是直接进入独立的商业流通领域，而是首先通过生产企业内部或附属的销售机构进行初步的推广和销售，此后，商品可能经由商业企业或其他销售渠道进一步向消费者推广，直至最终销售。该模式的显著特点是生产企业直接参与和控制商品的销售过程，这不仅能够提高生产企业对市场的反应速度和适应能力，还能够更有效地控制销售成本，优化客户服务。而通过建立专设的销售机构，采用代理人或联营等多种形式，生产企业能够更灵活地应对市场变化，提升商品的市场竞争力。

3. 产销合一渠道

在产销合一渠道下，商品由生产者直接销售给消费者，省略了中间商或商业机构的参与，简化了商品的流通过程。这种流通方式常见于小规模经营和地方市场，尤其在农产品、手工艺品等领域较为普遍。它使生产者能直接接触消费者，获取即时的市场反馈和需求信息，同时允许消费者享受更直接、更个性化的服务和产品。

产销合一渠道体现了一种最基础的市场交易形式，它不依赖复杂的流通机构或高度的市场分工，而是基于生产者和消费者之间的直接交易，这种模式在现代社会中仍然存在，特别是随着互联网技术的发展，电商平台使生产者与消费者之间的直接交易变得更加便捷和高效。虽然产销合一渠道在专业化、规模化的市场经济中占比较小,但它在满足特定市场细分和个性化需求时仍然发挥着不可替代的作用。

三、商品流通网络

(一)商品流通网络概述

商品流通网络构成了商品从生产到消费过程中的复杂交互系统,涵盖了一系列参与商品分销的不同经营实体及其之间的组织联系。商品流通网络主要包括以下几个层次的组合:

1. 商品流通主体及其组织结构

商品流通网络由两大类经营主体构成:一是直接参与商品销售和分销的商家,包括生产厂家、批发商、零售商等;二是提供必要流通服务的机构,如物流公司、信息服务提供者等。这些主体根据自身在商品流通中扮演的角色,形成了一种高度协同的商业活动结构。

在这个网络中,各流通主体以经济利益为纽带相互联系,并通过信息技术和物流管理等现代手段实现高效合作。流通主体的组织结构变得越来越灵活,从传统的线性模式转变为更复杂、更动态的网络模式。在这种模式下,商品流通路径更多样化,流通速度加快,流通成本降低,同时流通的透明度和可追溯性得到了显著提高。流通网络的效率和功能与流通主体之间的协调及合作程度有关。在现代流通网络中,流通主体利用电子商务平台、供应链管理系统等现代信息技术手段,能够实时共享市场数据、库存信息、物流状态等关键信息,进而实现资源的优化配置,提高整个网络的响应速度和服务质量。

2. 商流、物流、信息流结构

在商品流通过程中,商流、物流、信息流三大核心结构相互交织,构成了流通网络的基础。其中,商流是商品所有权转移的过程,它通过合同、交易、支付等活动实现商品的买卖;物流关注商品从生产到消费过程中的实际物理移动,包括运输、仓储、配送等环节;信息流贯穿商流和物流,提供必要的数据支持和决策依据,涵盖市场需求、库存状态、物流动态等信息。这三者紧密协作,不仅确保了商品流通过程的高效率和低成本,也满足了市场和消费者的需求。

3.流通企业经营网点及其布局

合理设置流通企业的经营网点及其空间布局对提高整个商品流通网络的有效性和效率至关重要，这些经营网点作为商品销售的前线，直接面向消费者提供产品和服务，并在流通网络中扮演着连接生产者和消费者的桥梁角色。它们的分布和布局策略直接影响了商品的可获取性、物流的运作效率以及消费者的满意度。合理的经营网点布局能够确保商品从最近的地点迅速送到消费者手中，减少物流成本，提高商品流通速度和服务质量。但这种布局需考虑地域经济发展水平、消费市场需求、交通便捷性等因素，这样才能实现商品流通网络覆盖的广泛性和服务的即时性。

（二）商品流通网络的宏观结构

1.流通产业体系及其结构

流通产业体系构成了现代经济体不可或缺的一部分，它以独特的行业配置和服务功能，促进了商品从生产者到消费者的高效流转。这一体系包括直接参与商品买卖的批发业和零售业，以及物流、储存、流通加工、金融、信息服务等辅助性行业，它们共同构成了一个复杂而有机的整体。随着经济的发展和市场的变化，这一体系不断地演进和优化，适应着生产和消费的新需求。

从结构的角度来分析，流通产业体系的构成体现了不同流通环节之间以及同一环节内不同主体之间的经济关系和比例分配。一方面，不同流通环节的比例配制反映了国家或地区经济发展水平、市场需求的广度与深度以及流通效率的高低，例如，随着电子商务的兴起，传统的零售业和批发业的比重可能有所调整，以适应线上购物的发展趋势；另一方面，同一流通环节内部的企业配置比例，如零售业内部大型超市与小型便利店的分布，既受消费习惯的影响，也与地理位置、物流成本等因素密切相关。

流通产业体系的结构还受竞争规律的制约。在一定的地域和市场环境中，企业之间的竞争关系决定了其生存和发展的空间，影响了流通环节内外企业的数量和规模。而流通企业的经营管理水平、创新能力以及对新技术的应用也会对流通产业结构产生深远影响，推动整个行业朝着更高效、更灵活的方向发展。

2.流通产业的地域结构

流通产业的地理分布是经济地理学和区域经济学研究的一个重要方面，涉及流通企业在不同区域的数量和规模安排。这种地理结构的形成不仅受地区生产和消费模式的直接影响，也反映了流通企业自身的市场适应性和扩张策略。在某一地区，合理的流通产业布局不仅能有效支撑当地经济的发展，还能促进商品的高效流动，满足消费者需求。

企业要想实现商品流通网络宏观结构优化，需要做好如下几点：

（1）城市中心化的流通产业规划。城市作为经济发展的引擎，在流通产业布局中占据核心地位。人们在制定流通产业布局策略时，应以城市为中心，结合城市的规模、经济实力和发展潜力，科学规划流通企业的类型和规模。其中，大中型城市可以引导和支持流通企业向多元化、专业化方向发展，增加服务的深度和广度；小城市和乡镇的重点则在于提升基础流通服务能力，满足居民的基本生活需求。同时，人们要考虑到城市的特色和功能定位，构建具有地方特色的流通产业结构，增强城市的竞争力和吸引力。

（2）区域间流通产业的合作与融合。随着区域经济一体化进程的加快，区域间流通产业的合作与融合尤为重要。人们应通过建立有效的区域协作机制，实现资源共享、优势互补，从而提升整个区域流通产业的综合实力和竞争力。在这一过程中，政府应发挥关键作用，通过政策引导和激励措施，促进不同地区间流通产业的交流与合作，打破地域限制，形成跨区域的流通网络。此外，人们要鼓励流通企业通过兼并重组、战略联盟等方式，形成跨区域经营的大型流通企业集团，从而提升流通效率和服务水平。

（3）流通产业政策与法规的完善。流通产业的健康发展需要完善的政策和法律体系作为保障。政府应制定和完善相关政策法规，为流通产业的发展提供明确的方向和规范的操作框架。具体包括以下内容：优化流通产业的市场准入机制，简化行政审批流程，降低流通成本；加强市场监管，保障公平竞争，打击非法经营活动；提供税收优惠、资金支持。这一系列政策鼓励流通产业的技术创新和服务模式创新。

3. *流通产业的流通渠道结构*

在流通领域内，根据功能的差异，各种各样的渠道相互交织，形成流通产业的复杂网络。这一网络通过成员之间的功能互补和竞争互动，形成了一种动态的流通渠道结构。此结构的核心目标在于既满足商品的流通需求，也顾及各流通环节参与者的经济利益，力求在减少整体交易成本的同时，实现流通效率的最大化。此外，它还注重在各流通环节之间搭建起协作与竞争共存的桥梁，确保流通过程的活力与效能。

第二节　农产品的流通

一、农产品流通的概念

农产品流通是一个涵盖了农产品从田间到餐桌全过程的复杂系统，既包括实体商品的物理移动，即物流，还涉及商品交易的各个环节，即商流。[①] 其中，物流涵盖了农产品的运输、储藏、加工、分级、包装等关键步骤，确保产品在质量和安全上符合消费者需求；而商流则关注商品交易的流程，包括但不限于市场调研、交易洽谈、合同签订、支付结算以及后续的客户服务等。这两个流程相辅相成，共同构成了农产品从生产者到消费者手中的完整链条。

随着社会经济的快速发展和城市化进程的推进，城乡之间的生产与消费差异日益显著。城市地区消费需求集中，而农业生产却广泛分布于辽阔的农村地区，这种空间上的距离造成了生产与消费的脱节。为了缩短这一差距，需要建立和完善现代化的农产品流通体系，这一体系既需要高效连接分散的生产单位和集中的消费市场，又需要适应商品经济的要求，通过优化流通渠道、提升物流效率、创新商业模式等方式，增强农产品流通的整体效能，以满足现代社会对农产品质量、安全和多样性日益增长的需求。

二、农产品流通的特点

第一，尽管存在众多可替代的农产品，且农产品消费在家庭预算中占据相对较大的份额，但消费者对价格变化的敏感度很低，即价格弹性小。这种现象意味着农业生产丰收带来的可能是供应过剩的局面，农民为了促进销量，不得不接受较大幅度的价格下调，这反而可能导致其收入减少，而需求量的增加相对有限。这一现象使农产品市场对价格波动的反应具有复杂性，农民要承担较大的市场风险。

第二，农产品作为基础生活物资，其需求的收入弹性也相对较低，这意味着随着经济增长，农产品需求的增速通常落后其他非必需消费品。在这种情

---

① 谭向勇，谷树忠.农业经济学教程[M].太原：山西经济出版社，1994：228.

况下，即便经济状况整体向好，农产品的市场需求增长缓慢，仍会导致其交易条件相对恶化，进而影响农民收入的增加及农业生产效率的持续提升。

第三，农产品价格的波动性显著高于其他类别的产品，这一现象对农民的经济状况产生了深远影响。在市场价格下跌期间，农民往往首先受到影响，其收入减少的幅度通常超过工业产品的生产者，因而农业部门遭受的经济损失相对较大；反之，当市场价格上涨时，先行上涨和涨幅较大的往往并非农产品，导致农民相对于其他部门的生产者要承受更大的相对损失。这种农产品价格的高波动性和农民收入不稳定性是许多国家难以有效解决的核心问题之一。

第四，农产品需求的空间均衡性与时间连续性要求农产品必须进行复杂的区域间运输和季节间储存或逆季节生产，这进一步增加了农产品市场营销的成本。增加的成本并非完全由消费者承担，部分成本转嫁给农民，导致其净收入下降。在经济系统中，农民既是生产者，也是消费者，他们既需要承担生产方面的损失，又需要承担消费者普遍面临的成本增加问题。

第五，农业供给对市场变化的响应具有显著的滞后性。这主要是由于农产品生产周期的长短不一和调整产品结构的诸多限制，因此供应往往无法及时根据市场需求的变化进行相应调整。例如，猪肉的生产周期为12个月，牛肉的生产周期为30个月，木材的生产周期则更长。在这样的生产周期内，增加或减少供应几乎不可能实现。此外，由于上述因素，短期内某些农产品可能出现供给的价格弹性小于零的情况，即猪肉价格上涨时，生产者为了扩大种群而减少短期供给，以期待未来扩大长期供给；而猪肉价格下跌时，生产者则会压缩种群，进而增加了短期供给。这种反直觉的供给行为易形成恶性循环，加剧农业生产的周期性波动，其根本原因在于供给对市场变化反应的滞后性，这是大多数国家面临的共同挑战。

三、农产品流通在社会再生产中的作用

（一）搞好农产品流通是解决人民吃饭穿衣的大事

在现代经济体系中，农产品高效流通不仅涉及商品的物理转移，还包括价值转换、信息传递和资金流动等多维度的交换过程。建立和完善农产品的集散地、物流中心、电子交易平台等流通设施与服务体系能显著缩短农产品从田间到餐桌的流转周期，降低流通成本，提高流通效率。引入供应链管理理念，实

现产供销一体化，能有效协调农产品的生产与市场需求，保障粮食供应安全和服装行业的稳定发展。

（二）为保证工业生产和农业生产的不断增长创造条件

高效的农产品流通体系能够确保农业生产的成果被及时、有效地供应给工业部门和广大消费者，并为农业生产提供必要的工业原料和生产资料，实现农工互动、互利共赢的经济循环。具体而言，人们可以通过完善的物流系统、供应链管理和信息技术平台，实现农产品供应的稳定性和多样性，满足工业生产对原材料的需求，推动工业生产技术的创新和产品质量的提升。与此同时，工业部门的发展又为农业生产提供了先进的生产工具和技术支持，促进了农业生产效率的提高和生产成本的降低。此外，农产品流通还促进了农产品市场的扩大和深化，通过市场信号反馈引导农业生产向市场需求靠拢，实现产业结构的优化升级，因此，发展农产品流通对于促进工业与农业的良性互动、推动经济持续健康发展具有重要作用。

（三）农产品流通是实现区域平衡的重要条件

农产品流通作为实现区域平衡的重要条件，可以通过优化资源配置、平衡供需关系来促进区域经济的协调发展。从宏观的角度来看，有效的农产品流通能够打破地理和生产能力的限制，实现农产品从生产过剩区域向需求旺盛区域的转移，进一步缓解区域间农产品供需不平衡的矛盾，使农产品价格更稳定，避免由于农产品供需失衡而引发社会经济问题；从微观的角度来看，农产品流通促进了农民增收和农业增效，通过提供更广阔的市场和更多的销售渠道，增加了农民的收入来源，提高了农业生产的积极性，进而促进了农业生产力的提升和农业结构的优化。此外，农产品流通还是促进区域经济一体化的重要手段，通过流通网络的建立和完善，加强区域间的经济联系和互动，有助于形成互补性强、竞争力高的区域经济格局。

（四）农产品流通是发展对外经济合作的重要内容

农产品流通在发展对外经济合作中占据了重要地位，主要体现在促进贸易平衡、扩大出口、引进先进技术和管理经验、提升农业国际竞争力等方面。第一，优化农产品出口结构和提高农产品的质量与附加值能够有效扩大国际市场份额，促进贸易顺差，增加外汇收入，为国家经济发展提供稳定的财政支持。

第二，农产品的国际流通有助于引入国外的先进农业技术、种子、肥料等，通过技术引进和吸收再创新，人们可以提升本国农业的生产效率和产品质量，促进农业现代化。第三，国际农产品贸易还能够推动国内农业产业结构的调整和优化，使农业生产更加符合国际市场需求，增强农业的国际竞争力。此外，通过参与国际合作与竞争，农产品流通还能促进国内农业政策和标准的国际化，提升农产品的国际认可度。

四、农产品流通的优化对策

（一）加快农产品品质改良，提高优质率

为了促进农产品流通和满足市场需求，农产品生产重点应放在提升农产品的质量和品质上。首先，人们应优化地区农业资源配置，发展具有地区特色的农业生产专业区，从而有效提升农业的商品化和专业化程度，从根本上保证农产品的优质。其次，人们应强化环境保护意识和推广标准化生产，对农业生产过程中的环节进行严格管理，从种植、养殖到收获的每个环节都要符合质量控制标准。最后，人们应利用农产品批发市场影响广泛和大规模交易的特点，实施质量监督，确保供应市场的农产品符合质量要求。

（二）加快流通体制改革，提高流通企业的组织优化程度，扩大企业规模

通过策略性的联合和重组，人们可以实现资源的有效整合与优化配置，具体措施包括成立联合的企业集团、促进企业之间的资源共享与合作等。采用现代流通模式，如连锁经营，可以通过建立分店和连锁店，将众多分散的小型企业和个体经营者纳入统一的管理与运营体系中，实现规模效应和管理效率的提升。推进农业产业化经营是另一条重要途径，人们可以通过建立龙头企业（如合作社或公司），将农产品的生产、加工、销售整合为一体化服务链，既能提高农产品的市场竞争力，又能为农民提供更加稳定和高效的销售渠道，有助于实现农业生产与市场需求的有效对接，提升整体农产品流通的效率和效益。

（三）加强整顿规范市场经营秩序

为确保农产品流通的健康发展，必须强化市场经营秩序的整治与规范，营造公平竞争的市场环境，保护生产者和消费者的合法权益。这要求人们从根本

上加大对市场的监管力度，坚决打击制造和销售假冒伪劣产品的非法行为，保障农产品质量安全和交易的公正性。要实现这一目标，关键在于通过立法和政策引导，设立严格的市场准入和监督机制，确保所有市场参与者遵守规则，公平竞争。此外，人们还应加大对违法行为的查处力度，对涉及制假售假等违法活动的个人或企业应依法严惩，确保市场的正常运作和对消费者权益的保护。

第三节　日用工业品的流通

一、日用工业品流通的特点

（一）日用工业品流通具有从集中到分散、从城市到乡村的流向特征

日用工业品的流通渠道展现出明显的城市向乡村扩散的趋势，反映了由生产集中地向广泛消费地扩散的分布特性。这种流向特点的形成是因为日用工业品主要由规模化、集约化的现代工业设备在城市中心或大城市生产，这些地方拥有先进的生产技术和集中的工业资源。随后，为满足全社会的日常需求，这些产品必须被分发到各个角落，覆盖每个城市居民和乡村家庭。所以，日用工业品的分销过程需要高效地将产品从生产的中心点通过多级分销网络，传递到社会的最终消费者手中，无论是城市还是乡村。

（二）日用工业品的流通过程需要专业化经营和综合经营相结合

日用工业品的流通管理旨在解决生产专业化与消费需求多样化之间的矛盾，通过融合专业化和综合性经营策略来满足市场的广泛需求，这种策略背后的逻辑如下：尽管日用工业品的生产过程在城市中心高度专业化和集中化，以提高生产效率和产品质量，但消费者的购买行为表现出对产品种类的广泛需求和对购物便利性的高度期待。因此，为了满足从单一商品到多品种商品的复杂需求，并保持消费者的满意度和忠诚度，商业流通系统必须采取灵活多变的经营模式。

（三）日用工业品经营要有合理的环节和层次

鉴于中国地理环境的广阔与复杂，不同区域在资源分布、消费习惯及需求特征上存在显著差异，日用工业品的流通不仅要允许产品在全国范围内自由流动，满足各地的特定需求，还要通过有效的物流和分销体系，确保商品能够高

效、快捷地到达消费者手中。对此，构建一个合理的经营环节和层次结构既能促进产品从生产地到消费地的顺畅流通，又能通过精准的市场定位和产品策略，满足不同地区、消费者群体的特定需求，这是日用工业品流通中不可或缺的战略方针。

（四）日用工业品的市场寿命周期具有逐渐缩短的客观趋势

随着科技进步和工业革新的加速，日用工业品的市场寿命周期正在显著缩减。[①] 与相对稳定的农产品市场周期不同，日用工业品市场的生命周期是从产品首次进入市场到逐渐退出的整个时段，并且正在逐步缩短。这一现象主要由两大因素推动：第一，工业技术的快速进步使生产者能够更迅速地推陈出新，以新技术、新材料、新设计不断推出新产品。第二，消费者的需求和偏好也在持续变化，这种变化除了受个人收入水平提高的影响外，还与社会消费趋势和文化变迁密切相关。消费者对日用工业品的追求从单一功能性转向多样化、个性化，并不断追求更新更好的产品。

这种生产端的快速创新与消费端的持续变化形成了强大的双向动力，使日用工业品的市场寿命周期不断缩短。新产品的不断涌现满足了消费者对品质、功能和时尚的新期待，而消费者需求的不断变化又促使企业持续研发和更新产品。这一循环既加速了产品更新换代的速度，也使市场竞争更加激烈，为了在竞争中立足，企业必须不断优化产品线，缩短研发周期，提高市场响应速度，以适应市场寿命周期缩短的趋势。

（五）日用工业品的经营过程要与一定的技术服务相结合

在日用工业品的营销和管理中，融入专业的技术服务是至关重要的一环，这些产品往往具有从基础到高端不等的技术含量，对质量标准和规格有着严格要求。产品的实际应用价值在很大程度上依赖其是否符合这些技术规范，所以，整个流通环节，包括产品的打包、运输、仓储等，都必须遵循技术规范以保证产品质量。另外，在产品的使用、维护和修理过程中，消费者对技术支持的需求同样不容忽视。为了满足这些技术性需求，日用工业品的经营者必须提供相应的技术服务，以确保产品从生产线到最终消费者手中的每一步都能保持最佳状态和性能，这不仅包括在销售前为客户提供详尽的产品信息，帮助他们理解

---

① 张魁峰. 商业经济学 [M]. 北京：中央广播电视大学出版社，1993：159.

产品的技术特性和正确的使用方法，还包括在销售后提供维修和保养服务，确保产品的长期有效使用。通过这种方式，经营者能够建立起与消费者的信任关系，提升品牌忠诚度，并在竞争激烈的市场中脱颖而出。

（六）日用工业品收购具有均衡性

在日用工业品的采购与销售流程中，一方面，需求的均匀性要求商业机构必须以连续且平衡的方式进行产品收购，确保工业生产资金的快速流转和再生产周期的缩短。这种均衡性采购策略有助于生产计划的稳定，使工业生产能够响应市场需求变化，进而维持生产效率和经济效益的最优化。相对于生产而言，工业产品，尤其日用品的生产过程受季节变化的影响较小，具有更短的生产周期和更高的生产均衡性，因此，商业部门能够实现对这类产品的持续稳定供应。另一方面，由于消费者对某些日用工业品（如服装类产品）的需求存在明显的季节性变化，商业机构在进货策略上必须考虑季节变动因素，合理规划库存，以便在消费旺季时能够满足市场需求，同时在淡季时减少库存积压。商业部门需在全年的采购与销售计划中妥善平衡淡旺季的供需关系，通过科学的库存管理和市场预测，调节季节性消费的波动，保障市场供应的稳定性。

从更广泛的社会经济效益角度来看，正确处理工业生产与商业销售之间的关系，协调产销平衡是促进工业和商业协同发展、满足人民生活需求、提高社会经济效益的关键。通过综合考量市场供求状况及消费者需求，商业部门可以更加有效地推动工业按照市场趋势进行合理生产和经营活动。

（七）日用工业品的品种复杂多变，产销矛盾较复杂

日用工业品市场的多样性和动态性，特别是在产品种类、规格、设计以及应用范围上的广泛多变，直接反映了生产与销售之间存在的复杂关系。这些产品能够迅速响应市场趋势，并且更新换代的速度极快，这在一定程度上增加了商业运作的挑战性。随着全球技术革命的推进和国际先进技术的引入，我国日用工业品生产领域也迎来了技术进步与产品生命周期缩短的新局面，产品更新换代的频率不断提高。面对这种复杂的产销结构，商业运作必须灵活多变，能够快速适应市场的供需变化。为了适应这种复杂性，商业部门需要推动生产端实行灵活的生产策略，即推动实施小批量、多样化的生产模式，以满足市场对多样性的需求。商业部门必须采取多元化的流通策略和营销手段，通过建立多样的销售渠道和采购方式，确保产品能够有效地流通到消费者手中。此外，商

业部门还需在商品库存管理上保持谨慎，以防因市场需求变化而引发的商品积压问题。

二、积极组织日用工业品流通的意义

在现代商品经济体系中，日用工业品流通不仅是满足人民日常需求的重要环节，而且对促进国民经济的均衡发展、提升消费者生活质量及维护市场稳定具有至关重要的作用。理解和重视日用工业品流通的发展至关重要，其不仅是日用工业品市场供应的物质保障，还是推动经济发展和社会进步的关键因素。

第一，日用工业品流通的积极推进对激发轻工业的持续增长有着不可或缺的作用。鉴于我国轻工业在整体工业生产中占据重要地位，尤其日用工业品生产占轻工业的大比例，商业部门通过有效的流通机制，能够为轻工业产品提供广阔的市场空间，从而促使轻工业乃至重工业和农副产品生产的全面提升。这样的市场导向作用是生产力发展和产业升级的重要动力。

第二，加强日用工业品流通对满足人民群众不断增长的生活需求具有重大意义。随着经济的发展和生活水平的提高，人们对日用工业品的需求日益变得多样化和个性化。商业部门通过高效的流通系统，能够确保各种日用工业品迅速、准确地送达消费者手中，进而实现社会主义分配原则，让广大劳动者通过合理途径获得所需商品，提高生活质量。

第三，日用工业品流通的积极发展对维护市场供需平衡、促进价格稳定以及保障国家财政收入稳定也具有不可忽视的作用。建立有效的流通渠道和市场调节机制不仅能有效预防市场供需失衡导致的价格波动，维护经济秩序的稳定，还能为国家带来稳定的财政收入，为国家的经济发展和社会福利提供保障。

三、完善日用工业品市场的对策

（一）以市场为导向，保持供求总量与结构的基本平衡

企业要通过市场调研深入了解消费者需求的变化趋势，及时调整生产计划和产品结构，避免市场供应过剩或短缺。同时，企业应加强供应链管理，提高生产和流通的灵活性，以快速响应市场变化。政府应发挥宏观调控作用，通过政策引导和支持，促进产业升级和技术创新，进一步提升日用工业品的质量和竞争力。

（二）创造一个平等竞争的市场环境

政府应加强市场监管，制定和实施公平竞争的市场规则，打击不正当竞争行为，如价格垄断、商业贿赂和产品假冒伪劣等，确保所有市场主体在公平的条件下竞争。此外，政府还应促进市场准入和退出机制的完善，降低行业进入门槛，鼓励创新和创业，并加快对落后产能的淘汰，优化资源配置。政府应进一步加强知识产权保护，激励技术创新和品牌建设，提升日用工业品的市场竞争力。

（三）正确应用必要的宏观调控手段

政府应积极利用财政政策和货币政策等工具稳定宏观经济环境，创造有利于市场发展的外部条件。具体而言，政府可以通过调整税收政策，降低日用工业品生产和流通的成本，激励企业扩大生产和创新；利用货币政策调节流动性，保持货币供应与经济增长的相适应，避免通货膨胀或者通货紧缩对市场的不利影响；实施产业政策，引导资源向优势和战略性日用工业品领域集中，提高产业链的整体竞争力。

（四）转变市场观念，重构批发体制

企业要从传统的以销售为中心转向以市场需求为导向的运营模式，注重市场研究，深入了解消费者需求，以及时、灵活地调整产品策略和营销策略。批发体制的重构应着重建立高效、透明的物流和信息流系统，利用现代信息技术，如大数据分析、云计算等，实现供应链的优化管理，减少库存积压，缩短供应周期，提高响应速度。政府应大力推广电子商务等新型批发模式，打破传统地域和时间的限制，创造更加开放和竞争的市场环境。

（五）积极参与国际竞争，按国际贸易惯例办事

在完善日用工业品市场的对策中，积极参与国际竞争，按照国际贸易惯例办事是提升市场竞争力的关键。这意味着企业需遵循国际市场的规则与标准，采纳全球贸易的操作模式和法规，确保产品质量和服务满足国际要求。同时，企业应提高跨国经营能力，通过国际认证，如 ISO 质量管理体系认证，提升产品在国际市场的竞争力。此外，重视国际市场研究和营销策略的局部化调整，理解并尊重目标市场的文化和消费习惯也可以使企业更好地适应和渗透国际市

场。在宏观层面，政府应鼓励和支持企业"走出去"，为其提供必要的政策指导和财政税收优惠，帮助企业降低国际化经营的风险和成本，提高其在国际竞争中的主动性和灵活性，以推动日用工业品市场的国际化发展。

第四节 生产资料商品的流通

一、生产资料概述

生产资料，也被称为"生产手段"，涵盖了劳动资料和劳动对象两个方面。[①] 虽然它们在物质形态上呈现出多样性，但根据其在消费部门中的应用，主要可分为工业和农业两大类生产资料。生产资料在整个社会再生产过程中扮演着极其关键的角色，它不仅是衡量社会生产力发展水平的核心指标，也是人类划分不同历史阶段的基础，可以说，生产资料的存在与发展深刻影响着社会生产结构和社会进步的步伐。

二、生产资料商品流通的特点

（一）生产资料商品流通主要局限于生产领域

生产资料商品流通的特性显著地表现为其流通范围主要局限于生产领域内部，这是因为生产资料，无论是劳动资料还是劳动对象，最终用途都是参与进一步的生产过程，而非直接满足消费者的个人消费需求。这类商品的买卖交易通常发生在企业、工厂和其他生产组织之间，而不是直接面向最终的消费者市场。生产资料商品流通还具有高度的专业化和技术要求，这是由生产资料本身的性质决定的，购买方往往需要具备专业知识和技能，以正确选择和使用这些资料。生产资料的供应和需求之间存在较强的依赖性与长期合作关系，人们常常通过签订长期合同或建立稳定的供应链关系来保障生产的连续性和稳定性。

（二）生产资料商品流通市场具有明显的独立性

生产资料商品流通市场的独立性是其显著特点之一，具体体现在生产资料流通与消费品流通市场的明显区分上，首先，生产资料市场的独立性源自生产资料的使用目的和对象特点：生产资料直接服务生产过程，其购买和使用通常

---

① 周延鲸.工商企业管理概论[M].长沙：国防科技大学出版社，2005：175.

由企业、工厂与其他生产组织决定，而非最终消费者。因此，生产资料市场的需求主体具有高度的专业性和目的性，不同于面向普通消费者的消费品市场。

其次，生产资料市场的独立性体现在交易模式和决策过程上，由于生产资料的技术复杂性和对生产过程的重要性，其购买决策往往涉及复杂的技术评估和经济分析，需要买卖双方具有相应的专业知识和技术背景。另外，生产资料市场的交易通常依赖长期合作关系和合同协议，而非即时的市场行为。

最后，生产资料市场的独立性表现在价格形成机制上。生产资料的价格不仅受到供求关系的影响，还受到生产技术进步、原材料成本变化和宏观经济政策等因素的影响，这些因素共同作用，使生产资料价格的形成更加复杂，进一步强化了其市场的独立性。

（三）生产资料商品流通直接反映着所有制之间的关系

这种关系在不同经济体制下表现不同，特别是在市场经济体制和计划经济体制中有显著区别。在市场经济体制中，生产资料流通主要受市场机制的调节，所有制多样化，包括私有制、合资、国有制等，这种多样化的所有制关系促进了竞争，提高了市场的活力和效率。生产资料的购买和销售决策主要由市场供求关系、价格机制以及生产效率等因素决定，体现了所有制之间的经济关系和利益协调。在计划经济体制中，生产资料流通则受国家宏观调控和计划分配的影响，所有制关系主要表现为国家对生产资料的控制和管理。在这种模式下，生产资料流通的范围和效率受到限制，反映了国家所有制与企业之间的关系，以及在此基础上形成的分配和调配机制的特点。

（四）生产资料商品流通一般技术性较强，方向性较明显

生产资料商品流通的技术性较强和方向性较明显的特点体现为其在流通过程中对专业知识和技术要求较高，以及流通目标和途径相对固定。

一方面，由于生产资料多涉及专业领域的机械设备、原材料、半成品等，其技术参数、性能指标和应用条件等具有专业性与复杂性。流通的参与者既要具备相应的技术知识和专业背景，以确保生产资料的精确匹配和有效利用，又要对市场需求进行精准分析，保证供应链的高效运作。因此，生产资料的购买、销售、运输和储存等流通环节都需要依托专业技术和管理能力，以实现资源的最优配置和利用。

另一方面，生产资料商品流通的方向性较明显，主要是因为生产资料的使用目的和应用领域相对固定，流通渠道和目标客户群体相对稳定。例如，特定行业的生产设备和原材料，其购买主体通常为同一行业内的生产企业，流通过程中往往围绕着满足这些企业的生产需求而进行。这种方向性既减少了流通的不确定性，也提高了流通效率，同时要求流通主体对行业发展趋势、技术革新及市场需求变化有敏锐的洞察力和快速的响应能力。

三、我国生产资料商品的经营体制及其改革

在市场经济体制下，生产资料商品的经营体制直接关系着生产资料流通的有效性和效率。改革生产资料商品经营体制旨在更好地适应"国家调控市场，市场指导企业"这一经济运作新机制，确保经济活动能够在国家宏观调控和市场自主调节之间找到最优平衡。此次改革的核心目标和措施包括如下内容：

第一，构建和完善以市场为导向的生产资料经营体系，确保生产资料经营活动与市场需求紧密相连。这要求人们建立能够灵活响应市场变化的生产资料经营企业，企业在自主经营的同时，通过建立健全的购销合同制度，规范市场交易，确保交易双方的权益得到保护。

第二，根据价值规律和市场供求关系，逐步实施生产资料价格的市场化改革。这意味着在保证市场稳定和国家宏观调控需要的前提下，生产资料价格应更多地由市场供求关系决定，以更真实地反映生产资料的市场价值。对于一些关键性或战略性生产资料，人们应通过计划价格机制进行适当调控，以保障国家经济安全和社会稳定。

这一系列改革措施旨在推动生产资料市场的健康发展，提高生产资料流通的效率和效益，为国家经济的持续健康发展提供有力支撑。通过改革，建立一个既符合市场经济规律，又能有效反映国家宏观调控意图的生产资料经营体制，为中国经济的现代化建设注入新的动力。

第八章　工商企业的跨国化经营

第一节　企业经营的国际化趋势

一、跨国经营与跨国公司

企业的全球扩展，也称为"企业国际化"，是企业超越本国边界，在全球多个国家开展生产、销售及服务活动，以追求更广阔的市场空间，获取更优质的资源及更高利润回报的经济活动。具体而言，企业国际化表现为以全球市场为目标，进行直接海外投资，建立海外分支，有效利用全球资源，在多个领域开展业务活动，以使企业从地域局限中解放出来，转变为具有全球视角的跨国实体。企业跨国经营的本质在于实现全球生产要素的高效配置，最大化利用人力与自然资源，并利用跨文化的优势实现利益最大化。

在商品国际化向资本国际化演变的过程中，跨国经营经历了以下发展阶段：

（一）出口产品阶段

出口产品阶段是跨国经营的第一个步骤。在此阶段，企业以国内市场为基础，通过出口的方式将产品介绍到国际市场，目标是让企业的产品进入全球市场。

（二）国外销售阶段

随着企业在国际市场上产品出口比例的日益增加，企业开始在海外建立销售网络，以更加直接和主动的方式与国外消费者接触，尽管此时产品的生产依然在国内完成。出口产品阶段与国外销售阶段共同构成了商品输出阶段。

（三）国外投资阶段

为了强化在国际市场的竞争位置，更好地适应国际市场需求，企业开始直接在海外进行投资和设厂，部分产品的生产转移至海外，以实现生产与销售的一体化。

(四)跨国公司阶段

跨国公司是当今全球经济中的一种重要实体,其形成和发展标志着企业的国际化经营达到了新高度。不同于普通的国内企业,跨国公司通过跨越国界,利用全球资源进行生产和销售,实现了在多个国家和地区的业务扩展。以下是对跨国公司发展阶段及其定义、特征的深入分析与重新概述:

跨国公司的形成经历了从简单的产品出口到设立海外销售机构,再到直接在国外投资设厂的演变过程。这个过程反映了企业从国内向国外扩张的四个主要阶段:初始的产品出口阶段、直接海外销售阶段、海外直接投资阶段,最终形成跨国公司阶段。在这一发展过程中,企业不仅仅要探索更广阔的市场和更高的利润,更要通过全球范围内的资源优化配置和文化优势的利用来提升企业的国际竞争力。

关于跨国公司的定义,学界存在多种观点,具体可以从结构、所有权到行为等不同角度进行界定。综合来看,跨国公司可被视为一种跨界的企业联合体,它们在不同国家设立具有独立法人地位的子公司,虽然这些子公司在地理上是分散的,但在战略、政策上会保持一致,通过共享资源和共同承担风险,实现全球业务的协同运营。跨国公司的本质特征如下:

(1)在国界以外拥有或控制生产及服务设施,通常采用公司制经营模式。

(2)母公司和子公司之间通过股权连接,实现对海外子公司的有效控制。

(3)在资源共享、风险分担方面,母公司与子公司之间形成紧密的合作关系。

(4)具有统一的经营政策和战略,确保全球业务在一个统一的决策体系下运作。

(5)资产所有权不受国家界限限制,体现了跨国公司的全球化特征。

对跨国公司的定义和特征的理解对于探究其在全球经济中的角色、影响及其对国际贸易和投资模式的塑造具有重要意义。随着经济全球化的深入发展,跨国公司不仅在促进世界经济一体化中扮演关键角色,也在文化交流、技术创新等方面发挥重要作用。因此,对跨国公司的研究既需要关注其经济活动,又需要深入理解其跨文化、跨界的复杂性和多维性,以及其对全球经济格局变化的深远影响。

二、跨国经营的动因与对外直接投资理论

(一) 跨国经营的动因

企业走向跨国经营的决策是由一系列复杂因素共同作用的结果，既包括企业内部条件，如所处行业的性质、企业规模、资本实力、技术水平及管理团队的能力等，也涉及外部环境的动态变化，如全球政治经济格局的演变、各国政策法规的差异等。理解企业参与跨国经营的动因需要从多角度综合分析。

(1) 企业追求跨国经营主要是为了绕过贸易壁垒和关税，直接进入目标市场，以减少贸易成本和提高市场竞争力。包括为了规避高额的进口税和运输成本[①]，直接在目标市场国进行生产或销售，以及利用当地资源，特别是原材料的优势，降低生产成本。

(2) 企业跨国经营也是为了响应东道国政府的吸引政策，如税收减免、补贴等优惠政策，这些都是企业选择在某国设立分支机构或生产基地的重要考虑因素。同时，维护和扩大已有的市场份额、应对国际市场竞争的加剧以及预见到的市场扩展潜力也是促使企业采取跨国经营策略的原因。

(3) 保证产品质量、满足国外客户需求、对国际竞争对手保持竞争优势，以及获取外国的技术、设计和营销能力也是企业跨国经营的重要动机。企业通过跨国经营可以更有效地控制产品质量，更直接地了解和适应国外市场的需求变化，并获得先进的技术和管理知识，提升自身的竞争力。

(4) 在参与国际基础设施项目投标、扩大国际合作范围等方面，跨国经营为企业提供了更广阔的舞台。这不仅可以带来直接的经济收益，还有助于企业品牌的国际推广和声誉建设。

(二) 跨国公司对外直接投资理论

1. 垄断优势与寡占反应理论

垄断优势理论为理解企业跨国投资提供了早期的理论框架，由斯蒂芬·海默（Stephen Hymer）于1960年首次在其博士论文《国内企业的国际化经营：对外直接投资的研究》中提出，强调企业进行跨国直接投资的关键在于拥有能够

---

① 杨德新.跨国经营与跨国公司理论、原理、运作、案例[M].北京：中国统计出版社，1996：10.

覆盖国际市场进入成本的特定优势。这一理论认为，企业能够在海外市场成功竞争，根本原因在于其持有某种形式的垄断性优势，这种优势能够有效抵消面临的地缘政治、文化差异以及市场不熟悉等外部不利因素。海默指出，企业的对外直接投资行为应基于两个核心条件：一是企业必须具备一种或多种形式的垄断性优势，如技术、品牌、管理或资本优势；二是国际市场的不完全性，包括信息不对称和市场准入障碍，为企业维持并利用其垄断优势创造了条件。

查尔斯·金德尔伯格（Charles Kindleberger）则进一步细化了市场不完全性的概念，明确提出市场不完全性的三大类型：产品市场和要素市场的不完全性、企业规模经济与外部经济上的不完全竞争，以及政府政策导致的市场扭曲[①]。这些市场的不完全性为企业在技术、市场访问、资金运用、管理效率和规模经济方面构建了独特的竞争优势，进而形成了所谓的所有权优势，为企业在全球范围内的布局和扩张提供了理论支持。

与垄断优势理论相关联的是寡占反应理论，由弗雷德里克·尼克博克（Frederick Knickerbocker）在其著作《垄断性反应与跨国公司》中提出，深入探讨了大企业在少数竞争者主导的市场中如何响应对手的跨国直接投资行为。该理论将对外直接投资分为两种基本形式：一种是首创性的进攻性投资，旨在通过率先进入外国市场来获取竞争优势；另一种是随后的防御性投资，目的在于对抗或模仿竞争对手的行为，以维护自身的市场地位和竞争力。

寡占反应理论突出了一个重要观点：在寡占市场结构中，少数几个大企业对彼此的业务战略高度敏感，因此一旦某家企业在国际市场上采取了新的战略举措，如对外直接投资，其他企业便可能出于竞争考虑而采取相似行动。这种相互模仿的行为既是对初期进入者竞争行为的反应，也是在试图通过减少市场不确定性和风险来维持行业内的相对竞争平衡。

尼克博克进一步解释，可以从多个方面理解企业进行防御性对外直接投资的动机：首先，这是一种降低竞争不确定性和风险的策略。通过模仿竞争对手的外国投资行为，企业可以减少被竞争对手在新市场上超越的风险。其次，防御性投资是获取关键竞争资源的手段，如通过并购已拥有先进技术、管理经验或新产品的外国公司，企业可以快速获得这些竞争优势。最后，跟随客户进行

---

① 陈国生，魏勇，赵立平，等.工商企业经营与管理概论[M].北京：对外经济贸易大学出版社，2018：197.

外国直接投资是服务行业常见的防御性策略,特别是金融、咨询和法律服务等领域,企业可以通过跟随其主要客户的全球扩张步伐,防止竞争对手夺走客户。

寡占反应理论的提出既丰富了人们对企业跨国经营行为的认识,也强调了市场结构和企业间竞争策略互动的重要性。这一理论认为,企业的跨国经营策略除了受到市场需求和资源获取的驱动外,在很大程度上还受到所处行业竞争格局的影响,所以,理解企业的国际化决策和行为需要综合考虑企业内部优势与外部市场环境的相互作用。

2. 产品生命周期理论

产品生命周期理论由雷蒙德·弗农(Raymond Vernon)于1966年在《产品周期中的国际投资与国际贸易》一文中提出,旨在探讨企业如何通过国际化战略响应产品在市场上的不同成长阶段。这一理论将产品的市场表现分为三个阶段:创新期、成熟期以及标准化期。在产品的创新期,创新和技术主导市场竞争,产品主要在发源国生产和销售。随着产品逐渐被市场接受,企业开始寻求国外市场以扩大销量,此时产品进入成熟期,产品的标准化和市场饱和推动企业将生产转移到成本较低的国家,同时在全球范围内销售。此外,标准化期还可能见证产品由于技术过时或消费者偏好变化而导致产量逐渐下降的过程。

这一理论深刻影响了对外投资和国际贸易的研究,为理解企业如何利用国际化策略在全球市场中保持竞争力提供了框架。弗农指出,企业的对外直接投资行为与其产品的生命周期阶段密切相关,企业需要灵活调整其国际化战略,以适应产品在不同生命周期阶段面临的市场环境和竞争压力。从产品创新到全球扩展,再到成本优化和市场调整,产品生命周期理论为企业在全球经济中的动态决策提供了理论依据。

产品生命周期理论揭示了产品区位转移的三阶段模式,如图8-1所示。

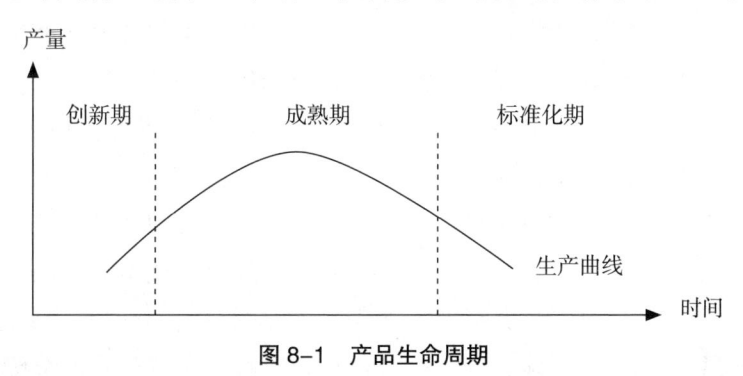

图8-1 产品生命周期

产品生命周期理论强调了创新和市场特性塑造产品发展与企业国际化策略的方式。在美国等发达国家，创新往往旨在提高劳动效率或者满足高收入群体的特定需求。这一理论突出了贸易、国际直接投资与企业成长间的紧密联系，并解释了不同生命周期阶段对生产成本和市场策略的影响。在产品初创阶段，由于市场竞争较小，对生产成本的考量并不是首要的，然而，随着产品进入成熟期和标准化期，竞争加剧，尤其在价格上的竞争，生产成本的重要性越发显著。为了在全球市场保持竞争力，企业可能寻求低成本的生产地，同时开拓新的市场。

随着产品从创新到成熟，投资的动向也相应变化，逐步从高收入的发达国家转向成本较低的发展中国家或次发达国家，形成一种由高到低的投资转移梯度。这不仅有助于降低生产成本，也能够使企业利用新兴市场的潜力进一步扩大其全球市场份额。可以说，产品生命周期理论不仅为人们理解产品在市场上的演进提供了框架，也为分析企业如何通过对外直接投资调整其全球生产布局和市场策略提供了重要视角。

3. 内部化理论

现代企业的运营范畴远远超出了传统的产品生产领域，扩展至销售、研发、人员培训等多个维度。这些活动通过技术、知识等中间产品的流动紧密相连，构成了企业的综合经营体系。然而，由于中间产品市场的不完善性，企业通过市场进行交易的成本显著增加，这促使企业发展出一种内部市场机制，以降低交易成本，将原本依赖市场进行连接和组织的各项活动纳入统一的所有权与控制范畴之内，当这一内部化过程突破国界时，跨国经营便成为现实。

跨国公司之所以选择创造内部市场，而非依赖全球市场与其他国家企业进行产品交换和国际分工，是因为内部市场能够为企业带来更大的交易效率和成本优势。通过对外直接投资建立起跨国的内部市场，跨国公司能够在全球范围内优化资源配置，实现生产要素的最佳组合和利用，获得比传统市场交易更显著的经济效益。内部化理论深入探讨了企业内部资源配置和交换机制的问题，并以此解释对外直接投资的根本原因。

内部化理论将市场划分为两大类别：一类是跨国公司外部的传统市场，这一市场受供求规律的直接影响，充满了不确定性和交易成本高昂的问题；另一类是跨国公司内部市场，这是一个为了企业整体利益而设计的机制，其运作不受外部供求关系的直接影响，而是通过内部定价机制来调节资源分配。在外部市场中，中间产品的交易往往面临着激烈的竞争和不完全性，这限制了企业通过外部市场有效进行经营活动的能力。因此，企业通过内部化这些中间产品的交易，即将这些活动纳入企业内部进行，可以显著降低因外部市场不完全性而产生的风险和成本，提高企业的整体运营效率。通过建立内部市场，跨国公司可以在全球范围内实现资源的优化配置，确保企业在国际竞争中保持优势，加速其全球发展。这种战略不仅为跨国公司提供了避免外部市场不完善风险的有效途径，也促进了其快速成长与全球扩张。

4. 区位理论

区位理论深入探讨了企业对外进行直接投资的地理和经济驱动因素，突出了在全球范围内寻求最佳生产和经营地点的战略意义。区位理论的核心在于企业通过在具有区位优势的国家建立子公司或进行其他形式的直接投资，可以获取一系列竞争优势，主要包括以下几个方面：

（1）生产要素获取优势。企业通过在资源丰富的国家设立生产基地，能直接接触低成本的原材料、劳动力以及其他必要的生产要素，从而在成本控制上获得显著优势。

（2）市场接近性优势。通过在关键市场或其附近地区直接投资，企业能更灵活地应对当地市场的需求变化，实时调整产品策略，并减少物流成本，提高市场响应速度，增强其在当地市场的竞争力。

（3）贸易壁垒规避优势。面对高关税和严格的进口限制，通过在目标市场国内设立生产或组装工厂，企业可以作为本地生产者参与市场竞争，有效规避贸易壁垒，保持产品的市场份额。

（4）经营环境适应优势。企业考察东道国的政治稳定性、基础设施建设水平、税收政策，以及对外资的吸引力等因素，选择投资环境优越的地区进行投资，既能降低运营风险，又能在一定程度上提升利润率和投资回报率。

5. 比较优势理论

比较优势理论强调在全球经济中，企业和国家应根据自身的相对优势决定对外投资与贸易策略。企业通过识别并利用自身在特定领域或活动中相对于其他国家或企业的成本、技术或效率优势，可以在全球市场中获得竞争优势。这种优势可能源于低成本生产能力、特定技术的掌握、对特定市场的深入理解或资金实力等因素。当企业拥有比较优势的产品或在服务上专注资源和能力时，它们便可以通过出口增加市场份额。反之，那些在全球竞争中失去相对优势的企业，通过在国外进行直接投资来利用标准化技术和资本优势，可以开拓新的生产基地和市场，这也是一种维持或扩大全球市场份额的策略。这一过程并不是必然依赖垄断优势的存在，而是根据比较利益的原则进行，即选择成本较低、利润率较高的投资和运营模式，以提高全球经营的总体效益和竞争力。

三、跨国经营的发展趋势

经济全球化标志着各国经济体系通过商品、服务、资本与技术的跨境流动，进入了一个相互联系和相互依赖的新阶段，这种联系和依赖关系随着时间的推移而日益加深。特别是自20世纪90年代以来，随着信息技术和网络革命的迅猛发展，经济全球化呈现出势不可挡的态势。在这一背景下，采纳全球化经营战略，以在国际竞争中获得优势已经成为21世纪跨国企业国际投资和经营管理的核心议题。这一时期的发展动态主要体现在以下几个方面：

（一）跨国公司日益大型化

随着全球市场一体化程度的提高，跨国公司通过并购、合作等方式不断扩大自身规模和影响力，以实现资源的优化配置和全球市场份额的扩张。这种大型化不仅增强了它们在全球市场上的竞争力，也使它们能够更有效地应对国际市场的复杂性和不确定性。在全球化的浪潮中，跨国公司不断通过扩大规模和范围来增强自身的市场竞争力，这不仅体现在它们对全球资源的掌握和配置能力上，还反映在它们对国际市场动态的快速响应和适应能力上。

（二）对外直接投资增长迅速

在经济全球化的背景下，对外直接投资的增长呈现出迅猛趋势，成为跨国经营发展的显著特点之一。这种增长一方面体现在投资额的增长上，另一方面体现在投资领域和投资地理范围的拓展上。多元化的经济活动和全球市场的深度整合使跨国公司寻求对外直接投资实现全球布局的方法，以便更好地把握国际市场的机遇，优化全球资源配置，提升竞争力。

随着全球经济一体化进程的加快，跨国公司对外直接投资的动力主要来自对成本的控制、市场的拓展、资源的获取，以及技术和管理经验的传播等多方面需求。这些公司在传统的投资热点地区加大投资力度，并积极探索新兴市场和发展中国家市场，以期获得更高的增长潜力和更大的市场份额。此外，对外直接投资的迅速增长也得益于东道国政府对外资的积极引进政策和优惠措施，许多国家和地区通过改善投资环境、放宽市场准入、提供税收优惠等措施吸引外资进入，促进本国经济发展和产业升级。这些政策的实施为跨国公司的对外直接投资提供了便利条件，加速了全球资本的流动。此外，技术进步和信息通信技术的快速发展，特别是互联网和电子商务的普及，极大降低了跨国经营的成本和障碍，使跨国公司能够更加灵活和高效地管理其全球业务，不仅促进了对外直接投资的增长，也使跨国公司的经营活动更加多样化和复杂化。

（三）发展中国家跨国公司日益增多

经济全球化的深入发展促使发展中国家跨国公司日益增多，这成为国际经济舞台上的一种显著趋势，这些来自新兴市场的跨国公司正日益成为全球经济增长和国际直接投资的重要力量。相较于传统的发达国家跨国公司，发展中国家跨国公司有更独特的成长路径和竞争优势，为全球经济格局带来了新的变化和挑战。

第一，发展中国家跨国公司日益增多得益于本国经济的快速增长和国际化战略的实施。这些国家的企业通过积累资本、技术和管理经验，不断提升自身的国际竞争力，逐渐从国内市场扩展到国际市场，它们在能源、原材料、制造业、服务业等多个领域通过对外直接投资，实现了跨国经营，进一步优化了自身在全球市场的布局。

第二，发展中国家跨国公司正在全球价值链中寻找新的定位，通过并购、战略合作等方式，快速获取关键技术和品牌资源，加速企业的国际化进程。这些公司不仅在发展中国家之间进行投资，也在发达国家市场逐渐扩大了影响力，成为连接全球南北经济的重要桥梁。

第三，政府政策的支持也是促进发展中国家跨国公司日益增多的关键因素之一。许多国家的政府通过制定鼓励对外投资的政策、提供财政和税收优惠、建立海外经贸合作区等措施，支持本国企业的跨国经营活动，提升国家的国际经济地位。

第二节　国际经营决策的制度程序

一、制定国际经营决策的基本程序

国际经营决策的制定程序主要包括六大步骤，如图 8-2 所示。

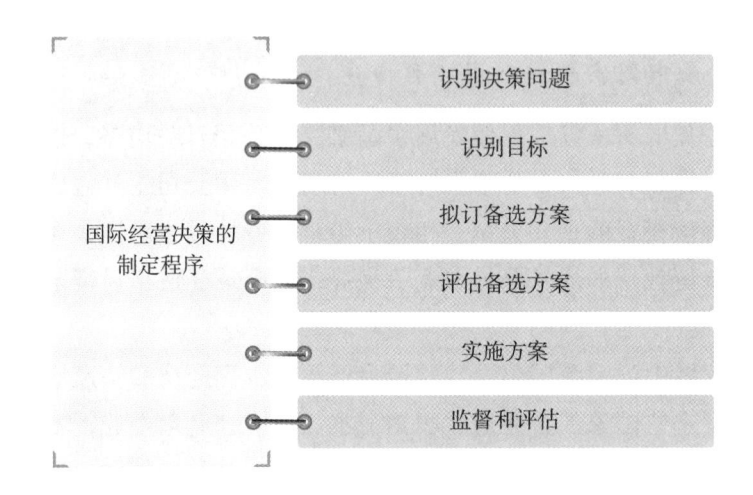

国际经营决策的制定程序：
- 识别决策问题
- 识别目标
- 拟订备选方案
- 评估备选方案
- 实施方案
- 监督和评估

图 8-2　国际经营决策的制定程序

（一）识别决策问题

在国际经营决策过程中，第一步是明确识别面临的问题或机会，这个过程的必要性来自现实情况与理想预期之间的偏差。管理层需密切监控与其职责相关的各种信息流，包括外界的市场动态、行业报告以及企业内部的运营数据等。通过分析当前实际情况与期望目标之间的差距，管理者可以洞察潜在的发展机会或需要解决的问题。正确地识别问题或机会并非易事，它可能受到管理者过往经验、组织内部结构复杂度的影响，或这两个因素相结合的影响。信息的质量——其准确性和真实性，以及对这些信息的正确解读都是评估过程中不可忽视的要素，所以在整个决策过程中，管理者必须注重从多个角度对问题进行细致的分析和评估，以确保尽可能提升做出正确决策的概率。

管理者在识别问题时，需要综合考虑内外部环境的变化，利用有效的信息搜集和分析工具，从客观和全面的视角来审视问题。这不仅需要对现有信息进行深入挖掘，还需要有预见性地考虑未来可能出现的趋势和变化。通过这样的过程，管理者能够更准确地定位问题或机会的本质，为后续的战略规划和决策制定奠定坚实基础。

（二）识别目标

在企业决策体系中，明确目标是基础性工作，它为企业提供了方向和动力。企业目标可以多样化，包括但不限于财务目标（如增加收入、降低成本），生产效率目标（如提高单位时间内的产出量），质量控制目标（如降低缺陷率），以及市场定位目标（如扩大市场份额）等。根据实施的时间框架，这些目标可被划分为短期目标、中期目标和长期目标。其中，短期目标聚焦日常运营，如销售目标和生产计划；中期目标关注战术层面的调整和优化，如产品线更新和市场渗透策略；长期目标涉及企业的战略方向，如品牌建设和市场扩张，为企业描绘发展蓝图。这些目标不仅定义了企业的行动路线图，也有助于确保决策过程的连贯性和目标性，使企业能够在变化的市场环境中保持竞争力。

目标的设定还需考虑其可实现性、具体性和时效性，以确保它们能够有效地引导企业资源的分配和优化，驱动整个组织朝着共同的愿景前进。企业在制定目标时，应充分考虑内外部环境的影响，运用科学的方法和工具，进行精确的市场分析和预测，以形成全面、均衡且高效的目标体系。

（三）拟订备选方案

为了有效达成既定目标，管理层需广泛搜集信息，运用丰富的经验与创新思维，从多个视角对挑战进行深入分析。这一过程的顺利进行不仅依赖管理者的专业知识和过往经验，还需考虑团队成员和外部专家的见解。面对日常管理和操作问题时，管理者通常可以结合已有的解决方案和管理流程来提出解决策略；面对新颖或复杂的问题时，管理者则需要用创造性和策略性的思维来设计解决方案，这可能涉及创新技术的应用、新的业务流程设计或对现有资源的重新配置等。

管理者应该鼓励团队内部展开思想碰撞，利用脑力激荡等方法，集思广益，以确保提出的方案既实际，又具有前瞻性。此外，管理者还应该对每个备选方案进行初步评估，考量其可行性、成本效益和潜在风险，以便在众多方案中筛选出最优选择。管理者需保持对行业趋势和技术进步的敏感度，确保方案的先进性和适应性，从而在激烈的市场竞争中获得优势。

（四）评估备选方案

管理者应基于明确的评估标准，如成本效益分析、风险评估、市场可行性等，全面审视每个方案，应了解方案的实施成本、预期收益、潜在的市场反应，以及任何可能的不确定因素和风险。此过程要求人们不仅应对数字数据进行量化分析，还应对方案的可执行性、团队能力、资源配备等进行定性考量。管理者应运用工具和方法，如SWOT分析（优势、劣势、机会、威胁分析）、风险矩阵以及成本—效益分析等，对每个方案进行全面评估。在评估过程中，管理者还应考虑方案与企业长远发展战略的契合度，以及方案对企业品牌和声誉可能产生的影响。通过综合考虑所有这些因素，管理者可以对各个备选方案进行比较和排序，以明智地选择出最合适、最具有可持续竞争优势的方案。

（五）实施方案

管理层经过深思熟虑确定了最佳方案后，应随即进入行动阶段，确保决策能够转化为具体成果。管理者必须细化执行步骤，明确责任分配，以保障方案能够按照预定目标顺利推进。

一是管理者需针对所选方案拟订一套详细的实施计划和操作指南，确保每个环节都有明确的执行标准和时间节点。

二是通过有效的内部沟通，管理者需确保所有相关人员对方案的目标、内容、责任与期望成果有清晰的认识和共识，包括举行培训会议、发布执行手册等措施。

三是管理者需采用目标管理的方式，将总体目标细分到各个团队和个人，确立具体的执行责任，设置可量化的短期和长期目标，以便跟踪进度和进行效果评估。

四是管理者需建立一套有效的进度报告和反馈机制，包括组织定期的进度评审会议和问题解决会议，旨在及时发现并解决实施过程中遇到的问题，确保方案能够持续向预定目标前进。

（六）监督和评估

在跨国企业的国际经营决策实施阶段，持续的监督和评估机制显得尤为重要。由于国际市场的动态性和复杂性，企业面临的外部环境可能出现不可预测的变化，这些变化可能对先前制定的决策方案产生深远影响。因此，企业需要建立一套灵活高效的监督体系，以便对实施过程中可能出现的偏差进行实时监测和调整。

具体来说，首先，企业应设立一个跨部门的监督小组，负责定期搜集关键绩效指标数据，评估项目进展状况与目标一致性的程度，并对可能出现的风险和偏差进行早期识别。该小组还需负责搜集外部市场和内部运营的最新信息，以评估这些变化对项目执行的潜在影响。其次，企业应定期组织项目审查会议，邀请决策层和关键执行人员参加，讨论项目进展，分析偏差原因，并针对监督小组提出的调整建议进行决策，如有必要，应制定补救措施或调整策略，以确保项目目标的达成。最后，企业应建立一个反馈机制，允许项目团队成员、利益相关者及时提出意见和建议，通过持续的沟通和协作，增强方案的适应性和灵活性。

二、影响国际经营决策的因素

影响国际经营决策的因素主要有五个，具体表现见表 8-1。

表 8-1 影响国际经营决策的因素与表现

影响因素	详细描述
环境	市场的稳定性、市场竞争结构、政治、法律、社会文化和经济条件等共同构成企业国际经营决策的外部环境框架
决策风格	反映领导者在面对决策时的个性特征和倾向性，分为思维模式和对模糊信息的容忍度两个主要维度
决策者对风险的态度	风险偏好者会选择风险程度高但收益也高的行动方案，而风险厌恶者会选择较安全同时收益水平较低的行动方案
企业的组织文化	影响组织成员对待事物及其变化的态度，进而影响组织对方案的选择与实施
时间	时间的敏感性、时间的规划与协调、决策的时机选择，以及时间成本的考量在国际经营决策中的重要性不容忽视

（一）环境

企业在进行国际经营决策时，必须深刻理解和考虑所处环境的特性及其对企业活动的深远影响。市场的稳定性对企业战略规划具有决定性作用。在一个相对稳定的市场环境中，企业可以有更长远的规划周期，决策的连贯性和持续性得以保持；而在动荡的市场环境中，企业则需灵活调整其经营战略，以迅速应对市场变化。在市场竞争结构上，企业所在市场的垄断程度可以直接影响其经营重心的确定。在竞争较少、垄断性较强的市场环境下，企业倾向专注提升内部效率，如优化生产流程、扩大生产规模及降低生产成本等，以巩固其市场地位；而在高度竞争的市场环境下，企业必须保持高度警觉，积极研发创新产品，加强市场营销和品牌建设，以提升自身的市场竞争力。此外，企业还需考量其他环境因素，如政治、法律、社会文化和经济条件等，这些因素共同构成了企业进行国际经营决策的外部环境框架。

（二）决策风格

决策风格是企业领导者处理信息和做出决策的独特方式，反映了领导者在面对决策时的个性特征和倾向性。从理论来讲，决策风格可被分为两个主要维度：思维模式和对模糊信息的容忍度。在思维模式维度上，一些领导者偏好采用线性、逻辑性强的方法来处理信息，他们在做出决策之前，需要确保所有信息都是经过逻辑验证且一致的；而另一些领导者则偏好采用整体、直觉性的方法，他们倾向从整体上把握问题，并依赖直觉来做出判断。在对模糊信息的容忍度维度上，一部分领导者展现出低容忍度，他们倾向通过有序和一致的方式来组织信息，以尽可能降低不确定性；而具有高容忍度的领导者则能够接受并处理较多的不确定信息，他们能够同时考虑多种不同的观点和信息。

综合这两个维度，可以识别出以下四种基本的决策风格：

1.命令型风格

命令型风格的决策者通常对信息的处理具有高度的直接性和目标性，他们在决策过程中倾向迅速抓住核心问题，并以极高的效率做出选择。这种风格的特点是对于模糊性的低容忍度和对逻辑与事实的强调，这使他们在面对决策时，往往依靠已知的事实和清晰的逻辑推理来迅速做出决断。在实践中，这类决策者更倾向采用权威的方式来推动决策的执行，他们相信自己的判断力，很少寻求他人的意见或参与。因此，命令型风格的决策者在面对紧急情况或需要快速响应的场合时表现出色，能够迅速确定方向并做出决策，但在需要广泛搜集信息和多方协商的情境下，可能忽略重要的视角或信息。

2. 分析型风格

分析型风格的决策者在面对决策时会展现出更高的容忍，度以应对不确定性和复杂性，他们习惯深入挖掘和分析大量信息，以做出更全面和深思熟虑的选择。与命令型风格的决策者相比，分析型风格的决策者更注重从各个角度评估问题，探索不同的解决方案，并倾向利用数据和分析工具来支持他们的决策过程。这种风格的核心是对细节的关注和对复杂问题解决方案的追求，他们认为通过广泛地搜集信息和深入分析，能够最大限度减少决策风险。分析型决策者的挑战在于可能过度分析而导致决策延迟，但他们的优势在于能够提供基于严谨分析的、高度合理化的决策方案。在需要面对复杂情境和长期规划时，分析型风格的决策者能够发挥重要作用，确保决策的稳健和可靠。

3. 概念型风格

概念型风格的决策者以开放的心态和宽广的视野处理决策问题，他们倾向综合考虑各种可能性和多样化的方案，寻求创新和非传统的解决途径。这类决策者重视决策对未来的影响和长远结果，乐于采纳新思想并愿意承担一定程度的风险，以获得更具创造性和前瞻性的决策结果。概念型风格的决策者通常在制定战略规划和进行复杂问题解决时表现出色，他们能够跳出常规思维框架，提出和实施具有革新性的方案，推动组织向更广阔的目标迈进。

4. 行为型风格

行为型风格的决策者以人为本，强调团队合作与沟通，他们倾向在决策过程中积极倾听团队成员的意见和建议，重视集体智慧的力量。这类决策者通常会在问题解决时采用更加民主和参与性更高的方式，通过组织会议和讨论来达成共识，确保决策过程的透明性和公正性。行为型决策者注重维护团队的和谐与团队成员的个人成长，他们通过鼓励团队协作和肯定成员贡献来提高团队的士气与效率。

（三）决策者对风险的态度

决策者在面对未来不确定性时的态度是影响企业战略选择的关键因素。对风险的不同态度分为风险偏好、风险中性和风险厌恶三种基本类型。其中，风险偏好者倾向采用高风险、高回报的策略，他们在决策时更愿意采取大胆的行动，即便这些行动可能带来较大的不确定性和潜在的失败风险。相反，风险厌恶者则更加谨慎，优先选择那些风险较低、结果可预测性较高的方案，即使这意味着放弃可能的高收益。风险中性者则在这两者之间，他们在决策时会同时考量风险与收益，采取相对平衡的策略。决策者对风险的不同态度既决定了企业战略的方向，也影响了企业对外部变化的应对方式以及在资源配置和市场开拓上的决策行为。

（四）企业的组织文化

企业文化是指企业在其长期发展过程中形成的独特价值观念、行为规范、管理制度和企业精神的总和，它如同无形的手，深刻影响着企业成员的思维方式和行为模式，进而对企业的战略决策和执行力产生深远影响。在注重传统、稳定性和规范性的企业文化中，组织成员往往倾向遵循既有的规则和经验，对新奇的想法和变革持谨慎态度，这可能使企业在面对市场的快速变化时反应不够迅速；而鼓励创新、勇于接受挑战和变化的企业文化能够激发成员的创造力，促进新思维的产生和新技术的应用，使企业能够更灵活地适应环境变化，寻找和抓住更多的发展机会。

由此可见，塑造和维护一个与企业发展战略相匹配的组织文化至关重要，一个正面、开放和进取的企业文化不仅能够促进内部团队合作，提高工作效率，还能够提升企业对外部变化的适应能力和创新能力，从而在竞争激烈的市场环境中获得优势。管理者应当认识到组织文化对决策过程的重要作用，通过有效的文化引导和价值观植入，将组织文化转化为推动企业发展的强大动力。

（五）时间

时间因素在国际经营决策中的影响主要体现在以下几个方面：

1. 时间的敏感性

在快速变化的国际市场中，信息、趋势和政策都在以惊人的速度发生变动，因此，对时间的敏感捕捉和快速响应逐渐成为企业取得竞争优势的关键。企业需要在正确的时间做出决策，如及时进入新兴市场或退出不再有利的市场，以获得先发优势或避免潜在的损失。

2. 时间的规划与协调

在跨越不同国家和地区进行经营时，时间的规划与协调变得尤为复杂。各地的工作日、节假日、文化活动和时区差异都需要考虑进来，以确保跨国项目和活动的顺利展开。有效的时间管理能够提高团队协作的效率,减少时差造成的沟通障碍。

3. 决策的时机选择

正确判断并选择进行重大经营决策的最佳时机是企业成功的关键,包括评估市场趋势、竞争对手行为、政治经济环境等多种因素,以决定何时是扩张、收缩、投资或撤资的最佳时机等。过早或过晚的决策都可能导致机会的丧失或带来不必要的风险。

4. 时间成本的考量

在国际经营中,时间成本也是一个需要考虑的因素。决策的拖延可能导致市场机会的流失,而快速决策可能因缺乏充分的信息和分析而带来损失。如何平衡速度和谨慎,以最小的时间成本实现最优的决策结果是国际经营中的一个重大挑战。

第三节　国际经营决策的内容

一、产品决策

企业的产品决策不仅基于对市场的深入分析和预测,还需要紧密结合企业的长期战略目标和自身的资源能力。通过精心设计和推出的产品组合,企业能够有效应对目标市场的需求变化,并在激烈的国际市场竞争中占据优势。产品决策的重要性在国际营销活动中不容小觑,它直接关系企业是否能够准确捕捉国际消费者的需求,以及是否能够通过提高其产品质量和特性来满足这些需求。在全球市场上,消费者的选择和偏好可能因文化、地域与经济条件的不同而有显著差异,所以企业的产品决策需要充分考虑到这些差异性,以定制化和差异化的产品策略来建立与保持消费者的忠诚度。产品本身的竞争力是企业赢得市场的根本。消费者购买决策的做出往往基于对产品性能、质量、设计和价值的综合评价。因此,产品的创新、质量保证、设计美感和性价比成为影响企业国际市场成功的关键因素,一个成功的产品决策不仅能提升企业的品牌形象,还能直接推动销售增长,为企业带来持续的竞争优势。

（一）产品决策的基本内容

企业在国际市场上的成功在很大程度上取决于其产品决策的策略和执行效率。产品决策涵盖了识别和满足市场需求的关键过程，确保企业提供既能符合市场趋势，又能满足消费者期望的产品。该过程主要包括以下几个核心内容：

（1）企业必须通过全面的市场调研，深入了解目标市场的消费者需求，包括他们对产品种类、性能、设计，以及价格的具体需求。这一步是进行产品决策的基石，能够帮助企业确定新产品的开发方向，确保投放市场的产品能够精准对接消费者的实际需求。此外，进行详尽的可行性分析，评估新产品开发的潜在市场规模、成本效益和技术可行性是决定产品开发计划是否能启动的关键。

（2）企业需要组建一个跨部门的产品开发团队，该团队应会集来自市场、研发、生产和销售等领域的专家。通过高效的团队协作和资源整合，确保新产品从概念到市场的每个环节都能得到有效的管理和支持，缩短产品开发周期，提高市场响应速度。

（3）企业应实施细致的产品淘汰计划，以优化产品组合，提升资源使用效率。通过定期评估产品的市场表现和生命周期状态，对那些已经进入衰退期、市场需求减少的产品，企业应制定及时的淘汰策略，减少库存积压，从而避免资源浪费，并为新产品的推广和市场扩张腾出空间。通过这种动态的产品管理方式，企业能够在保持市场竞争力的同时，实现销售额和利润的最大化。

（二）产品决策的种类

1. 包装决策

近年来，包装在产品营销策略中的作用显著提升，从单一的产品保护和容纳功能转变为一种全面的营销通信工具。随着自助式购物的兴起，产品包装不仅需要完成其基本职能，还必须能够在众多竞争中脱颖而出，吸引消费者的眼球。这意味着包装设计必须有创造性地展示产品特性，清楚传达产品价值，并通过视觉元素建立品牌形象，进而在消费者心中留下深刻印象。随着社会环保意识的增强和对包装废物负面影响的担忧，企业在制定包装决策时，也面临着如何平衡商业利益与社会责任的挑战。企业除了要考虑包装的市场营销功能外，还必须关注其环境影响，寻求创新的包装解决方案，以减少环境负担，满足消费者对可持续性的期望。因此，现代的包装决策应是一个综合考量的过程，既要充分发挥包装在吸引顾客、传递信息、建立品牌形象方面的作用,又要积极响应社会对环保的关切,实现包装设计的创新与可持续发展的平衡。

2. 产品标签决策

产品标签的设计和选择是营销策略中不可忽视的一环,它承载着品牌识别的重要任务,同时是向消费者传达产品信息的关键途径。一个有效的产品标签设计应综合考虑品牌特色、产品特性以及市场定位,通过独特的视觉符号、醒目的字体和创意的图案吸引消费者的注意力。除了具有美观吸引力的设计外,标签上还必须清晰地展示产品的基本信息,如品牌名称、生产日期、成分说明、使用指南等,以便消费者做出明智的购买决策。

在制定产品标签决策时,企业还需考虑到标签设计的法律和伦理要求,确保所有信息的准确无误,并符合相关行业标准和消费者权益保护法规。此外,随着消费者对产品透明度和可追溯性要求的提高,标签上还可以通过二维码等技术手段提供更多产品详情,增强消费者的信任度。可以说,产品标签决策是一个涉及对美学、法律、市场营销及消费者心理等多方面进行考量的复杂过程,对提升产品吸引力和品牌影响力具有重要意义。

3. 产品线决策

在制定产品线决策时,企业面临着多种选择和决策点,需要通过精心设计的产品组合来满足不同顾客群体的需求,增强市场竞争力。产品线决策涵盖了多个方面,包括产品线的延伸、产品长度的调整、定期更新等。具体来说,产品线向下延伸意味着引入更低端的产品来吸引价格敏感型顾客,而向上延伸则是通过增加高端产品来提高品牌形象和利润空间的策略。产品线长度的决策涉及确定提供产品的数量,以平衡市场覆盖率和运营成本。定期的产品线更新能够保证企业适应市场变化,引入新技术和新设计,以维持消费者的兴趣和竞争优势。

产品线扩展决策通过增加新的产品种类,拓宽市场范围,而产品线特色决策则侧重开发具有独特卖点的产品,以与竞争对手有所区分。产品线填补决策旨在识别并填补产品组合中的空白区域,满足未被充分考虑到的市场需求。双向延伸则同时向高端和低端市场扩展,旨在全面覆盖市场层次,满足不同消费者群体的需求。

4. 产品组合决策

产品组合决策关注构建和优化企业提供的产品范围，以实现资源的有效配置和市场竞争优势的持续增强，具体实施策略如下：

（1）扩大产品组合策略。这一策略旨在通过扩展产品线的广度和深度，提高企业的市场覆盖能力和顾客满意度。其中，广度扩展是指引入新的产品线，涉足新的市场领域或满足更广泛的消费者需求；深度加强则意味着在现有产品线内引入更多的产品变体，如不同规格、功能或设计的产品，以更到位地满足目标市场的特定需求。

（2）缩减产品组合策略。这一策略通过剔除表现不佳或利润较低的产品线或项目，优化资源分配和提高经营效率。通过聚焦最有价值和最有竞争力的产品，企业能够更有效地利用其营销、研发和生产资源，从而提高整体的市场表现和盈利能力。

（3）高档产品策略。通过在现有产品线中引入高端产品，企业可以满足消费者对高质量、高价值产品的需求。这种策略不仅有助于提升品牌形象和市场地位，还能为企业带来更高的利润边际。高档产品策略要求企业在产品设计、材料选择、功能创新和营销传播等方面进行精细化管理，以确保产品的高端定位得到市场认可。

（4）低档产品策略。通过增加更经济实惠的产品选项，企业可以吸引价格敏感的消费群体，扩大市场基础。低档产品策略要求企业在成本控制、供应链管理和价值工程等方面下功夫，以在保证低成本的同时不牺牲产品的基本质量和功能。这一策略有助于企业在激烈的市场竞争中保持竞争力，并满足不同消费能力顾客的需求。

5. 品牌决策

品牌决策在企业的市场定位和竞争策略中占据重要地位，涉及为产品选择合适的名称、设计引人注目的品牌形象以及确保品牌得到法律保护的各项活动。通过建立一个强有力的品牌，企业能够在消费者心目中创造独特印象，增强产品的市场认知度和吸引力。一个明确且易于识别的品牌不仅能够提升产品的市场价值，还能够在激烈的市场竞争中为企业赢得优势，提高客户的忠诚度。

二、定价决策

产品定价一方面直接关联着企业的财务表现，如销售收入和利润率；另一方面是塑造企业品牌形象、扩大市场份额及维护竞争优势的重要工具。一个精心设计的定价决策能够确保产品成功渗透目标市场，并在激烈的国际竞争中保持稳定的市场地位。企业在进行国际定价决策时，需要综合考量多个关键因素，以确保策略的有效性。一是定价目标的设定应与企业的总体市场战略相一致，无论是追求市场占有率的扩张、客户基础的增加，还是利润最大化，都需通过恰当的定价手段实现。二是产品的成本结构，包括生产成本、物流费用、关税及其他附加费用，构成了定价的基础，要确保企业在覆盖成本的同时获得预期的利润空间。三是市场需求的弹性对定价决策同样至关重要，理解和预测消费者对价格变动的反应能够指导企业制定更灵活的定价决策，以适应不同市场环境的需求。四是对竞争环境的深入分析，特别是竞争对手的产品定价和市场表现，可以为企业提供宝贵的信息，帮助其在定价时考虑到市场上的相对位置和竞争压力。五是企业在制定国际定价决策时，还需要考虑到不同国家和地区的经济条件、消费习惯、购买力及法律法规等外部环境因素，确保定价决策的合规性和适应性。随着国际市场环境的不断变化，企业也需要定期审视和调整其定价决策，确保持续拥有强大的市场竞争力。

三、渠道决策

渠道决策的制定直接关系着企业是否能顺利拓展市场、提升品牌影响力和实现业务增长。正确的渠道决策能极大助推企业的发展势头；反之，若渠道设计与企业的实际状况不匹配，则可能阻碍企业的进步。企业需深刻理解自己所处的发展阶段，以及目标客户群的需求和偏好，挑选出与自身发展策略相匹配的合作伙伴。

企业在拓展市场时必须明确采取的策略方向，是逐步深入市场还是采取更直接的方式快速占领市场，这一选择依赖销售团队对市场环境的精准把握与分析。在规划销售渠道时，企业不仅需要通过成本效益分析工具来评估各渠道的成本效益，还应从战略高度出发，全面考量渠道选择对竞争态势的影响。为了在激烈的市场竞争中占据有利位置，企业应力图超越竞争对手，通过降低销售中心的重心和缩短与经销商之间的距离，无论是物理上的还是心理上的，加强双方的合作关系。即便这意味着在初期需要承担更高的成本，如设立分支机构、培训人员等，这些投入都是为企业未来的可持续发展奠定坚实基础的必需步骤。

企业的终极目标是通过制定高效、灵活的渠道决策，迅速且有效地满足客户的需求，进而在竞争中脱颖而出。

一般来讲，企业的渠道决策包括渠道设计决策、渠道管理决策及渠道改进决策三个方面。

（一）渠道设计决策

一个恰当的渠道决策不仅能显著促进企业的成长，也能为企业在面临竞争时提供坚实的支撑。企业在设计其分销渠道时，需要充分考虑自身所处的发展阶段、目标客户群体的需求特点及经营理念，以选择与企业当前及未来发展阶段相匹配的合作伙伴。此外，企业还应明确市场开拓策略，无论是采取顺序市场开拓还是反向市场开拓，关键在于销售团队对市场趋势的准确把握。在具体规划销售渠道时，企业不仅需要运用成本估算工具来评估销售渠道成本，更应从战略角度审视渠道布局，考虑到竞争对手的渠道战略，并尽可能在对手之前降低销售重心，缩短与经销商的距离，哪怕这意味着短期内承受更高的成本压力。企业可能需要设立分支机构、培养专业团队，为长期发展奠定坚实基础，其最终目的是迅速、高效地满足客户需求。

渠道设计决策的过程是系统而复杂的，涉及多个关键步骤。

1. 确定渠道目标与限制

在这一阶段，企业需要明确渠道设计的主要目标，这些目标应围绕达到目标市场并满足市场需求而展开。与此同时，企业还需要考虑到如顾客特性、产品特性、中介机构特性、竞争状况以及外部环境等因素的限制。

2. 明确各种渠道交替方案

企业需要探索不同的渠道配置选项，包括确定中间商的类型、每个分销层级中间商的数量、具体的市场营销任务以及生产商与中间商之间的交易条件和相互责任。

3. 评估各种可能的渠道交替方案

在众多可行的渠道方案中，企业必须选择一个最符合其长期目标的方案。在评估这些方案时，企业需要考虑经济性、控制性和适应性三个标准，其中经济性是首要考虑的因素。

（二）渠道管理决策

渠道管理决策过程主要涵盖了筛选合作伙伴、激发合作伙伴的积极性以及对合作伙伴进行绩效评估三个关键方面。

当涉及筛选合作伙伴时，企业需要对潜在合作伙伴进行全面而深入的考察，这不仅包括评估其商业信誉、财务健康状况、合作态度和市场声誉，还包括对其经营理念的适配度、业务增长的历史记录以及其代理销售的其他产品线的广泛性和相关性进行分析等工作。这样的筛选过程可以确保选出的中间商与企业的长期发展战略和市场目标相匹配，共同促进产品在目标市场的成功推广。

为了维持和提升渠道成员的工作动力，企业必须实施有效的激励机制。这可能包括但不限于提供有竞争力的佣金结构、奖励计划、营销支持和培训资源等。企业设置这些激励措施旨在鼓励渠道成员提升销售业绩，增强其与企业的合作关系。

企业还需要定期对合作伙伴的表现进行绩效评估，以确保渠道效率和销售目标的实现。这种评估通常涉及对中间商当前销售绩效与过往绩效的比较，以及与设定的销售目标和市场潜力预测的对照。通过这种方式，企业可以识别出表现低下的渠道成员，并采取相应的调整或替换措施，以优化渠道结构，提高整体销售效率。

（三）渠道改进决策

在构筑了一个有效的分销渠道体系之后，为了更好地适应国际市场的不断变化，企业必须对其渠道体系进行及时的检视和必要的调整。这种调整和改进一方面关系着企业能否持续增长；另一方面是其灵活应对市场变化、维持竞争力的关键。从不同的管理层面来看，渠道改进决策可以具体到以下几个方面：

在运营管理层面，渠道改进决策可能意味着对渠道成员结构的优化，这可能包括引入新的合作伙伴以提高渠道的市场覆盖能力，或淘汰那些表现不佳的中间商以提升整体渠道效率。通过这种方式，企业能够确保其分销网络始终保持高效和灵敏响应。

在特定市场的战略规划层面，渠道改进决策可能涉及对特定地区或市场的分销策略进行调整。这可能包括针对某一市场引入新的销售渠道，或调整现有渠道的运营模式，以更好地满足当地消费者的需求和购买习惯。

在企业整体战略规划层面，渠道改进决策可能意味着在全球范围内探索和实施新的分销方法与模式。这种高层次的改进旨在通过创新的渠道策略，提升企业在全球市场上的整体营销效能，以实现跨市场的协同效应和规模经济。

四、促销决策

促销的核心目标是通过有效的信息传播，激发目标市场对产品的兴趣和购买欲望，最终促成销售。

促销决策的多样化手段，如广告、个人销售、销售促进以及公共关系，构成了企业与消费者交流的多维空间。其中，广告通过各种媒介向大众传达产品特性和品牌价值，是塑造品牌形象和扩大市场影响力的主要途径；个人销售侧重面对面的交流，建立与客户的个人联系，提供定制化的服务和解决方案；销售促进通过限时折扣、礼品赠送等手段直接刺激消费，可以在短期内快速提升销量；公共关系则可以通过塑造正面的企业形象，增强品牌的社会信任度和认可度。

随着数字化和网络化的深入发展，互联网营销成为促销决策中不可或缺的一环。网络平台的广泛应用能让信息传播更迅速、覆盖范围更广，同时为企业提供更加精准的目标市场定位和个性化营销的可能。社交媒体、搜索引擎营销、内容营销等成为连接企业和线上消费者的重要渠道。在这个虚拟的商业环境中，企业的网络形象、在线品牌声誉显得尤为重要，不仅影响着消费者的购买决策，也是企业可持续发展的重要基石。

五、目标市场决策

在全球化的商业舞台上，企业首先面临的挑战是如何在广阔且多元化的全球市场中识别出潜在的消费者群体。如果没有明确的目标市场，企业的营销努力就可能变得毫无方向，难以达成预期的营销成效。对此，企业需要通过市场细分的方法，将广阔复杂的市场划分为具有相似需求和偏好的消费者群体，进而深入分析每个细分市场的消费特征和需求趋势。

通过综合评估各细分市场的潜力、竞争状况及企业自身的资源和能力，企业可以选择最具吸引力和成长潜力的市场作为目标市场。这一选择过程要求企业不仅具备敏锐的市场洞察力，还对未来市场的发展趋势有准确的预测能力，以确保选定的目标市场能够为企业带来持续的成长机会和盈利空间。确定目标市场后，企业能更有针对性地设计产品和服务，制定营销策略，有效地吸引和

满足目标顾客的需求,实现企业的长期发展目标。目标市场决策的内容包括以下三个策略:

(一)无差异性市场策略

采取无差异性市场策略的企业选择将市场的广泛性作为其核心营销策略,通过提供单一的产品和统一的市场营销组合,满足整体市场的需求。这种策略不是对市场进行细分,而是将所有潜在顾客视为一个整体,目标是覆盖尽可能多的市场领域。这种策略通常适合那些产品差异化较小或者消费者需求相对统一的大众市场,如一些日常消费品或标准化的工业产品市场。无差异性市场策略的显著优势在于能够通过规模经济来降低生产和营销成本,进而提高效率和营利能力。但这种策略的主要局限性在于无法充分满足市场上不同消费者群体的特定需求,可能导致企业错失部分市场机会,在面临多样化的竞争对手时,企业可能遇到更激烈的市场竞争。

(二)差异性市场策略

采取差异性市场策略的企业需要先通过市场细分将广泛的市场划分成多个具有不同需求和偏好的小群体,然后针对这些细分市场的特定需求,设计和实施一系列定制化的营销组合方案。这种策略允许企业更精确地定位其产品和服务,以满足不同顾客群体的独特需求,提高市场响应率和顾客满意度。差异性市场策略的核心在于识别和利用细分市场之间的差异,通过提供定制化解决方案来获得竞争优势。此策略的主要优势包括更高的市场覆盖率和顾客忠诚度,以及可以通过满足特定市场需求来提升品牌形象。该策略的挑战在于更高的营销和生产成本,因为需要为不同的细分市场开发和维护多个营销方案与产品线,这可能导致操作复杂性的增加。

(三)集中性市场策略

采取集中性市场策略的企业致力深耕细分市场,选择专注一个或几个具有高度特定需求的小型市场群体,并将资源和努力集中于这些市场上,以在该细分市场内占据领先地位。这种策略适合资源有限或者新进入国际市场且希望迅速建立市场地位的企业。通过深入了解细分市场的独特需求和偏好,企业能够开发出高度定制化的产品和服务,为目标顾客提供产品和服务,进而在较小的市场范围内建立强大的品牌忠诚度和市场影响力。这种策略的主要优点是能够有效利用有限资源，在特定市场建立显著的竞争优势，同时因专注特定细分市场，有助于企业快速响应市场变化，灵活调整策略。集中性市场策略的主要风险在于市场过于狭窄，企业的增长潜力可能受到限制，且对市场变化的敏感性增加了企业的经营风险。

参考文献

[1] 宋克勤.现代工商企业管理[M].上海：上海财经大学出版社，2000.

[2] 陈国生，曹令秋，阳萍.现代工商企业经营与管理[M].武汉：武汉理工大学出版社，2010.

[3] 陈国生，魏勇，赵立平，等.工商企业经营与管理概论[M].北京：对外经济贸易大学出版社，2018.

[4] 彭艳，马娅，李丽.现代企业管理[M].南昌：江西高校出版社，2019.

[5] 张燕，史歌.管理学基础[M].西安：西北大学出版社，2017.

[6] 田望.新编企业管理手册[M].北京：企业管理出版社，2003.

[7] 陈海泉.现代工商企业经营管理[M].上海：上海交通大学出版社，1998.

[8] 喻国华，彭伽民，侯玉基.市场营销学[M].北京：中国科学技术出版社，1995.

[9] 罗洪儿，吕欣.管理通识教程[M].上海：上海交通大学出版社，2020.

[10] 钱增泉.工商企业管理[M].南京：东南大学出版社，2003.

[11] 李杰，牛雅丽.高等职业教育汽车类专业创新教材汽车服务企业客户关系管理[M].北京：机械工业出版社，2021.

[12] 刘国防，刘方丹.营销心理学[M].北京：首都经济贸易大学出版社，2022.

[13] 周延鲸.工商企业管理概论[M].长沙：国防科技大学出版社，2005.

[14] 游天嘉.管理学双色[M].上海：上海交通大学出版社，2018.

[15] 彭扬，骆丽红，陈金叶.现代物流学概论[M].北京：北京理工大学出版社，2022.

[16] 胡鹰.人力资源管理规范化实务[M].北京：企业管理出版社，2013.

[17] 王清则，韩潮峰.工业企业公共关系[M].太原：山西经济出版社，1991.

[18] 王宜泰，肖焕伟，王兆燕.新编商业经济学[M].上海：立信会计出版社，1995.

[19] 谭向勇，谷树忠.农业经济学教程[M].太原：山西经济出版社，1994.

[20] 张魁峰 . 商业经济学 [M]. 北京：中央广播电视大学出版社，1993.

[21] 杨德新 . 跨国经营与跨国公司理论、原理、运作、案例 [M]. 北京：中国统计出版社，1996.

[22] 秦倩倩 . 如何用大数据做好企业经营管理 [J]. 中国商人，2024（2）：38-39.

[23] 连伟阳 . 经济新常态下企业工商管理如何逆袭 [J]. 中国商人，2024（2）：100-101.

[24] 毛高扬 . 工商管理对提升企业管理水平有何作用 [J]. 中国商人，2024（2）：142-143.

[25] 高延辉 . 成本管理：助力现代企业经营的关键 [J]. 中国商人，2024（2）：40-41.

[26] 侯雅龄 . 经济新常态背景下企业工商管理的创新策略研究 [J]. 商场现代化，2024（2）：97-99.

[27] 李慢慢 . 新媒体时代工商企业管理模式发展对策分析 [J]. 商场现代化，2024（3）：89-91.

[28] 冯晶晶 . 新形势下企业工商管理的重要性及改进创新 [J]. 现代企业，2024（1）：12-14.

[29] 曾翔 . 关于人力资源管理中现代企业文化的激励机制 [J]. 中国集体经济，2024（1）：109-112.

[30] 郑攀 . 企业抓好工商管理助力经营水平提升 [J]. 中国商人，2024（2）：146-148.

[31] 张保国 . 企业管理中工商管理的重要性与创新实践路径 [J]. 今日财富，2023（24）：107-109.

[32] 熊立婕，胡芝玲 . 坚持工商管理创新奔赴企业未来 [J]. 中国商人，2023（12）：174-175.

[33] 胡兆亮 . 新形势下企业经济管理存在的问题及应对思路研究 [J]. 商展经济，2023（22）：160-163.

[34] 王艳梅 . 基于工商管理视角的企业人力资源管理对策分析 [J]. 商场现代化，2023（20）：88-90.

[35] 田轶玮 ."互联网+"背景下工商管理模式创新研究 [J]. 上海商业，2023（9）：142-144.

[36] 许璐，邢晟玮. 新媒体时代工商企业管理模式发展探究 [J]. 黑龙江科学，2022，13（18）：119-121.

[37] 鲍成. 工商管理视角下对工业管理信息化的思考 [J]. 环渤海经济瞭望，2022（2）：139-141.

[38] 贾茹. 工商企业管理知识与操作分析 [J]. 中国管理信息化，2021，24（16）：97-98.

[39] 朱海. 工商管理中的电子商务与市场营销论述 [J]. 现代营销（经营版），2020（9）：108-109.

[40] 牛璐. 工商企业管理的新型管理方法探讨 [J]. 今日财富，2020（1）：94.

[41] 于云波. 工商企业管理专业创新教育探索 [J]. 教育与职业，2014（3）：115-116.

[42] 刘媛媛. 品牌价值对中国跨国企业海外经营绩效的影响研究 [D]. 呼和浩特：内蒙古财经大学，2022.

[43] 王文君. 精益管理在中小企业生产管理中的应用 [D]. 长春：吉林大学，2019.

[44] 孙孟凯. 基于商品流通模型的零售业发展趋势研究 [D]. 北京：北京邮电大学，2018.

[45] 魏斌. 我国企业人力资源管理创新问题探究 [D]. 长春：吉林大学，2015.

[46] 吴倩倩. 跨国公司跨文化管理策略研究 [D]. 昆明：云南大学，2015.

[47] 丁刚. 企业人力资源管理者职业认同的影响因素及作用机制研究 [D]. 天津：南开大学，2014.

[48] 王永豪. 企业跨国经营中的供应链管理研究：以华为公司为例 [D]. 武汉：华中科技大学，2014.

[49] 杨财. 云制造环境下的企业生产管理模式研究 [D]. 杭州：浙江大学，2014.

[50] 涂洪波. 我国农产品流通现代化的实证研究 [D]. 武汉：华中农业大学，2013.